Todos los libros de Linkgua Ediciones cuentan con modelos de Inteligencia Artificial entrenados por hispanistas. Pregúntale al chat de tu libro lo que desees acerca de la obra o su autor/a.

Para **ebooks**: Accede a nuestro modelo de IA a través de este enlace.

Para **libros impresos**: Escanea el código QR de la portada con tu dispositivo móvil.

Obtén análisis detallados de nuestros libros, resúmenes, respuestas a tus preguntas y accede a nuestras ediciones críticas generativas para una experiencia de lectura más enriquecedora.
La transparencia y el respeto hacia la autoría de las fuentes utilizadas son distintivos básicos de nuestro proyecto. Por ello, las respuestas ofrecen, mediante un sistema de citas, las fuentes con las que han sido elaboradas.

Leopoldo Lugones

El payador

Barcelona **2024**
Linkgua-ediciones.com

Créditos

Título original: El payador.

© 2024, Red ediciones S.L.

e-mail: info@linkgua.com

Diseño de cubierta: Michel Mallard.

ISBN tapa dura: 978-84-1126-496-9.
ISBN rústica: 978-84-9007-874-7.
ISBN ebook: 978-84-9007-572-2.

Sumario

Brevísima presentación

El payador

En 1913, Leopoldo Lugones dio seis conferencias en el teatro Odeón, ante la gran mayoría de los políticos y literatos argentinos de la época. Luego viajó a Europa y regresó a la República Argentina al inicio de la Primera Guerra Mundial. Una vez de vuelta, recopiló este material, le añadió cuatro nuevos capítulos, y lo publicó bajo el nombre de *El payador* en 1916, centenario de la Independencia argentina. Este libro retrata la vida y costumbres del gaucho en la pampa, en particular del payador, cantor errante de romances. Aquí Lugones establece una relación directa entre el *Martín Fierro* y obras como *La Ilíada* de Homero, el *Mio Cid*, y la *Divina Comedia*.

El gaucho influyó de manera decisiva en la formación de la nacionalidad por ser elemento conciliador y a la vez diferencial entre el indio y el español. Todo cuanto es origen nacional viene de él: la guerra de la independencia, la guerra civil, la guerra con los indios. No lamentemos, sin embargo, con exceso su desaparición que fue un bien para el país, porque el gaucho contenía un elemento inferior en su parte de sangre indígena.

Prólogo

Titulo este libro con el nombre de los antiguos cantores errantes que recorrían nuestras campañas trovando romances y endechas, porque fueron ellos los personajes más significativos en la formación de nuestra raza. Tal cual ha pasado en todas las otras del tronco greco-latino, aquel fenómeno inicióse también aquí con una obra de belleza. Y de este modo fue su agente primordial la poesía, que al inventar un nuevo lenguaje para la expresión de la nueva entidad espiritual constituida por el alma de la raza en formación, echó el fundamento diferencial de la patria. Pues siendo la patria un ser animado, el alma o ánima es en ella lo principal. Por otra parte, la diferencia característica llamada personalidad, consiste para los seres animados, en la peculiaridad de su animación que es la síntesis activa de su vida completa: fenómeno que entre los seres humanos (y la patria es una entidad humana) tiene a la palabra por su más perfecta expresión. Por esto elegí simbólicamente para mi título, una voz que nos pertenece completa, y al mismo tiempo define la noble función de aquellos rústicos cantores.

Conviene, no obstante, advertir que la creación del idioma por ellos iniciada, consistió esencialmente en el hallazgo de nuevos modos de expresión; pues voces peculiares inventaron muy pocas, según se verá por la misma etimología de payada y de payador que establezco más abajo. Lo que empezó así a formarse fue otro castellano, tal como este idioma resultó al principio otro latín: y ello por agencia, también, de los poetas populares.

Aquella obra espontánea culminó por último en un poema épico, cual sucede con todo fenómeno de esta clase, siempre que él comporta el éxito de un nuevo ser llamado a la existencia. De suerte que estudiarlo en dicha obra, es lo mismo que determinar por la flor el género y la especie de una planta. He aquí por qué nuestro *Martín Fierro* es el objeto capital de este libro. Cuando un primordial mito helénico atribuía al son de la lira del aeda el poder de crear ciudades, era que con ello simbolizaba esta característica de nuestra civilización.

El objeto de este libro es, pues; definir bajo el mencionado aspecto la poesía épica, demostrar que nuestro *Martín Fierro* pertenece a ella, estudiarlo como tal, determinar simultáneamente, por la naturaleza de sus elementos, la formación de la raza, y con ello formular, por último, el secreto de su destino.

Designio tan importante, requería una considerable extensión que he subdividido en tres partes completas cada cual a su vez. La primera queda indicada; la segunda será un léxico razonado del lenguaje gaucho en que está el poema compuesto; la tercera, el poema mismo comentado con notas ilustrativas de su sentido cuando éste resulte desusado o dudoso. Así intento coronar —sin que ello importe abandonarla—, por cierto la obra particularmente argentina que doce años ha empecé con *El Imperio Jesuítico* y *La Guerra Gaucha*; siéndome particularmente grato que esto ocurra en conmemorativa simultaneidad con el centenario de la independencia.

A dicho último fin, trabajé la mayor parte de este libro hallándome ausente de la patria; lo cual había exaltado, como suele ocurrir, mi amor hacia ella. Esto explicará ciertas expresiones nostálgicas que no he querido modificar porque no disuenan con el tono general de la obra. He decidido lo propio respecto a ciertas comparaciones que la guerra actual ha tornado insuficientes o anticuadas, para no turbar con su horrenda mención nuestro glorioso objeto. Y nada más tengo que advertir.

Un recuerdo, sí, es necesario. Algunos de los capítulos que siguen son conocidos en parte por las lecturas que hice tres años ha en el Odeón. Otros de entre los más importantes, son enteramente inéditos. Aquel anticipo fragmentario, que según lo dije ha tiempo, no comprendía sino trozos descriptivos, motivó, sin embargo, críticas de conjunto, adversas generalmente a la obra. He aquí la ocasión de ratificarlas con entereza o de corregirlas con lealtad. Pues, a buen seguro, aquel afán era tan alto como mis propósitos.

De estar a los autos, había delinquido yo contra la cultura, trayendo a la metrópoli descaracterizada como una nueva Salónica, esa enérgica evocación de la patria que afectaba desdeñar, en voltario regodeo con políticos de nacionalidad equívoca o renegada. La plebe ultramarina, que a semejanza de los mendigos ingratos, nos armaba escándalo en el zaguán, desató contra mí al instante sus cómplices mulatos y sus sectarios mestizos. Solemnes, tremebundos, inmunes con la representación parlamentaria, así se vinieron. La ralea mayoritaria paladeó un instante el quimérico pregusto de manchar un escritor a quien nunca habían tentado las lujurias del sufragio universal. ¡Interesante momento!

Los pulcros universitarios que, por la misma época, motejáronme de inculto, a fuer de literatos y puristas, no supieron apreciar la diferencia entre el gaucho viril, sin amo en su pampa, y la triste chusma de la ciudad, cuya libertad consiste en elegir sus propios amos; de igual modo que tampoco entendieron la poesía épica de *Martín Fierro*, superior, como se verá, al purismo y a la literatura.

Por lo demás, defiéndame en la ocasión lo que hago y no lo que digo. Las coplas de mi gaucho, no me han impedido traducir a Homero y comentarlo ante el público cuya aprobación en ambos casos demuestra una cultura ciertamente superior. Y esta flexibilidad sí que es cosa bien argentina.

Advertencia etimológica

Las voces PAYADOR y PAYADA que significan, respectivamente, trovador y tensión[1] proceden de la lengua provenzal, como debía esperarse, al ser ella, por excelencia, la «lengua de los trovadores»; y ambas formáronse, conforme se verá, por concurrencia de acepciones semejantes.

En portugués existe la voz PALHADA que significa charla, paparrucha, y que forma el verbo PALHETEAR, bromear. En italiano BAJA y BAJATA, dicen broma, burla, chanza, lo propio que BAJUCA y BAJUCOLA, más distintas de nuestra PAYADA, en su conjunto, pero idénticas por la raíz. Iguales acepciones encierra la voz romana BAJÓCURA; y BALE, en la misma lengua, es el plural de charlatán. El verbo francés BAILLER tiene análogo significado en las frases familiares LA BAILLER BONNE, LA BAILLER BELLE. BAGATELA es un diminutivo italiano de la misma familia, pasado a nuestro idioma donde no cuenta, en mi entender, sino con un miembro: BAYA, que significa burla o mofa. En esta voz aparece ya la Y que nos da la pronunciación de la LH portuguesa en PALHADA y de la J italiana en BAJA.

Todas estas voces proceden del griego PAIZO, juego infantil, que viene a su vez de PEZ, PEDOS, niño en la misma lengua. El bajo griego suminístranos, al respecto, vínculos precisos en las voces BAGIA y BAIA, nodriza; BAGILOS y BAIOILOS, maestro primario. Ellas pasaron al bajo latín, revistiendo las formas BAIULA y BAJULOS respectivamente. PAIOLA era también puérpera en la baja latinidad.

El provenzal, aplicando a estas formas, por analogía fonética, el verbo latino BAJULARE, cargar, formó no menos de quince voces análogas, y significativas todas ellas de los actos de llevar, mecer, cunear y adormir a los niños. Pero, el vocablo de la misma lengua que resume todas las acepciones enunciadas para los idiomas pseudoclásicos y romanos, es BAJAULA, bromear, burlar: en romance primitivo, BAJAULO.

A este significado, asimilóse luego el de BAILE, bajo sus formas primitivas BAL, BALE, BAIL, BALL; con tanto mayor razón, cuanto que en la acepción originaria denunciada por aquellas formas, era juego de pelota.

La idea de diversión pueril, común a ambas voces, fácilmente las refundió en el sinónimo BAL que significó baile y composición poética: de donde pro-

---

1   Quinta acepción del Diccionario de la Academia.

cedió BALADA, o sea, precisamente, un canto de trovador cuya semejanza fonética con PALHADA, PAYADA es muy estrecha.

Los trovadores solían llamarse a sí mismos PREYADORES: literalmente rogadores o rezadores de sus damas; y esta voz concurrió, sin duda, con fuerza predominante, a la formación del derivado activo de payada, payadar. PREYADORES procedía del verbo provenzal PREYAR, que es el latino PRE-CARI cuya fonética transitiva está en el italiano PREGARE, especialmente bajo el modo poético PRIÉGO. Hubo también una forma PRAYAR que supone el derivado PRAYADOR, robustecido todavía por BALADA y PALHADA.

Payador quiere decir, pues, trovador en los mejores sentidos.

I. La vida épica

Producir un poema épico es, para todo pueblo, certificado eminente de aptitud vital; porque dicha creación expresa la vida heroica de su raza. Esta vida comporta de suyo la suprema excelencia humana, y con ello, el éxito superior que la raza puede alcanzar: la afirmación de su entidad como tal, entre las mejores de la tierra. Ello nada tiene que ver con la magnitud del suelo perteneciente, ni con la cantidad de población, porque se trata de un estado espiritual al cual llamamos el alma de la raza. Lo que en ésta interesa a sus hijos, así como al resto de los hombres, es la calidad heroica que añade al tesoro común de la humanidad una nueva prenda, puesto que dicho tesoro está formado por los tres conocidos elementos: verdad, belleza y bien. De aquí que los héroes, en los respectivos dominios de la filosofía, la estética y la ética, sean los representantes y más altas expresiones de la vida superior de sus razas: así Platón, Miguel Ángel y Washington. Si bien se mira, ninguno de estos tres hombres tuvo por patria un país que figurara entre las potencias de la Tierra; existiendo, por el contrario, una evidente desproporción entre la importancia territorial o política de las naciones donde nacieron, y la influencia universal, la potencia, la vitalidad de su genio. También ellos viven más que sus patrias; o mejor dicho, lo que de sus patrias sobrevive incorporado a la humanidad, es obra suya. De tal modo, ellos encarnan la vida superior de sus patrias, la única verdadera vida, puesto que es inmortal. Así las repúblicas de Atenas y de Florencia han dejado de existir, como pudiera suceder mañana con la República de los Estados Unidos. En la primera de aquéllas, la misma raza desapareció. Lo que ya no puede extinguirse, es la verdad que Platón reveló a los hombres; la belleza que Miguel Ángel les inventó; la libertad que les aseguró Washington. Y así es como se constituye el bien de la civilización. Los esfuerzos colectivos manifiestan, no menos, aquella desproporción heroica, o sea el carácter esencial; pues, en suma, el heroísmo proviene de la diferencia entre los medios materiales del héroe y su calidad espiritual expresa en la voluntad de triunfar con ellos. Por esta causa, no hay batalla más famosa, ejemplo más fecundo de virtud militar, que la hazaña de los Trescientos en las Termópilas. Ella valió más para la humanidad, que las matanzas de Waterloo, de Sedán y de Mukden. Pues lo que constituye realmente la importancia de un esfuerzo (realmente, en cuanto expresa la verdadera vida, la inmortalidad, lo que llamamos existencia[2] por contraste con la ilusión de la vida mortal) es la excelencia humana que manifiesta, y la causa que sostiene. Porque esos trescientos espartanos representaban el supremo esfuerzo de Esparta, todo cuanto Esparta podía dar en número y calidad de soldados, ellos equivalen realmente al millón de hombres que uno de los modernos imperios pone sobre las armas, con análoga energía; mas, porque también representaban, sin una sola excepción, la voluntad heroica, la perfecta conciencia patriótica, imposibles de concebir en un millón de hombres, su eficacia es no menos realmente superior. El millón de hombres correspondía a los persas, que, como es natural, debieron imponerle la única disciplina compatible con tales masas: el automatismo de la grey. Mientras en los otros, la libertad inherente a su condición de ciudadanos, engendraba esa perfecta armonía de intención y de esfuerzos que contiene el secreto de las energías incalculables. La evolución de la física moderna, por lo que respecta a la constitución de la materia, problema fundamental cuyo desarrollo va poniendo en nuestras manos las energías ultrapoderosas del éter y de la luz, personificadas por las cosmogonías en los artesanos del universo prototípicos —que así va reintegrándose el hombre con su linaje primordial de arcángeles y satanes—; los descubrimientos de las matemáticas; las experiencias del laboratorio en los dominios del misterio atómico, tienden a la eliminación de la materia para libertar la fuerza; y efectuándolo así, es como han logrado la comunicación puramente etérea del telégrafo sin hilos, la supresión de la opacidad con los rayos catódicos, la luz fría de los gases rarificados: o sea el triunfo sobre cuanto parecía constituir las oposiciones más irreducibles (sic) de la materia. Para mí, aquel resultado histórico de las Termópilas y este otro de la ciencia, provienen del mismo concepto de civilización: el dominio de la materia por la inteligencia,[3] la transformación de la fuerza bruta en energía racional. Así

---

2 Propiamente, la estabilidad máxima considerada como suprema cualidad: ex-sistere. Sistere, hallarse estable, ser. Al paso que vida, es el griego bias, la actividad de la materia organizada que consiste, precisamente, en estar llegando a ser sin cesar, y dejando de ser, por operación simultánea.

3 Una sola es la ley de vida en el universo, y por ello todas sus manifestaciones son análogas, decían aquellos alquimistas que llamaban al estado atómico de nuestros físicos, la tierra de Adam, o sea la sustancia original de donde emana toda vida.

desaparece todo antagonismo entre los distintos esfuerzos espirituales, que proviniendo de una misma causa, tienden a un mismo fin; al paso que ante los espíritus más reacios, adquiere importancia decisiva el poema épico, o sea la expresión, repito, de la vida heroica de las razas.

Pero hay otro aspecto fundamental de este asunto.

Cuando el poema épico, según pasa algunas veces, ha nacido en un pueblo que empieza a vivir, su importancia es todavía mayor; pues revela en aquella entidad condiciones vitales superiores, constituyendo, así, una profecía de carácter filosófico y científico. Era esto lo que veía Grecia en los poemas homéricos, y de aquí su veneración hacia ellos. Homero había sido el revelador de ese maravilloso supremo fruto de civilización llamado el helenismo; y por lo tanto, un semidiós sobre la tierra. Los héroes revelan materialmente la aptitud vital de su raza, al ser ejemplares humanos superiores. El poema, la aptitud espiritual que es lo más impactante, como acabamos de ver, la mente que mueve las moles. Y ello no es, por fuerza, necesario al éxito de la vida física, a la existencia de un país rico y fuerte; como no lo son, absolutamente hablando, el dorado de la pluma al faisán, ni el canto al ruiseñor. Pero una vez que está dorado el faisán, cuida su plumaje y hállase contento de tenerlo más hermoso que otras aves; y también así sucede al ruiseñor que ha nacido con el don del canto, y lo cuida, y se deleita de tal modo en él, que ha de esperar para prodigarlo el silencio total de la noche y la magnífica serenidad de las estrellas. De un modo semejante las naciones cuidan sus bellos poemas y se deleitan con ellos; sin lo cual serían mentalmente inferiores al ruiseñor y al faisán.

Esta definición un tanto amplificada del heroísmo, fue necesaria para establecer como es debido la naturaleza del poema épico y su importancia nacional, si cada individuo culto ha de tener conciencia de ese fenómeno: con lo que no alabará servilmente, porque así se lo enseñó su texto de literatura, ni vituperará cometiendo gratuita insolencia. Una vez que le enseñemos lo que no sabe, dejará de proceder así. Con lamentarnos de ello o condenarlo, nada sacaremos de positivo. Todo hombre medianamente culto, puede comprender y debe saber lo que es un poema épico, y con esto gozar de sus bellezas; y como la vida es tan dura que la mayoría de los hombres no anda ni trabaja sino movida por el afán de gozar, pocos serán los individuos que renuncien a la adquisición de un placer gratuito. Si no lo experimentan, es porque lo ignoran. Con ello se realiza al mismo tiempo una obra de civilización; porque lo es de suyo, todo cuanto acostumbra a vivir en la familiaridad de las cosas bellas y nobles. A este fin ponemos esculturas en las plazas públicas y hacemos jardines para el pueblo. Los hombres vuélvense así más buenos y más libres, con lo cual se alcanza la máxima dignidad humana que consiste en la posesión de la libertad y de la justicia. Para asegurarse estos dos bienes, para esto solo y no para ningún otro objeto, se han dado patria los hombres. De suerte que en tales enseñanzas viene a conciliarse el interés de la civilización con el de la patria. Es, como se ve, la perfección en la materia; por donde resultaba que los poemas de Homero, constituyeran en Grecia el fundamento de la educación.

Y es que la poesía épica tiene como objeto específico el elogio de empresas inspiradas por la justicia y la libertad. Con esto, al ser ella la expresión heroica de la raza, defínese por los conceptos de patria y civilización, coincidentes, como acaba de verse, en ese doble anhelo de excelencia humana: la justicia y la libertad.

Los dos móviles de la guerra contra Ilión, el remoto y el inmediato, son sendas reparaciones de justicia. Laomedón, padre de Príamo, había negado a Poseidón y Apolo el estipendio convenido por la construcción del puerto y muros de Troya. Esto indispuso a los citados númenes, cuya venganza había empezado a experimentar la ciudad, antes de la guerra homérica. El motivo de esta operación, fue la iniquidad cometida por Paris contra Menelao; la mayor y la más horrible para los antiguos, puesto que comportaba la violación de la hospitalidad. El tema mismo de la *Ilíada*, la cólera de Aquiles, y los innumerables daños que causó a los griegos, celebra la venganza de aquel héroe contra el rey Agamenón que injustamente habíale quitado la esclava Briseida. Es una venganza, se dirá; pero la venganza es el origen, y con frecuencia una forma todavía muy elevada de justicia. Entre los griegos era implacable, porque constituía la suprema ley: la reivindicación social del honor que es, sin duda, una virtud privada, pero también y principalmente un bien colectivo. El perdón sistemático de las injurias pertenece al cristianismo cuyo objeto supremo es la salvación personal asequible con el ejercicio de tres virtudes antisociales: 1.º El amor a Dios, más importante que el amor a los hombres, puesto que la misma caridad debe hacerse en nombre de aquél, y no en el de la fraternidad humana;[4] sin contar con que este amor a Dios, es la adquisición del estado místico al cual se llega por la negación o la anulación del afecto humano, produciendo esto, como primer consecuencia, la esterilidad sexual.[5] 2.º La fe, sinónima de fidelidad, no de creencia, porque lo esencial en ella es el acatamiento al dogma, aunque sea absurdo, y más todavía, porque es absurdo (credo, quia absurdum) a causa de que la perfecta obediencia consiste en sacrificar la razón ante la autoridad dogmática: virtud funesta que tiende a eternizar el despotismo, así transformado en derecho divino. Por esto el que no cree es infiel, y el que disiente es hereje. 3.º El aislamiento o fuga del mundo, que constituye la mejor manera de consumar el negocio de la salvación; por donde nada resulta más ventajoso que el estado monástico, y más aún, el ascetismo.

Para una religión de esclavos, de desesperados, de deprimidos por los excesos viciosos, pues tales fueron los primitivos fieles, y seguramente los fundadores del cristianismo, el honor, considerado como virtud social, significaba poco o nada; y el perdón de las injurias a que su condición los habituaba o predisponía, resultaba mucho más fácil, desde que el supremo negocio de la salvación consistía en un acuerdo privado y personalísimo del creyente con su dios, en el más efectivo aislamiento que para dicha operación fuera posible. Cuando la barbarie sana y viril adoptó aquella religión, el mandamiento quedó subsistente en la letra; pero la idea de justicia humana cuyo origen está en la venganza, impúsose de suyo, y el desafío judicial resucitó a la euménide antigua que era una deidad del destino, una parca al mismo tiempo, imponiendo a la Iglesia ese derecho de la dignidad laica. Y digo impuso, pues aunque la Iglesia siguió condenando el desafío judicial y la venganza, sus mismas órdenes, como la de los Templarios, y sus propios santos, como Luis IX de Francia, usaron y reglamentaron aquel derecho; mientras para monjes y pontífices, la inquisición y las excomuniones políti-

---

4   Los tres primeros mandamientos, o sea los más importantes, refiérense a los deberes para con Dios: amarle sobre todas las cosas, no jurar su nombre en vano y santificar las fiestas. Es el deber religioso, o en otros términos, el negocio de la salvación personal, el bien privado que la observancia de esa triple obligación asegura, antepuesto al deber social, a la solidaridad desinteresada que constituye la felicidad común.

5   La Iglesia declara que el estado de virginidad es superior al de maternidad para el negocio de la salvación eterna.

cas, sustituyeron pronto las dulces paradojas de Jesús, por los rencores más positivos del viejo Jehová, euménide no menos sanguinaria que las paganas.

Esta disgresión era indispensable, dada, la deformación cristiana de aquellas ideas que los griegos tenían por fundamento de su libertad y de su justicia; pues solo mediante una explicación así, puede el moderno concebir como es debido el carácter justiciero de la *Ilíada*. El honor griego, como virtud social, consistía en la venganza; y aun actualmente, no es otro el concepto de nuestros desafíos; mientras la justicia, es decir, el bien privado que la colectividad debía asegurar a cada uno, estribaba en la compensación de la ofensa por medio del matrimonio o de la multa; con lo cual quedaba a veces, extinto el deber de venganza. Pues conviene advertir que si la justicia es el bien asegurado a cada uno por la sociedad, el honor es el correspondiente sacrificio que la sociedad exige a cada uno; de manera que solo ella puede eximir de su satisfacción en determinados casos, sustituyéndose con su justicia. Tal, por ejemplo, cuando un matrimonio restablecía en la familia del ofendido, la armonía que la ofensa había turbado. Entonces la venganza dejaba de ser una necesidad social (la necesidad defensiva de la familia, que en toda nación bien organizada debe constituir el instinto supremo) y la sociedad relevaba del sacrificio de honor. Estas consideraciones, despegadas en apariencia, tendrán mucho que ver con el examen de nuestro poema nacional.

La *Odisea* nos presenta un caso semejante. El resultado de todas las penurias que pasa el héroe, es el restablecimiento de la justicia en su reino y en su hogar trastornados por los pretendientes. La narración de las aventuras famosas, preséntanos permanente la porfía del héroe para libertarse de los elementos que se le oponen.

Observamos en la *Eneida* un objeto análogo: el esfuerzo de Eneas y de los troyanos fugitivos, tiende a constituirles una nueva patria; es decir, una nueva seguridad para su libertad y su justicia. Si Virgilio llama el pío a Eneas, lo dice, ante todo, porque es justo.

Asimismo, lo que canta el *Romancero*, son las libertades del Cid, cuando el injusto destierro que su rey le infligiera le alzó el feudo, reintegrándole al pleno dominio de su voluntad heroica. Y son las libertades de España, que el caudillo quiere limpiar de moros, pues para ello campea; y por ello todo lo descuida, incluso su Jimena de la blonda guedeja, y la Fortuna, rubia de doblones; y solo de ello toma el consejo que parecen destilar en parlante miel sus luengas barbas bellidas.

¿Y qué es el viaje del Dante a los tres mundos ulteriores de la teología, sino un símbolo trinitario de la justicia de su dios? Desde el presidio satánico, vémosle ascender a la libertad celeste, que Beatriz, la criatura libre por excelencia en su condición de espíritu puro, le revela como una sublime transformación del amor, lejos de la tierra inicua. Porque el motivo de haberse lanzado aquel tenaz gibelino de Florencia, al viaje por infierno, purgatorio y cielo, que es decir, dentro de sí mismo a través de su inmensa desventura, de su amarga esperanza y de su divina quimera, fue el destierro que le dejó sin patria, infundiéndole así, sed insaciable de libertad y de justicia. Con lo cual fue y anduvo como ningún otro héroe, superior, digo, a Orfeo, a Ulises y a Eneas, transeúntes del Hades tan solo; que ni la Ciudad de la Desesperación, ni la de la Expiación, ni la de la Bienaventuranza, valían para él (¡oh cómo era cierto!) cuanto aquella florida y orgullosa Villa del Lirio, así éste acabara de tornarse bermejo con la propia sangre gibelina y parecer más bien llaga que flor en el corazón de Italia.[6]

Si recordamos a Camoens, el característico épico del Renacimiento,[7] hallaremos todavía engrandecido el tema en lo que canta, pues se trata de la libertad del mar. Non plus ultra dicen los huracanes y los monstruos del elemento, a los héroes que van abriendo su inmensidad; pero ellos no hacen

---

6   Florencia está precisamente en el centro de Italia. Su primitivo estandarte, de gules con lirio de plata, el lirio toscano del estío, quedó transformado en plata con lirio de gules (la gladiola purpurina es también una flor regional) acto continuo de la victoria florentina contra Pistoia en 1251. Habiéndose negado los gibelinos de Florencia a tomar parte en la campaña, pues la ciudad enemiga era de su partido, los güelfos victoriosos procedieron a desterrarlos en masa, previa ejecución de sus jefes. Después cambió la blanca flor aristocrática, por la roja de los artesanos y burgueses triunfantes, pues data de entonces la oligarquía comercial de la República; y por esto el Dante dice que el lirio florentino fue per division fatto vermiglio. La causa fundamental del cambio, estuvo en la revolución democrática consumada un año antes contra los gibelinos, por los comerciantes y artesanos; siendo curioso observar cómo ya en la Edad Media, el color rojo blasonaba la causa de los gremios trabajadores.

7   Efectivamente, en su poesía, como en las artes plásticas de aquel tiempo, las alegorías paganas mézclanse, con anacronismo característico, a la descripción real de la vida y a los conceptos de la moral cristiana, imponiéndole su belleza canónica: fenómeno peculiar a la evolución estética del Renacimiento.

caso y pasan, y detrás de ellos van quedando libres las grandes aguas, y dilatada con su esfuerzo la patria que el poeta no había de poder ver caída muy luego bajo la conquista del siniestro Felipe, sin morirse de tristeza como un verdadero mártir de la libertad. Por lo demás, su poema, a semejanza de la Comedia dantesca, es una obra de desterrado. En una cueva de las Indias lo compuso, llorando el amor perdido y la patria ausente.

Los dos primeros versos con que empieza su *Jerusalén* el armonioso Torcuato, ya declaran el propósito de una empresa libertadora. Canto, dice el poeta, al piadoso ejército y al capitán que libertó el sepulcro de Cristo. Tal fue, en efecto, la razón popular de las Cruzadas. Para todo cristiano de la Edad Media, era evidente la iniquidad de que los musulmanes poseyeran el sepulcro de Cristo, cuando ante ellos ningún valor debía tener como reliquia. De donde resultaba que solo el odio a los cristianos podía explicar su obstinación. Hoy que conocemos los otros móviles, más o menos involuntarios, de la empresa; su aspecto político, por decirlo así, aquello nos parece insignificante. Entonces, cuando todo eso que hoy sabemos estaba oculto, no existía otra razón, lo cual explica la universalidad del entusiasmo suscitado por la empresa. Es seguro que nosotros habríamos hecho lo mismo, para honra nuestra; pues no existe movimiento más noble que el de pelear por la libertad y la justicia. Tal la inspiración de ese poema cuyo mismo título es una declaración significativa. Por lo demás, todo poema caballeresco estará igualmente inspirado, siendo la justicia y la verdad los objetos mismos de la caballería. La virtud dominante del caballero es la generosidad sin límites, expresa en dos consecuencias típicas: la veracidad y el valor; o sea la oblación que hace al bien ajeno, del espíritu en su genuina realidad (veraz es todo aquel que se presenta exactamente como es en el bien y en el mal) y de la vida prodigada sin una sola duda, es decir, sin una sombra de miedo. ¡Y dónde se vio empresa más caballeresca, que esa guerra secular por la libertad de un sepulcro!...

El secreto profundo de nuestra vida —la «milicia» de los teólogos, la «lucha» de los sabios— consiste en que ella es un eterno combate por la libertad. Sin esto no existiría la dignidad de la condición humana. Por ello los hombres no pueden vivir sino peleando de esta manera.

Así salió de la barbarie el helenismo. Así la civilización medioeval amenazada de muerte por la tristeza cristiana, fue a desangrarse en Oriente para no morir. Dentro de su tristeza sin límites, como que el objeto mismo de su esfuerzo más poderoso fue una tumba, la lucha por libertarla constituyó su vida. Triste vida, sin duda, pero vida al fin. De aquí aquel ímpetu, en apariencia maravilloso, con que todo un mundo se lanzó a las Cruzadas; aquella como irresistible ley de gravedad que produjo el movimiento anónimo, ciego, estupendo, de la cruzada de los niños.[8] Así también las guerras civiles de Italia, que anticiparon la democracia moderna en la fiera y hasta feroz autonomía municipal. De este modo es como nunca ha faltado libertad a los hombres. De este modo es también como la tendrá siempre: áspera y tenaz, a semejanza de los frutos durables que aseguran en la troje la abundancia doméstica; y así es cómo la poesía épica viene a expresar, con la vida heroica, el secreto de toda la vida humana. Hombre y héroe resultan sinónimos en el concepto que la inspira; puesto que todo hombre es, o debe ser, si tal dignidad merece, un combatiente de la libertad.

Nadie ignora que el poema puritano de Inglaterra, es un comentario de aquella revolución a la cual no faltó como trágico cimiento, ni la cabeza de rey exigida por todas las fundaciones análogas: república romana, república francesa. Así, el soplo bíblico que lo inspira, no recuerda el Libro de los Reyes, emponzoñado de lujuria y de iniquidad en el linaje de David; sino aquella viril sencillez que honra la historia hebrea con la institución democrática de los Jueces. Y por esto, si la rapsodia paradisíaca ofrece esa rigidez inherente a las abstracciones simbólicas, el episodio prologal de la rebelión satánica en que el poeta debió ponerlo todo, pues la Biblia lo menciona apenas[9] siendo aquello que el poeta puso, la fiera libertad revolucionaria de

---

8　En los primeros años del siglo XIII (1212) cincuenta mil niños franceses y alemanes emprendieron el camino de Jerusalén «para libertar el Santo Sepulcro» bajo la fe de una revelación en cuya virtud el mar quedaría seco aquel año, facilitando el camino a pie enjuto hasta la Siria: movimiento espontáneo e incontenible que solo produjo una horrorosa mortandad. El abandono de niños fue una de las grandes calamidades de la Edad Media, como consecuencia de la vagancia y de la miseria de los adultos. De aquí la enorme cifra mencionada, que no es lo más asombroso. Lo que sí resulta estupendo, es el movimiento mismo y su sinceridad, pues muchos de aquellos jóvenes cruzados llegaron a Tolemaida...

9　La famosa «Guerra en los Cielos», parece ser, efectivamente, una referencia a otros escritos, con el único fin de dar una explicación a la caída de Satán.

los puritanos, ese episodio es, precisamente, la cumbre épica del poema, lo que hace, mejor dicho, que éste sea un poema épico, así como la montaña se caracteriza por su altura principal. Sin ese episodio, en el cual es evidente la inclinación del poeta hacia el ángel rebelde, el poema fuera una bella composición teológica, regocijo de eruditos, dechado de poesía sabia, sin pasión, que es decir, sin vida humana, sin esa asimetría dramática de las hondas emociones, que constituye el fundamento de la simpatía. Es que la pareja del Edén, no resulta del mismo libro original, sino un agente pasivo en el cual se reproduce la lucha de los númenes, con un vasto cuadro en un espejo reducido. Su rebelión no alcanza, siquiera, la grandeza del crimen. No es más que un pecado. No la inspira el anhelo heroico de ser libre, o sea digno por sí mismo de la dicha y del dolor, sino la curiosidad y la pasión amorosa. Hasta el elemento viril, el hombre, viene a resultar secundario. El personaje interesante es Eva, no Adán. Y no existe un solo poema épico sin héroe masculino. La vida heroica es de suyo viril, porque en todo estado de civilización, la lucha por la libertad concierne al hombre. La misión de la mujer es conservar por medio del buen sentido y de la castidad, el bien adquirido.

Los poemas homéricos, que constituyen el modelo de la poesía épica, enseñan esta verdad. En su descripción integral de la vida heroica, no falta la heroína. Es Andrómaca en la *Ilíada* y Penélope en la *Odisea*: las grandes guardianas del hogar. Adviértase que en esto, en esto principalmente, es decir en sus heroínas, Homero es superior a todos los épicos. Ellos no han contado sino con la acción viril, salvo, quizá, el poeta anónimo del *Romancero*, cuya Jimena conserva, por cierto, aunque solo como personaje ocasional, la tradición de la vida épica. Y es que nada se halla tan próximo al dechado heleno como el poema español.

Pero la heroína de Milton es un símbolo, y de aquí su frialdad, su contrahechura humana, que afectan a toda la obra. La calidad viril, la vida épica, pertenecen al ángel rebelde que es, precisamente, un avatar del Prometeo griego; y por esto, en ese episodio inicial, está la justificación cualitativa del poema.

Esta rápida ojeada, no podía, naturalmente, comprender sino las composiciones más importantes del género, o una típica entre varias, como el

Romancero entre la *Canción de Rolando*, y *Los nibelungos*; si bien ninguna de ellas carece del mencionado móvil. Otras como el *Ramayana* y la *Teogonía* de Hesiodo, son ya monumentos religiosos, y no les corresponde, a mi entender, la clasificación épica, si se acepta que ésta tiene como prototipos los poemas homéricos. Por último, la *Farsalia*, no es sino un episodio épico, y literariamente hablando, una creación retórica, aunque tampoco le falte el consabido móvil: una lucha por la libertad, tal como lo entendían, al menos, los republicanos de Pompeyo.

Otro elemento épico de la mayor importancia, es la risa, fenómeno más peculiarmente humano todavía que el llanto. Y es que la expansión vital, por ella caracterizada, pone de suyo a la sensibilidad en estado de impresionarse con las emociones generosas, es decir, de índole correlativa. De aquí que para el poeta, sea el grande agente modificador de las costumbres: *ridendo corrigo mores*. La risa es un don de los dioses homéricos, y por esto la antigüedad no había vacilado en atribuir al primero de los poetas, el poema burlesco de la guerra entre las ranas y los ratones: la *Batracamiamaquia* cuyo título la define. Más cercano a nosotros, el *Orlando Furioso* es otra creación completa en el género, como lo sería el *Quijote*, si no estuviera en prosa. Caricaturas de la vida heroica, esas creaciones están, pues, dentro de dicho género; y esto, no solo por razón de estructura, sino porque con la alegría, exaltan la función vital. Pero la vida heroica resúltales indispensable. Lo que no existía, era la combinación de ambas creaciones en un solo poema; y con ella, precisamente, adquiere el nuestro una excelencia singular.

La creación épica, no contribuye con ese resultado moral, solamente, a la obra de la civilización. Su influencia estética es de suyo, más directa. Los hombres se han civilizado espiritualmente, conservando y desarrollando aquellos sentimientos que tornan agradable la vida, pero también suprimiendo y modificando aquellos otros que la vuelven ingrata. La civilización es, ante todo, una lucha contra el dolor, enemigo de la vida; pues el dolor existe, allá donde está la vida contrariada o desviada de su función normal. Cada vez que el hombre experimenta una sensación o una emoción agradables, tiende a prolongar dicho estado y a conservar en su medio circunstante, así como en su propio ser, las condiciones que lo han producido. La contemplación de las bellezas naturales, figura, a este respecto, en primera línea.

El espectáculo de las propias acciones, cuando éstas comportan una amplificación favorable de la vida por el dominio de las fuerzas naturales, viene después. El panorama interno de las emociones y de las ideas, constituye su satisfacción superior de ser inteligente. Así nace también la obra de arte, o sea la reproducción de aquellos espectáculos, con la cual se apropia el hombre todo cuanto le ha interesado en ellos. Por esto reproduce primero en sus toscos tallados de primitivo, el animal y la flor; después, la escena de caza o de pugilato; por último, en los símbolos plásticos o fonéticos que constituyen las Bellas Artes, propiamente dicho, aquello que escapa a la descripción directa.

Y con eso demuestra, al mismo tiempo, su voluntad de conservar la cosa o el estado que le resultaron agradables. Semejante acumulación de ideas y de sentimientos reproducidos por muchas generaciones, constituye los prototipos de belleza, de bien y de verdad que llevamos en nuestro ser como una preciosa milenaria herencia; de suerte que cuando el artista los evoca en nosotros por medio de su obra, nuestro espíritu vive la vida de la raza entera bajo su aspecto superior. Y de tal suerte, es obra de civilización la del artista. Así, por ejemplo, cuando éste reproduce con su tela de cuatro pulgadas, la impresión del mar y de los campos inmensos. Ella está en nuestro espíritu, no en el cuadro, que ni por su extensión, ni por su situación de plano vertical, ni por su inmovilidad, ni por sus indicaciones puramente convencionales como son los diversos planos de la perspectiva, ni por su falta absoluta de luz, puesto que todos los colores acumulados en él son sombras, aglomeraciones de materia opaca, por nada de eso, reproduce, ciertamente, el mar ni los campos; aun cuando nuestra impresión equivale a la realidad de todo aquello que en el cuadro no está. Lo que está en el cuadro, es el don de reproducir aquellos estados de nuestro espíritu, la cosa superior que nosotros no poseemos. Y por la influencia de esta cosa sobre el conjunto de materia inerte que el cuadro es, éste se transforma en materia espiritualizada.

Ahora bien, la espiritualización de la materia constituye el objeto mismo del arte. Por este procedimiento, llegamos a la comunicación directa con la naturaleza y con nuestros semejantes; es decir, a la máxima expansión de nuestro Ser, que es la tendencia primordial de todo cuanto vive. Cuando el artista inmortaliza dicho «valor vital», fijándolo de una manera irrevocable en sus obras definitivas, ha efectuado para la raza esta cosa divina y enorme: la negación de la muerte.

Ha hecho más el artista. Ha encontrado, exactamente como el sabio, cuando éste descubre una ley de la naturaleza, la razón que determina los fenómenos de la evolución de la vida. El solo hecho de descubrir leyes naturales y comunicaciones directas con la naturaleza, cuyo plan estético resulta ser, como el nuestro, la espiritualización de la materia, demuestra que los fenómenos primordiales de la vida, o sea la adaptación al medio y la selección natural y sexual, siguen las mismas direcciones de nuestra lógica; pues de lo contrario, nos resultarían ininteligibles. El pensamiento humano conviértese, así, en un aspecto de la ideación universal que determina la evolución de la vida en nuestro planeta; porque basta considerar la fisiología de este organismo enorme, con su potente corazón de fuego, sus movimientos complicadísimos en el espacio y dentro de sí mismo, la circulación de sus aguas y de sus vientos, para comprender que la inteligencia, así sea ella un producto de las combinaciones de la vida organizada, como lo quiere el materialismo, o el motor causal de la vida, como sostienen los espiritualistas, no puede ser una facultad exclusivamente humana. Ella existe evidente, por otra parte, en los organismos inferiores al nuestro, según está ya irrefrenablemente comprobado; y por otra parte, cuando la aplicación de nuestras leyes matemáticas produce el descubrimiento de un astro en determinada zona de la inmensidad, esto demuestra que el astro en cuestión obedece a la misma lógica de nuestro razonamiento, o sea que entendemos la evolución de ese astro en el Cosmos, porque ella sigue la misma dirección de dicha lógica.

Establecido, así, lo más importante en el carácter de la poesía épica, o sea el espíritu que la anima y le da su significado trascendental, demostrando su utilidad docente sobre el espíritu de los pueblos,[10] analicemos los rasgos exteriores que de ese estado espiritual provienen por rigurosa consecuencia.

Cuenta primero la caracterización nacional, expresada por la descripción del modo como siente y practica la vida heroica, la raza del poeta; o dicho en

---

10   Los griegos, cuya vida práctica fue tan completa, atribuían a los poemas de Homero más eficacia docente que a cualquier tratado de ciencia o de filosofía; y así, dichos poemas formaban el principio y el fin de aquella cultura que les dio el dominio del mundo en todos los órdenes de la actividad humana.

términos complementarios, la manera como dicha raza combate por la justicia y por la libertad. Es que al representar estas dos expresiones sendos valores positivos en lo moral y en lo material, excluyen de suyo las abstracciones temáticas. El carácter nacional, no es necesario sino a este género de poesía; y de tal modo, que toda poesía empieza a ser épica, apenas resulta inevitablemente nacional. Así las *Geórgicas* de Virgilio, que no habrían existido fuera de la agricultura romana.[11] Y es que en todos los otros géneros, el poeta canta o describe emociones generales, de tal manera, que su poesía expresa la vida del hombre considerado como espíritu humano; mientras que, según he dicho, la poesía épica es la expresión de la vida heroica de una raza: de esa raza y no de otra alguna. No celebra ni canta la libertad y la justicia en abstracto, porque entonces resultaría lírica como aquella que las canta y las celebra a título de principios humanos inherentes a todo espíritu; sino la manera como cada raza combate por dichos principios. Además, como el objeto de la patria es asegurar a cierta agrupación de hombres la libertad y la justicia en determinadas condiciones, de donde resulta que cada patria es una entidad distinta, el objeto primordial de la épica, encuéntrase, así, imperiosamente vinculado a la idea de patria. Más que vinculado, refundido con ella hasta formar una misma cosa. Así lo entendían los griegos, que es decir, los hombres más inteligentes, la raza que hasta hoy representa el mayor éxito humano; y por esto los poemas homéricos representábanles el vínculo moral de la nacionalidad.

---

11 No es difícil hallar en el poema virgiliano el móvil genérico de la poesía épica. Recuérdese en el libro II el trozo que comienza:

O fortunatos nimiun, sua si bona norint
Agricolas!

Y concluye así refiriéndose a los campos cultivados:

...extrema per illos.
Justitia excedens terris vestigia fecit

Para no recordar el tan conocido apóstrofe del mismo libro a la tierra cuya fecundidad engendra las mieses y los héroes:

Salve, magna parens frugum, Saturnalia tellus,
Magna virum...

El segundo y último rasgo, es la inspiración religiosa, o sea el reconocimiento que hace el héroe de entidades superiores a las cuales atribuye la dirección trascendental del mundo. Porque la justicia y la libertad, son incompatibles con el materialismo.

La más inmediata consecuencia de esta filosofía, es el egoísmo que limita toda la razón de nuestras actividades, a la defensa de la vida personal; pues si todo acaba con la muerte, aquello es, sin duda, el objeto más importante. Cualquiera percibe en esto una mera inversión del egoísmo cristiano. Así como éste, por miedo al infierno y consiguiente anhelo de gozar la bienaventuranza, sacrificaba toda la vida material, aquél sacrifica el espíritu a los goces materiales que son la consecuencia del miedo al dolor. Se dirá que el móvil y las aspiraciones cristianas eran más nobles. No lo creo. Para los esclavos y los míseros que fundaron el cristianismo, así como para el triste pueblo de la Edad Media (puesto que los sellares no se ahorraban goces, sabiendo que la gloria eterna habían de franqueársela con sus doblas) la eternidad feliz después de la muerte, resultaba ventajosa, comparada con los dolores de una vida ya tan cruel.

Por otra parte, si la determinación de todos los fenómenos, entre ellos esa misma vida, reside en la fatalidad de fuerzas ciegas, las nociones del bien y del mal, resultan meros accidentes de nuestro egoísmo; y la moral del interés, o sea, en términos cabales, la suprema avaricia, viene a constituir la explicación de aquellas nociones cuyo carácter de pre-ciencia causaba la estupefacción de Kant. Solamente la infinitud estrellada, producíale, a su propio decir, tanta maravilla como ese sentido humano del bien y del mal. Todo despotismo es egoísta, en cuanto refiere al bien personal la vida entera; así consista aquel bien en el despotismo terrestre del super-hombre de Nietzsche, o en el cielo de los cristianos. La justicia y la libertad constituyen principios religiosos, porque son consecuencias espiritualistas: esperanzas supremas procedentes de la creencia en nuestra propia inmortalidad. En el reino de la materia, magnitud, peso y potencia son los supremos atributos que subordinan inexorablemente el débil al fuerte por la fatalidad de la ley de fuerza; y este es el principio de obediencia. Mientras en el reino del espíritu, los tres móviles supremos son verdad, belleza y bien, o sea los elementos constitutivos de la ley de razón que todo lo dispone en proporción armónica; y este es el principio del orden. La vida heroica, o sea el combate por la libertad y por la justicia, es la actividad humana de esa armonía; y con ello, cosa espiritual de suyo: de suerte que la poesía épica viene a ser un fenómeno religioso.

El lector habrá comprendido ya que no quiero decir dogmático. Es indiferente, en efecto, que el héroe manifieste su sentimiento religioso por medio de un culto, aunque así ha sucedido hasta hoy, y aunque sea indudable que ciertos cultos predisponen a la vida heroica. Tal, por ejemplo, el politeísmo de los tiempos homéricos. La vida heroica era tan completa en él, que el héroe luchaba contra los mismos dioses, a causa de que en el concepto primordial del destino, fundamento de aquellas creencias, la vida futura no dependía de los dioses, sino de la conducta de cada hombre sobre la tierra. Los dioses no eran sino agentes del destino, o sea de la ley de causalidad.

Pero ese carácter religioso dimana de otra causa profunda. Platón creía que obra perfecta de belleza es una creación inconsciente, porque asignando al artista el atributo representativo de su raza, aquél venía a ser como expresión sintética de toda vida superior en la raza misma, un agente del destino, a semejanza de las deidades cuyo linaje patentizábase en su condición de semidiós. Pues bajo el concepto trascendental del Antiguo, tratábase, efectivamente, de un numen; por donde, como es fácil comprender, venía a intervenir en su obra un elemento misterioso que necesariamente debía imprimirle cierta religiosidad.

Lo evidente es que en dicha obra, como en todo resultado de una evolución superior, son muy diversos, y sin relación alguna en apariencia, los elementos que han concurrido a formarla; de tal modo que en su propia condición magnífica de revelador, el poeta es, en gran parte, un agente involuntario de la vida heroica por él mismo revelada. Así, en su esencia y en su forma, la obra tiene mucho de impersonal; y por esto, lo que se significa con el mito de la musa inspiradora, es el espíritu de la raza al cual el poeta sirve de agente. Solo que para esto —y aquí queda reconocida la excelencia de aquél—, necesítase una profunda identidad de condición divina entre el agente y la deidad.

Se ha discutido mucho la paternidad múltiple o única de los poemas homéricos. El trabajo erudito resultante de uno y otro postulado, permítenos afirmar ahora que todos tienen razón. Para mí es ya evidente que una serie de precursores, de pre-homéridas, formó el ambiente épico (literalmente hablando, se entiende) y muchos miembros truncos de la composición. Homero hizo la obra, y le dio justamente su nombre, porque la verdadera creación, consiste en ordenar los elementos que componen un organismo viviente. La *Divina Comedia* es, como argumento, un episodio habitual a las leyendas religiosas de la épica precedente, hijas a su vez, pues tampoco hay nada nuevo bajo el Sol del espíritu, de los sueños filosóficos de la antigüedad.[12] Inútil mencionar las imitaciones directas y confesadas como la *Eneida*, los *Lusíadas* y la *Jerusalén*. Solo la presuntuosa originalidad moderna, no ha producido nada. Prefiere la esterilidad, antes que parecerse a Homero, como Virgilio y como el Tasso. Entre tanto, las escuelas han hecho la gloria del arte. Porque ni los mismos dioses crean de la nada: lo hacen en el espacio preexistente...

Tales son las causas del poema como fenómeno intelectual y social: platónicamente hablando, su verdad y su bien.

Como realización artística, como obra de belleza, el poema debe dar este primer resultado sensible de su verdad: que sus personajes adquieran vida real, como si existieran nacidos de mujer y de hombre, y no de la creación poética; en tal forma, que ésta no parezca sino la celebración de sus obras de vivientes. Así la verdad suprema que consiste en existir, inmortaliza los prototipos de la raza, y con ellos el concepto de libertad y de justicia cuyas personificaciones heroicas son.

En esto consiste la verdad artística, que no difiriendo esencialmente de la común verdad humana, es un fenómeno interno, independiente del sujeto físico; mientras para la retórica, éste constituye precisamente lo esencial, porque la retórica no crea belleza: la *hace* conforme a cánones determinados, y de aquí su intrínseca frialdad.

La pintura de los maestros antiguos, hasta el Renacimiento inclusive, demuestra esta doble afirmación con la ventajosa eficacia de la plástica.

Sus personajes y sus retratos, cuando son perfecta obra de arte, revelan la ley fundamental de la creación estética, que al ser tal *creación*, es tam-

---

12   Los héroes y los iniciados, descendían al Hades en estado de sueño. El descenso de Jesús al Seno de Abraham, resulta una operación análoga. Por último, el milagro de San Patricio es antecedente inmediato del viaje dantesco.

bién obra de vida: no parecen pintados, sino existentes de suyo. Mas, para alcanzar este grado de perfección, el artista necesita reproducir la vida que está viendo, ser veraz, al expresar, así, lo único que sabe positivamente; y entonces, describe figuras de tipo y trajes anacrónicos, como los convidados a las *Bodas de Caná* del Veronés, que son venecianos contemporáneos del pintor, y hasta amigos suyos retratados así. En cambio, la vida, o sea la creación misma, lo esencial en la obra de arte, es sorprendente. A esto hay no solo derecho, sino *deber* de sacrificar la realidad, que es la materia pasajera.

El segundo éxito del poema, o sea el resultado sensible de su bien, consiste en fomentar las ideas y los sentimientos nobles, cual movimientos inherentes a la emoción de belleza, aunque no estén expresos ni sea ese el objeto directo de aquél; de tal modo que el lector se sienta engrandecido en cualquiera de sus facultades superiores: como el valor, el entusiasmo, la piedad; o en todas ellas.

Su mérito estético dimanará, principalmente, de la dicha que produzca, desarrollando en la mente de su lector los prototipos existentes de las cosas, o sea enriqueciendo la noción que aquél tiene de la armonía universal en la cual figura como una cuerda en el concierto. El artista, con su obra de arte, la afina y le saca una música nueva que tenía la capacidad de producir, pero solo bajo esa sensibilización específica; y de tal fusión en la armonía general, proviene su goce inefable. La obra de arte pone al alma en estado de belleza, cuando por medio de su armonía peculiar consigue que aquella entidad sienta en sí misma la unidad de la universal armonía; y esa emoción es un estado divino, el único normalmente asequible sobre la tierra, porque en su goce coinciden las nociones arquetípicas de verdad, belleza y bien, o sea la totalidad de la vida espiritual. La noción del bien está en la perfección de la armonía; la noción de la verdad, en la realidad de su existencia; la noción de la belleza, en su encanto. Cuando el artista nos la torna sensible, poniéndonos en estado de belleza, toda la vida arquetípica constituida por esos tres principios, preséntase simultáneamente a nuestro ser. Y en esos momentos de vida superior con que nos mejora, estriba la inapreciable utilidad del arte.

Las condiciones étnicas, geográficas y climatéricas, producen pueblos distintos, que son, respectivamente, superiores o inferiores. Del propio modo el artista, en virtud de leyes desconocidas hasta hoy, nace con la facultad superior de descubrir en la belleza de las cosas, la ley de la vida; y así representa para su raza, la superioridad de que ésta goza sobre las otras. Ahora bien, como aquel descubrimiento es una ventaja, puesto que de él depende el mejor uso, y con éste, el éxito de la vida, la posesión de un artista reporta a la raza un bien positivo de primer orden.

Vamos viendo, pues, que la poesía es una cosa de la mayor importancia en la cultura de los pueblos. Y no olvidemos que el hombre es el máximo valor, hasta en materia económica. Las tablas de las compañías de seguros calculan en cifras constantes el precio de su vida. Él es el primero de los elementos productores; y además, toda producción depende de su actividad inteligente, como todo valor está determinado por sus aspiraciones necesarias o superfluas. Los griegos, cuya vida perfecta consistió en que todo lo hicieron perfectamente, siendo los mejores comerciantes, los mejores soldados, los mejores colonizadores, los mejores ganaderos, agricultores, industriales y navegantes que podamos concebir, fueron también los mejores filósofos y artistas. Como educadores, no solo consiguieron aquel resultado único de vida, sino que aún nos instruyen. Y bien, toda su educación física, intelectual y moral, basábase en la estética. Ellos sostenían prácticamente, que leer a Homero era el mejor modo de empezar la educación de una vida tan eficaz como lo fue la vida griega. De tal suerte alcanzó Atenas aquel prodigio de civilización irradiante, aquel imperialismo suyo que representa la máxima desproporción entre la pequeñez material de los medios y la magnitud, también material, del éxito. Así Venecia repitió el caso histórico.[13] Así la contemporánea Inglaterra presenta el fenómeno más parecido a aquéllos, cultivando su elemento más precioso de energía y de superioridad, el *gentleman*, en la familiaridad de Shakespeare. Esto lo sabe todo gobernante inglés. Porque la obra de Shakespeare es la imitación del perfecto caballero que Inglaterra exige para dejarse *gobernar*, vale decir para confiar su nave mercante y guerrera. El arte supremo del piloto, es para Inglaterra la poesía

---

13 En la época de su mayor esplendor, Atenas tuvo 180.000 habitantes. Venecia, también en su apogeo, no alcanzó a los 200.000. Florencia tuvo 150.000 de población urbana y 500.000 en todo su territorio, cuando su banca y su política dominaban a Europa. La Confederación que Atenas constituyó, como resultado de su imperialismo, llegó a comprender 247 estados.

de Shakespeare, como lo era para los griegos, y esto directamente hablando, la poesía de la *Odisea*.

Entonces el verso, o sea el lenguaje habitual de la epopeya, nos merecerá análogo respeto. El género exige, desde luego, un verso sencillo y armonioso, noble y robusto: un verso cuyo movimiento recuerde con su resuelto desembarazo, el largo paso del león. Y tal es el hexámetro de los antiguos, el endecasílabo de los modernos. Pero el verso de arte menor, soporta igualmente la lengua épica, como puede verse en las versiones modernizadas del *Romancero*. Lo que pierde en majestad, gánalo en sencillez, y esto es preferible siempre; porque todo grande arte social, como la epopeya, la ópera, la arquitectura pública, deben buscar los medios conducentes a la popularidad. El ser demasiado literarios y con ello exigentes de una cultura especial en el lector, es el defecto capital de la *Eneida* y de los poemas del Renacimiento. Cosa análoga sucede con la arquitectura y con la música, desde aquel tiempo.

El verso de arte menor, no es, tampoco, desconocido en la épica tradicional. Todos los romances pertenecientes al ciclo de la Tabla Redonda, están compuestos en metro parecido. Y luego, éste era el lenguaje poético del pueblo, en el cual tenía que expresarse, naturalmente, un paladín popular. El canon retórico, que pretende limitar la expresión épica al hexámetro y al endecasílabo, es una prescripción de eruditos, empeñados en decretar bajo leyes inamovibles, la imitación homérica. No tiene otro objeto ni otra razón; pues allá donde existan ideas y sentimientos épicos, que es decir, vida heroica expresada con el lenguaje musical que constituye la poesía, materialmente hablando, hay poesía épica, quiéralo o no la retórica.

Ahora bien, el lenguaje reducido a su esencia original, a su valor expresivo, a su carácter de instrumento útil, no es más que música y metáfora: toda palabra es la *imagen* de una persona, cosa o idea; y por lo tanto, los representa ante los hombres, tan realmente como si los trajese a su alcance; pues *hablar* significa tornar sensibles e inmediatos los movimientos ocultos de nuestra mente a que llamamos ideas, y los objetos que, sin la palabra, necesitaríamos traer materialmente para que nos sirvieran como puntos de referencia o de comparación. Al mismo tiempo, el fenómeno fonético que constituye la materialidad de la palabra, es un valor musical, un canto llano, susceptible de notación armónica, conforme lo demuestra el verso, pues éste no es un lenguaje distinto, sino en cuanto se sujeta a un ritmo especial. Recordemos, ahora que la poesía está formada de imágenes y de música: *que no es sino esto*. Con lo cual tenemos reducido el lenguaje a un fenómeno poético: el lenguaje, es decir, *el valor humano por excelencia*, el instrumento primordial de toda sociedad y de toda civilización, porque es el órgano de relación directa entre los espíritus. El canto llano corriente ahora entre nosotros como lenguaje común, es, seguramente, la poesía de bardos antiquísimos, que dieron nombre a las cosas por medio de la imagen y de la música, aplicando, luego, este sistema metafórico a los términos abstractos que denominan nuestras ideas. La palabra *mente*, por ejemplo, proviene de la raíz sánscrita *man*, pensar. Pero *man* significa también hombre, como en el inglés que ha conservado la palabra genuina. Es evidente que el vocablo primitivo, no significó más que este último, así como que debió provenir, a su vez, del sonido natural *mama* con que se inicia el lenguaje infantil, y que resulta de una reduplicación de los movimientos labiales de la lactancia. En latín clásico, *mamma* significa teta. La primera ocurrencia del niño que tiene hambre, es pedir de *mamar*, repitiendo el movimiento característico. Así proceden también los animales. El perro que quiere conducirnos a un lugar determinado, donde ha descubierto un herido, por ejemplo, hace el ademán de ir y venir entre nosotros y aquel sitio. La palabra primordial y característica del hombre, es, pues, mama. Con ella se hizo, desde luego, el nombre de la madre; y obsérvese cuánta poesía contiene este simple hecho natural de ser tal nombre la primera palabra. Luego, por medio de una sencilla contracción, *mam*, pronto transformada en el sonido más fácil *man*, designóse al hombre, *el procedente de la madre*. Luego se dio al atributo humano por excelencia, el mismo nombre, con un significado más justo aún que en la famosa palabra cartesiana: *pienso, luego soy hombre*. Y cuando esto pudo suceder, el lenguaje estuvo formado. La muerte, a su vez, llámose mar (de donde *marasmo*) y sirvió de radical a uno de los calificativos fundamentales de género humano en griego: *méropes*, que significa literalmente mortales. Luego vinieron materia, o sea la gran madre, *mater-ia*, *maia*, o la tierra, *mar* o el total de las aguas cuya ondulación describe la letra *m* que existe en todos los alfabetos bajo ese carácter primordial; y por último, el grande espíritu rector de los hombres, el primer legislador de la humanidad, llamóse *Manú*. Los nombres primordiales del universo, resultaron de esta primera palabra: *mama*. El descubrimiento de las relaciones trascendentales de las cosas, sensibilizado y aproximado por la metáfora; la imagen materna que esas palabras van repitiendo; el valor musical que las diferencia, son todas operaciones poéticas. Solo la *imaginación*, la facultad de crear *imágenes*, ha podido producir ese resultado. Y se trata, precisamente, de la facultad poética por excelencia.

Si hemos de inferir por analogía el pasado prehistórico en el fenómeno que la historia nos permite comprobar, la poesía no ha dejado de ser el elemento esencial en la evolución del lenguaje.

Los poemas homéricos habían formado definitivamente el idioma heleno. Todos aquellos que no hablaban correctamente el lenguaje de dichos poemas, eran los bárbaros. El latín se transformó en los actuales romances que son nuestros idiomas latinos, por medio de la poesía. De empezar a cantarlo en coplas, con otros ritmos que los clásicos, es decir, adaptándolo a las tonadas regionales, provino la transformación. La rima, desconocida por el latín clásico, constituyó, precisamente, el otro elemento. Las primeras lenguas romanas, fueron habladas en verso. El verso estuvo siempre a la cabeza del movimiento evolutivo, como lo demuestran la *Canción de Rolando* y el *Romancero*. Antes que en ninguna otra parte, el francés y el castellano de hoy, encontrábanse ya en aquellos poemas. Ellos popularizaron esos nuevos idiomas, autorizando con el cuño del arte los elementos populares resultantes de la deformación del latín por los indoctos, y de su mestización con los dialectos regionales. Sin esa intervención del elemento superior y original: la poesía, la barbarie dialectal habría permanecido inmóvil, como la tierra donde arraiga el árbol; pues éste es el elemento activo de transformación, al representar una vida superior respecto a la tierra. Por último, la *Divina Comedia* formó definitivamente el italiano, solo con tomar como vehículo el dialecto de la Toscana. Así convertido en obra de arte, fue el organismo superior destinado al triunfo.

De esta suerte, la poesía que transforma un idioma en obra de arte, lo impone con ello entre los organismos vivos de la misma naturaleza; y como el idioma es el rasgo superior de la raza, como constituye la patria en cuanto ésta es fenómeno espiritual, resulta que para todo país digno de la civilización no existe negocio más importante que la poesía.

El hombre *vale* más positivamente hablando, cuanto más culto es; porque así produce más. Y toda la cultura es asunto de lenguaje. Toda la cultura; porque ciencia, arte, política, guerra, comercio, dependen de la ejecución de fórmulas y de órdenes que no son sino palabras. La dignidad de la especie humana proviene de esta misteriosa subordinación de su espíritu a la poesía, así definida como la emoción original, y también como la primordial moción del ser humano. Misteriosa, porque si yo veo un elemento *natural*, en aquel simple sonido *mama* de la boca infantil, creo también que ello no es un resultado casual de la organización de la materia en forma humana; antes me parece que las inteligencias creadoras del hombre, dieron a su boca la forma necesaria y a su instinto la inclinación debida, para que al impulso de la necesidad, produjeran naturalmente aquellas voces, en la cual *Ellos* preveían todas las trascendencias posteriores.

Con estas palabras que vuelven a recordarnos la predestinación del poeta como elemento representativo de la vida heroica en su raza, voy a terminar las pasadas reflexiones sobre la poesía épica. Solo me resta una cosa que añadir: la composición del poema épico es, por aquella misma circunstancia representativa, una tarea heroica; y en su consecuencia un acto singular, con frecuencia extraño a la vida normal del poeta. Así son, por otra parte, todos los heroísmos: episodios aislados en la existencia del héroe. Actos que éste parece haber ejecutado fuera de sí, al resultar sobrehumanos. Es que quien los comete en ese momento, es su *deus* interno, sin más relación con el individuo físico, que la de la mano con el bastón. Milton ciego[14] y Beethoven sordo, son dos indicaciones trascendentales. La condición divina del genio, apareja el goce de la luz sin necesidad de ojos y de la música sin necesidad de oídos.

Porque es en el espíritu donde *realmente* existen toda música y toda luz, nadie ha visto como ese ciego y nadie ha oído como ese sordo. Ellos no

---

14   Elijo a Milton y no a Homero, por su mayor realidad histórica (sábese que la misma etimología del nombre Homero, puede significar, además de ciego, rehén, poeta y compositor) y porque el bardo inglés fue especialmente el cantor de la luz:

Hail, holy Light! off spring of Heaven firstborn!

dominaron tan solo, en su totalidad, el espectáculo del universo perceptible; que solo por dominarlo así, lo describieron mejor que nadie. *Vieron* y *oyeron* también lo que nosotros no podemos ver ni oír: la maravilla de la divinidad, presente en aquella sombra y en aquel silencio. Sombra estrellada como la noche detrás de las nubes interpuestas. Silencio continente de toda música, porque fue un punto de comunicación con el infinito.

II. El hijo de la Pampa

El gaucho fue el héroe y el civilizador de la Pampa. En este mar de hierba, indivisa comarca de tribus bravías, la conquista española fracasó. Ella había civilizado las montañas, asentando en sus mesetas, el frescor adelgazado ya en vértigo, los Potosíes y los Quitos; o topografiando en audaz catastro los mismos escoriales de volcán, con las tapias de sus Guatemalas y sus Pueblas. Llevó a aquellos montes desordenados donde señoreaba Luzbel, agua de bautismo que les quitara la posesión. Metió cuña al peñasco para destriparlo de su oro y de su plata, o le insinuó con el azogue activo como una sierpe de hechizar, la química avidez de las amalgamas. Por sus cubiletes fulleros pasó la mitad del Sol desgranada en topacios, y la mitad de la Luna cuajada en perlas. Que el mar fue primero, en verdad, el fortunoso corcel de su audacia.

Había también el conquistador domeñado la selva que embrujaban leyendas y vampiros; pronta la espada contra los endriagos custodios de tesoros hespéricos; o contra los tártaros de Kubilay-Kan, que allá cerca andarían; o contra el huracán del ave Roc, que se alza un toro en las garras; o contra las doncellas amazonas del seno dispar y de la pierna elástica cuya eventualidad pregustaba en ventura su urgente celibato; o todavía contra la aparición de ángel candente que vigila el Paraíso... ¿No estaría, acaso, alguno de los cuatro afluentes edénicos, entre aquellos ríos perfumados como Salomones, del perpetuo abrazo que dan a las ínsulas floridas?

Solamente con la Pampa no pudo la conquista. Ni sus elementos nobles, el soldado y el misionero, ni su cizalla vagabunda, el gitano, lograron establecerse allá. Atravesáronla sable en mano como Hernandarias de Saavedra, o crucifijo al pecho como el jesuita Falkner; o intentaron quedarse como la chusma de Egipto, sin conseguirlo más que sobre la desierta costa atlántica, en las cuevas del Carmen de Patagones. Todo eso no tuvo más importancia que el surco de los barcos en el mar. La barbarie pampeana continuó irreducida en su dominio. Allá hubo de robustecerse, al contrario, con la posesión de un nuevo elemento: el ganado introducido por los europeos. Allá empezó a abandonar el estado nómada que la caza aborigen habíale impuesto con su ilimitado vagar, para constituirse en rudimentaria confederación y hasta en monarquía pasajera, cuando requeríalo así tal cual empresa combatiente; pues la instalación de los conquistadores prodújole una industria en el saqueo sistematizado de las poblaciones cristianas, dando, por otra parte, permanencia a la guerra. La invasión de aquellos establecimientos, el malón, constituyó su «trabajo». Así mantúvose en beligerancia contra el invasor, cuyo dominio no reconoció jamás. A diferencia de lo que pasó con los indios de México y del Perú, hubo de exterminarse a los de la Pampa, combatiéndolos cuatro siglos. El fracaso de aquella conquista, fue, pues completo. Solo consiguió que la salvajez del indio se volviera en parte barbarie, lo cual agravaba todavía su oposición.

El obstáculo principal que ofrecía la pampa, era su vaga inmensidad, y con ello, la falta de objeto para las expediciones lanzadas, así, al vacío. Los indios retirábanse siempre, hacia el fondo del desierto, hasta las rampas de la Cordillera donde empezaban aquellas selvas de ciprés que parecían vegetar el bronce, y aquellos altos lagos que las reflejaban con una diafanidad de luz en su engaste de ventisqueros. Sobre los bloques de nieve y de azul, fortificados en fábrica de torreón, imperaba la leyenda más ardua que todos los obstáculos, con sus monstruosos bueyes, que eran, quizá, los últimos milodones[15] sus brujos que provocaban el fuego celeste para labrar en la piedra del rayo hachas y amuletos,[16] y hasta aquellas *Ciudades de los Césares*, que al centelleo de la siesta, temblaban quiméricas en el aire de la soledad.[17]

La montaña agregaba a ese influjo, otro impedimento: el médano de arena, que desde la falda desarrollábase hacia el mar, devorando la fertilidad con su árida lengua. En efecto, la Cordillera, arrecife que fue del prehistórico

---

15 En una caverna de la Patagonia (Seno de la Última Esperanza), hallaron en 1897, según creo, restos de cuero paquidérmico, huesos revestidos en parte de tegumentos y de pellejo, y estiércoles pertenecientes al Milodón o Gripoterio. El estado de aquellos despojos, que, removidos, exhalaban todavía olor de podredumbre, acusaba una data asaz reciente. La disposición de la caverna, en la cual había cenizas y otras huellas de establecimiento humano, dio motivo a suponer que se trataba de un establo prehistórico.

16 El culto del hacha de piedra y su leyenda, fue común a toda la Araucania, lo mismo que a la región calchaquí del Norte. En Centroamérica y en México, el vulgo llama también a las hachas prehistóricas de piedra, «piedras de rayo». Exactamente lo mismo pensaban los griegos y los etruscos.

17 Circuló mucho entre los conquistadores, y ello hasta finalizar el siglo XVII, la leyenda de que en la Cordillera austral, existían grandes y ricas ciudades cuyas torres habían alcanzado a ver algunos aventureros extraviados. Llamábanla de los Césares, porque, según parece, el primero que las vio fue un capitán español de apellido César.

Mar Andino, dio base al levantamiento de las tierras pampeanas, fondo, a su vez, de aquel mar, resultando, así, dichas tierras una prolongación de su falda.[18] La parte superior de aquellos Andes, consiste en asperones de fácil detrimento, que parecen ruinas fantásticas. Son escombros, por cierto, y la arena en que se disgregan, extiéndese bajo la doble acción indicada y la de los vientos cuya dirección oriental es constante, pues el mar se halla demasiado lejano para enviar hasta allá ráfagas compensadoras. Así, entre la pampa fértil y la montaña, media el desierto arenoso donde no hay agua superficial, ni puede marchar, sin fatigarse, el caballo de otra comarca.

Comprendiendo la ventaja que le ofrecía ese obstáculo natural, el indio supo aprovecharlo con maña. Su escuela de guerrero, fue, puede decirse, la gimnasia del desierto. Este lo disciplinó para la lucha, completando, así, la contraproducente influencia de la conquista. Con ello, los toldos temporales transformáronse en tolderías. Las aguadas y las abras pastosas hacia donde era necesario encaminar los arreos para que no sucumbieran a las consecuencias de una agitada travesía, fijaron la barbarie en poblaciones. Estas necesitaron, a su vez, un rudimento de gobierno, naturalmente determinado por la jerarquía militar, puesto que la guerra era para ellas el todo. Y con eso, la barbarie tornóse también de resistente en agresora, los grupos combatientes en pequeños ejércitos que la mayor movilidad de la caballería permitió reunir, presentando de tres a cuatro mil lanzas.

Si el indio fuera capaz de civilizarse, aquello habría podido adelantar. Pero sucedió como en las Misiones guaraníes. Llegado a cierto punto de bienestar, que consistía en la seguridad de la alimentación, quedó paralizado por el ocio constituido en felicidad suprema, sin ningún estímulo personal de progreso, sin curiosidad ante la naturaleza ni ante los demás hombres, sin esa tendencia a la amplificación de la simpatía engendrada por el gozo de vivir. Porque esas razas sin risa, lo cual es significativo, nunca gozaron de la vida. Sus satisfacciones asemejábanse a la hartura taimada de la fiera. Todo en ellas era horrible, física y moralmente hablando. Sus mismas diversiones

---

18   Recuerdo mi primera impresión al llegar a Covunco, en el Neuquén: Ese ha sido un golfo del mar andino seguramente, dije a mi compañero de viaje el ingeniero don Juan I. Alsina, no bien alcanzamos a divisar aquel pintoresco seno de la montaña. Al otro día tuvimos la confirmación de aquella ocurrencia. En el fondo del supuesto golfo antiguo, hay un banco formado enteramente de almejas fósiles.

consistían, por lo común, en espectáculos sangrientos. Por eso, ni el toldo dejó de ser la antigua madriguera en las poblaciones estables, ni el régimen de la familia, ni las creencias religiosas, se modificaron. Hasta el modo de comer, no obstante la abundancia producida por los malones, permaneció idéntico. La degollación de la res, engendraba el antiguo movimiento de precipitarse a beber la sangre, que, en el nómada carecido, es una forma de economía. El desaseo espantoso, el arte rudimentario del tejido y de la joyería, no variaron en tres siglos de abundancia y de victoria.

Fuera de algún traje militar que los caciques revestían por lujo, el hombre conservó su desnudez untada de grasa y a veces decorada por tatuajes faciales. La mujer sustituyó con una manta azul y otra roja las antiguas pieles de guanaco o de ciervo, si bien llevándolas de idéntico modo: la primera envuelta desde el nacimiento del seno hasta las rodillas; la segunda de rebozo. Las sartas de chaquiras habían reemplazado como adorno del pelo, a las antiguas bayas y semillas del bosque; en cambio, las ajorcas, brazaletes, broches, zarcillos y sortijas, conservaban el mismo tipo que nos revelan las sepulturas prehistóricas. No copiaron a los blancos ningún juego, salvo el carnaval; pero lo corrían apedreándose y boleándose con trozos de carne cruda, o exprimiendo a guisa de chisguetes, para salpicarse con sangre, los corazones de las reses.

A pesar de su transformación en jinete exclusivo, de tal manera que todo trabajo redújose para él al cuidado de su caballo, y aunque la utilería de hierro introducida por los blancos, algo modificó también su armamento, la táctica del indio permaneció estacionaria. Montado, consistía para él en el mismo semicírculo envolvente que los cazadores a pie formaban, para ir cerrándolo progresivamente en el ataque.

No se recuerda más rasgo de ingenio bélico, que el de soltar en dirección de los tiradores aislados a pie por algún percance, parejas de baguales acollarados con las puntas de un lazo, que conservando, así toda su longitud, cimbraba tremendo al ímpetu de la carrera. Los animales, previamente espantados por un barullo infernal, atropellaban, ciegos, derribando cuanto caía bajo la cuerda, que en sus bruscos estirones cercenaba miembros y matorrales como una cimitarra descomunal. Más de una cabeza voló así decapitada.

42

Repito, pues que la conquista solo consiguió armar al indio con más eficacia contra la civilización.

Semejante superioridad de aquél en su medio, planteaba, pues, la lucha implacable, y estableció con solidez alarmante aquel feudalismo patagón, confederado de hecho con la antigua Araucania. Esta le dio, en efecto, su mejor núcleo guerrero y hasta sus caciques más famosos, como el fiero Calfucurá. Era la comarca originaria, el país de la lengua y de la hechicería maternas. Cuando la industria del malón quedó definitivamente establecida, constituyó también el intermediario entre los guerreros de la Pampa y los hacendados de Chile, con quienes aquéllos negociaban el sobrante de sus rapiñas. Los cautivos fueron también artículo comercial, y vendidos como esclavos, salvo las mujeres jóvenes que los indios se reservaban, iban a morir trabajando bajo dura servidumbre en los fundos de la nación transandina.

Aquel problema no tenía otra solución que la guerra a muerte, pues la civilización no podía ofrecer al indio nada superior a los malones como medio de vida.

Todos los instintos y pasiones de aquél, hallábanse así satisfechos. El odio al invasor, la guerra, la aventura, la presa, la haraganería opulenta y harta, la mujer ajena y el alcohol. Por esto eran falaces todos los tratados de paz, que los indios aceptaban para obtener presentes, pero que nunca les convenía respetar. La paz habría sido, en efecto, su ruina, al comportar la supresión de aquel estado bárbaro que constituía el progreso ideal del indio. Cuantas ventajas podía ofrecerle la civilización, resultaban inferiores, al estribar su adquisición en el trabajo detestado más que la muerte.

Un detalle de la mayor importancia psicológica precisará todavía aquel antagonismo con la civilización: a pesar de la profusión de guitarras en los hogares campesinos que los indios saqueaban, éstos no las adoptaron. Solamente en los últimos años de la guerra pampeana, empezaron algunos a tocar el acordeón cuyo desapacible chillido cuadraba más a sus preferencias musicales. Sus orquestas componíanse habitualmente de broncas cornetas, cajones y tarros percutidos a guisa de tambores, botellas y frascos en los cuales soplaban: todo ello sin ninguna idea de armonización. Sus danzas eran más bien rondas mágicas, en las cuales solían caer muertas de cansancio las mujeres que las ejecutaban, sin poder franquear el círculo de lanzas formado a su derredor.

Entretanto, la civilización, por medio de la ganadería, su único órgano entonces, procuraba extenderse sobre el desierto que el indio defendía a su vez con la confianza de un éxito secular; y nada hay tan conmovedor en nuestra historia, como ese penoso avance que fue durante años y años una especie de ascetismo combatiente. La ocupación definitiva de la Patagonia, resultó pues, una verdadera «conquista del desierto».

Ahora bien, lo único que podía contener con eficacia a la barbarie, era un elemento que participando como ella de las ventajas locales, llevara consigo el estímulo de la civilización. Y este es el gaucho, producto pintoresco de aquel mismo conflicto.

El malón era, en efecto, un contacto casi permanente de los indios con los cristianos fronterizos, que pertenecientes a la raza blanca, llevaban la doble ventaja de su carácter progresivo y su mayor capacidad de adaptación. Esto, y los repelones inherentes a la guerra de sorpresa que el indio hacía, diéronles también la experiencia del desierto, la fe en el caballo, la amplificación del instinto nómada. Españoles recién salidos del cruzamiento arábigo, la analogía de situación en una vida tan semejante a la de los desiertos ancestrales, reavivó en su ser las tendencias del antepasado agareno; y su mezcla con aquellos otros nómadas de llanura, acentuó luego la caracterización del fenómeno.

Faltos de mujeres, los conquistadores habían tomado a los aborígenes vencidos las suyas; pero como fuera de las tribus que se retiraron al abrigo de la Cordillera y del desierto circunvecino, aquéllos fueron exterminados, la sangre española preponderó luego en los mestizos, apellidados, por lo demás, como sus padres.

Preponderó, sin purificarse del todo, a virtud de dos circunstancias, la primera de las cuales consiste en la mayor persistencia del elemento de color, por lo que respecta al pigmento epidérmico y capilar, y a las pasiones dominantes. La otra dimanó de que habiendo concluido tan pronto la conquista en el Plata, muy luego vinieron mujeres blancas; de suerte que la diferencia social no tardó en establecerse con los mestizos, así obligados a unirse entre ellos. Pero en las poblaciones fronterizas la carencia persistió, y la mujer siguió constituyendo un botín de guerra por mucho tiempo todavía. La mestización resultó, pues, más enérgica en las fronteras.[19]

Agregábase a esta circunstancia, otra no menos importante. Los conquistadores, incapaces de dominar al indio, debieron muchas veces pactar con él reconociéndole posesiones situadas a muy pocas leguas de Buenos Aires. Esto duró hasta la primera mitad del siglo XVIII, cuando aquéllos empezaron a violar dichos tratados de paz para reivindicar, así, campos que ya iban siendo valiosos. Los indios respondieron, por venganza, con algunas depredaciones, lo cual sirvió de pretexto para intentar sin ambages su expulsión. El mariscal de campo don Juan de San Martín fue el instrumento de aquel propósito. Las matanzas con que intentó exterminar a las tribus, hasta entonces amigas y aun aliadas contra los bárbaros más indómitos de la Araucania, transformaron la hostilidad latente y los malones, esporádicos hasta entonces, en la gran guerra de la Pampa, así empezada por su expedición de 1788. Duró, pues, aquélla, ciento cuarenta y un años, hasta la conquista del desierto ejecutada por Roca.

Los mestizos, menos aptos para el trabajo de las ciudades donde el negro los reemplazaba en el servicio doméstico que era casi la única forma de la actividad plebeya, al no existir industria, trasladábanse, naturalmente, a la frontera que así vino a constituir su terreno natural; y de tal modo empezó a formarse la sub-raza de transición tipificada por el gaucho.

Algunos pocos quedábanse en las ciudades, dedicados a las faenas de matadero y al manejo de carros; pero sobre ser muy escasos, dadas la pequeñez y la paralización de aquellos centros, dichas actividades acercábanlos al fronterizo, constituyendo una mera extensión de la ganadería rural: beneficio de las reses, manejo del caballo y transporte de la corambre.

Por otra parte, el orgullo que heredó con la sangre fidalga, y la independencia del indio antecesor, apartaban al gaucho de las tareas serviles, sobrellevadas fácilmente por el negro. Despreciaba en éste la sumisión, como la falsía en el mulato, haciendo valer por buena, con sencillo pundonor, su descendencia de las razas viriles. Llevábala acuñada en su rostro de cetrina magrura, generalmente barbado con dignidad, en su cabello nazareno, en

---

19 La ley española prohibió muy pronto que entraran a la nueva colonia hombres casados sin sus mujeres. La precaución era buena; mas permaneció letra muerta, en la campaña sobre todo.

sus ojos de fiera rasgadura, en la franqueza de su porte; y también, porque ésta es otra condición de superioridad, en su timidez comedida.

La afición al caballo, que exalta con vivacidad valerosa el individualismo, según puede verse en tipos tan diversos como el beduino y el inglés; el dominio de la pampa cuyo descampado ofrece la severidad heroica del mar, mientras su magnificencia de horizontes, la inmensidad del cielo en que aísla al jinete, infunde el hálito libertador de la cumbre; la lidia con el ganado bravío en verdadero esfuerzo combatiente; el peligro de la horda salvaje; el desamparo de aquella soledad donde cada cual debía bastarse, resumiendo las mejores prendas humanas: serenidad, coraje, ingenio, meditación, sobriedad, vigor; todo eso hacía del gaucho un tipo de hombre libre, en quien se exaltaba, naturalmente, a romanticismo, la emoción de la eterna aventura. Y he aquí su diferencia fundamental con el indio, al cual imitaba los recursos que dan el dominio del desierto.

Aquel estado sentimental constituía por sí solo una capacidad de raza superior: la educación de la sensibilidad, que, simultáneamente, amplifica la inteligencia. Con ello, el gaucho poseía los matices psicológicos que faltan al salvaje: la compasión, a la cual he llamado alguna vez suavidad de la fuerza; la cortesía, esa hospitalidad del alma; la elegancia, esa estética de la sociabilidad; la melancolía, esa mansedumbre de la pasión. Y luego, las virtudes sociales: el pundonor, la franqueza, la lealtad, resumidas en el don caballeresco por excelencia: la prodigalidad sin tasa de sus bienes y de su sangre.

Todo ello, por supuesto, en un estado primitivo, que oponía escasa resistencia al atavismo salvaje; de tal modo que, con la guerra, tornábase fácilmente cruel; con la ira, brutal; con la desgracia, misántropo.

A esta índole contradictoria, en la cual predominaba, no obstante, el romanticismo, sus dos antecesores habían legado sendos defectos: el ocio y el pesimismo. Su capacidad de trabajo, enorme en cuanto al vigor físico, fallaba como fenómeno de voluntad, no bien producía lo necesario para cubrir las necesidades inmediatas. Su resignación a las condiciones inferiores en que nacía, resultaba fatalismo. Y entonces sus reacciones contra la sociedad hostil, no eran más que arrebatos individuales.

Paladín desplazado, la tendencia peculiar de hacer y hacerse justicia por sí mismo, no podía ejercitarse sino en rebeliones contra la autoridad o contra la propiedad del rico; la comezón de hazañas había de satisfacerse con la provocación de los valientes cuya fama llegaba hasta él, y con los cuales, después de haberlos buscado, peleaba sin odio, por puro amor a la gloria; el romanticismo aventurero, daba, naturalmente, en la poética sugestión de cantar desdichas, con el tema de amor por gala, más que por inquietud pasional; la jactancia gallarda, insinuando el despecho de la condición inferior, aparentaba una maliciosa humildad que era la antífrasis de la vanagloria; por último, la pobreza específica constituía una prenda de libertad, y facilitaba al propio tiempo la vagancia, que no es menos una condición de paladín: el «caballero andante» por definición.

La vida del hogar fue, así, rudimentaria para el gaucho; y de consiguiente, baladí en su alma el amor de la mujer. Esto constituía su inferioridad, la herencia más dañina del indio antecesor. Él no fue amante, sino de la libertad. En la concubina o en la esposa, veía solamente la hembra deprimida por las tareas, para él indignas, de la domesticidad. Sobre ella caía el desprecio del nómada hacia los seres sedentarios.

Ella, por su parte, india también en esto, resignábase sumisa, fincando el honor de su casa y de su maternidad en el estoicismo de su conducta; reservadamente orgullosa con la fama varonil de su hombre, que es decir, enamorada al modo de las hembras primitivas, hijas del rigor. El aislamiento en que vivía, equivalente a la reclusión de todas las civilizaciones sensatas, y la aceptación de la supremacía viril, engendraban la fidelidad, de otro modo tan difícil, y con ella el amor a los hijos exagerado en extrema ternura. Su vida amorosa era breve y precoz. Apenas sonroseada por el envero de la nubilidad, el destino entregábala ingenua, con la pasividad de los seres primitivos, al llamamiento de la naturaleza. Su coquetería era instintiva a la vez, como en el pájaro la muda primaveral. Un poco lánguida a la puerta del rancho, bien almidonada la única enagua de puntillas, alisado en crencha el pelo bajo el moñito rosa, y las mejillas pintadas con el zumo de la margarita carmesí; o volviendo lenta por el sendero del pozo, con el cántaro que la coronaba como un ornamento escultural, prolongada así desde el tobillo desnudo en la sandalia, una línea de elegancia antigua, cuyo resalto acentuaban con firmeza juvenil los senos engreídos de esfuerzo; o diligente en el corral de las eclógicas ordeñas, o industriosa en el telar, chillón de maderos y de colores: talla veía y la requebraba el galán, pronto victorioso, porque era el esperado del destino nupcial. Y con aquel episodio acababa para ella todo acicalamiento, a menos que diera en mujer libre por rarísima excepción. Desde entonces, la falda lisa, el lacio corpiño, el rebozo y las trenzas a la espalda, constituíanle una especie de uniforme. Su honorabilidad consistía en anularse ante el varón.

Su belleza era efímera también, lo cual constituye otro defecto de mestizo. Después del primer hijo que un momento la acentuaba, como la maca aumenta el sabor frutal, sobrevenía sin transición la rudeza labriega. Y esto lo mismo en la *chinita* campesina, en la zangarilleja aldeana, hasta en la moza regalona, que a fuer de rubia o de primogénita, solo ponía sus manos en el banzo del ojalado y en las albahacas del jardinillo damil.

Era el hombre quien representaba la elegancia, con ese donaire genuino que da el goce de la vida libre. Jinete por excelencia, resultaba imposible concebirlo desmontado; y así, los arreos de cabalgar, eran el fundamento de su atavío. Su manera de enjaezar el caballo, tenía, indudablemente, procedencia morisca; pero acentuaba más la armonía lineal del bruto, desembarazando su silueta, aunque con ello comprometiera la estabilidad de la montura. La belleza le importaba más que la utilidad. Tomó, por esto, la costumbre de ensillar en medio del lomo, lo cual carga el peso del jinete sobre los riñones del animal y no sobre la máxima resistencia de la cruz; pero es, que, así, destacábanse con más gallardía los escarceos del cuello y la acción de las manos, resultando, también, más erguido el jinete. Por análogo motivo, suprimióse de la equitación el gran trote que obliga a inclinarse sobre el arzón delantero, y se alargó consecutivamente los estribos, hasta dar al jinete la mayor elegancia en la más decidida verticalidad. Como el gaucho debía llevar en la montura su cama y buena parte de los enseres domésticos, procuraba disminuirla en un bulto integrado cuanto fuera posible con la masa del animal. A este fin, la pieza que todo lo cubría fue el «sobrepuesto», ancho trozo de piel curtida, o el «cojinillo» formado de hilos lacios como cerdas. La cincha hubo de ensancharse hasta abarcar casi todo el vientre; y esto, con la ya citada costumbre de ensillar a mitad de lomo, daba al ajuste notable desembarazo. Las riendas y la jáquima o bozal, muy delgados, aligeraban en lo posible el jaez, cuyo objeto no era contener ni dominar servilmente al bruto, sino, apenas, vincularlo con el caballero, dejándole gran iniciativa. Así, el manejo del caballo gaucho dependía más del discurso que de la habilidad mecánica, consistiendo en unas cuantas direcciones solamente insinuadas y casi imperceptibles. No estaba aquél, como en Europa, adiestrado para ciertas habilidades automáticas, fuera de las cuales consérvase hasta indómita; sino profundamente educado por el desarrollo de la voluntad, con la que debía responder a las más inesperadas solicitaciones de su jinete. Era innecesario, pues, correrlo a poder de espuela, ni ocupar las dos manos para su violento manejo, ni temer que se quedara pertérrito ante cualquiera sorpresa. La supresión de la gualdrapa de la retranca y del pretal, poco útiles, por lo demás, en la llanura, contribuía al mismo objeto. Solo se conservó, porque era un adorno, la testera de rapacejo cuyos colores fueron durante la guerra civil distintivos partidarios; mas la cabezada, en su conjunto, subrayaba los perfiles equinos acentuándolos con enérgica vivacidad. La tusa daba una esbeltez más concisa al cuello. Todo aquel arreglo tendía a resumir la plástica de la equitación en las líneas largas de la velocidad; así como el paralelo efecto útil que con ello se buscaba, consistía en reservar el caballo para los repentes de la aventura. Había de ser muy blando de boca; dócil a la indicación conjunta de las riendas en una sola mano; pronto para el galope y la carrera; de mucho aguante en estos pasos acelerados. Después, sobrio como su dueño, y pundonoroso hasta la muerte. La sangre arábiga, que él también tenía, contribuyó poderosamente a su formación.

Fácil es percibir en todo ello la combinación de los elementos orientales y caballerescos que introdujo la conquista.

El «fiador» o collar del cual se prendía el cabestro cuando era necesario «atar a soga», es decir, de largo, para que el caballo pastara, figura en el jaez de una antigua miniatura persa, que lleva el número 2.265 del Museo Británico; y en el Museo de la India, en Londres, repítenlo profusamente las láminas de la obra mongola *Akbar Namali* que es del siglo XVI. Persa fue igualmente la montura de pomo delantero encorvado que conocemos con el nombre de «Mexicana»: algunas tuvieron en Oriente la forma de un pato con el pecho saliente y la cola erguida. El freno y las espuelas a la jineta, proceden también de Persia; naturalmente, que por adaptación morisca en nuestro caso, y refundido cada detalle en un conjunto de pintoresca originalidad. Por lo demás, es sabido que el arte de cabalgar y de pelear a la jineta, así como sus arreos, fue introducido en España por los moros, cuyos *zenetes* o caballeros de la tribu berberisca de Benú Marín, diéronle su nombre específico. Así, *jinete*, pronunciación castellana de *zanete*, fue por antonomasia el individuo diestro en cabalgar.

La estrella de la espuela, fue, en cambio, invención caballeresca del siglo XIV, llevada en el XVI —el siglo de la Conquista— a su máxima complicación.[20] El nombre de «nazarena» que daban nuestros gauchos a sus espuelas de rodaja grande, parece indicar procedencia oriental; a menos que recordara, metafóricamente, la corona de espinas de Jesús de Nazareth. El pesado látigo con pomo de fierro, proviene, sin duda, de los antiguos flagelos de pelea. Las monturas enchapadas de plata, que llamaban «chapadas» por antonomasia, fueron también del siglo XVI. Los fustes de la silla de armas que usaban los paladines, hallábanse cubiertos con chapas de acero que recibían el nombre de «aceros de silla» y de «chapas» por excelencia, pero, ya en tiempo de los romanos, las gruperas, que equivalían a nuestros arzones, solían estar adornadas con filetes de plata. La carona de piel de tigre recuerda los ribetes del mismo material que adornaban las gualdrapas de acero en ciertas armaduras del siglo XVI. A la misma época pertenecieron los grandes estribos de plata que nuestros gauchos llamaban «de brasero» o «de corona» por su forma característica. En las comarcas andinas usábase mucho el estribo asturiano en forma de cobre, también incrustado profusamente de plata. Las anchas cinchas taraceadas con tafiletes de color, son moriscas y húngaras hoy mismo. Parecido origen atribuyo al «tirador», cinto de cuero bordado o adornado con monedas, que todavía portan los campesinos húngaros, rumanos y albaneses. La influencia pintoresca de los gitanos paréceme evidente en estas últimas prendas.

Análogos bordados y taraceas solían adornar los guardamontes usados por los gauchos de la región montuosa. Aquel doble delantal de cuero crudo, que atado al arzón delantero de la montura, abríase a ambos lados,

---

20   Tengo una vieja espuela de fierro, procedente de San Luis, enteramente igual a otra inglesa del siglo XVI que se halla en la colección del Museo Victoria y Alberto, en Londres. No puedo citar su número, porque la instalación donde la vi cuando visité aquel museo era provisional. Ambas tienen la típica estrella o rodaja de ocho puntas que caracterizó la evolución de esta pieza, transformando en espuela, propiamente dicho, al primitivo acicate.

protegiendo las piernas y el cuerpo hasta el pecho, no fue sino la adaptación de las adargas moriscas para correr cañas, que tenían los mismos adornos y casi idéntica hechura: pues eran tiesas en su mitad superior y flexibles por debajo para que pudieran doblarse sobre el anca del animal.

En cambio, los gauchos no montaban a la jineta, que es el uso de estribar corto, sino a la brida, o sea en posición vertical, como queda dicho, y con las piernas extendidas del todo. Este uso provenía de los caballeros armados cuyas grebas dificultaban la flexión de las rodillas, y fue también peculiar a la caballería ligera. Las monturas gauchas pertenecieron a los dos tipos preconizados por aquellas dos artes de equitar: altas de arzón, o a la jineta, en el centro y en el norte; balas, o a la brida, en la región netamente pampeana. Estas últimas llamábanse y eran someros bastos sin cabezadas ni borrén. Las de diario solían no tener estribos, o llevaban uno solo que era una acción con un nudo en el cual se apoyaba el jinete para montar cogiéndolo entre los dedos del pie. La manera de arrendar con solo dos bridas cuyo peso bastaba para ir conteniendo el caballo, por lo cual cogíanlas muy largo con la mano izquierda únicamente, fue también caballeresca. Así puede verse en estatuas ecuestres de los siglos XV y XVI, tan notables como del *Gattamelata* y la del *Coleone*. En cambio, el modo de llevar las riendas pasadas por entre el índice y el pulgar de la mano ligeramente cerrada, es morisco.

Completaban la decoración de aquel aparejo las «pontezuelas» y las «copas» o brocos del freno: prendas de plata labrada, como los ya citados estribos cuya forma era la de un esquilón, las espuelas, el látigo, las virolas, y hasta las argollas del arnés: todo ello abundante, macizo y con cierto carácter de armadura que recordaba la procedencia original. En el romancero del Cid[21] y en el romance fronterizo del recobro de Jaén,[22] hallamos estos rasgos semejantes:

> Espuelas llevan jinetas
> y los frenos plateados.
>
> ...
>
> Cuánta de la espuela de oro,

---

21 «Reto de los dos zamoranos». Versiones de Escobar, Timoneda y 48.ª de Wolff.
22 72 de Wolff.

cuánta estribera de plata.

Las correas hallábanse sustituidas también por trenzados cilíndricos de cuero crudo lo cual era más sólido y elegante a la vez. De ahí salió toda una industria local, como debía suceder dadas la abundancia de la materia prima y la importancia del caballo.

El gaucho habíase creado, asimismo, un traje en el cual figuraban elementos de todas las razas que contribuyeron a su formación. La primera manta que algún conquistador se echó por entre las piernas para suplir sus desfondados gregüescos, formaría el *chiripá*. La misma etimología compuesta de este vocablo quichua, así lo prueba; pues significa literalmente «para el frío»; así como por análoga razón de suplencia, llamamos «sobretodo» al gabán. Después notaríase que aquella rudimentaria bombacha abierta, facilita la monta del caballo bravío. El calzoncillo adquirió una amplitud análoga; y los flecos y randas que le daban vuelo sobre el pie, fueron la adopción de aquellos delantales de lino ojalado y encajes, con que los caballeros del siglo XVII cubrían las cañas de sus botas de campaña. Mas, para unos y otros, el origen debió ser aquella bombacha de hilo o de algodón, que a guisa de calzoncillos, precisamente, llevaron en todo tiempo los árabes.[23] El ancho cinto, formado de monedas fue todo el adorno posible, a la vez que el único capital seguro en aquellos desamparos; pues el dinero era tan escaso, que constituía una verdadera joya. He mencionado ya la prenda análoga de los campesinos balcánicos. Una canción albanesa, dice a su vez: «levántate capitán Nicola; ciñe tu talle con placas de plata». El cuchillo pasado a la cintura, solía tener de dicho metal su cabo y su vaina. Advertiré que estas prendas eran también de macicez suntuosa, pues había cintos o tiradores cuyo valor pasaba de trescientos pesos (mil quinientos francos). Su broche, llamado rastra, estaba formado por un disco central de plata labrada, a veces incrustada de oro, y tres yuntas de patacones que componían la botonadura. Preferían para la hoja del *facón*, gran cuchillo de monte y de pelea, el acero rígido de las limas de herrero. Aquellas hojas solían ostentar divisas caballerescas, en tosca letra y peor ortografía:

---

23   De ahí procedieron los zaragüelles análogos de Valencia y de Murcia; por su etimología y por su hechura.

Quen a mi dueño ofendiere
de mí la venganza espere.

No necesito agregar que el telar doméstico surtía todas las prendas de vestir, consistentes en picotes, bayetas y lienzos urdidos con el rudo vellón de la oveja pampeana; pero la tarea del huso industrioso, y los vivos colores indígenas, daban a esas telas interesante calidad. El cuero del jarrete caballar sirvió de flexible bota, igualmente cómoda para la equitación bravía y los largos galopes que hinchan el pie.[24] Los dedos sobresalían desnudos como en los *embas* de las Dianas clásicas, para coger entre el pulgar y el índice, el nudo echado a la acción en vez de estribo, o el asa de este último, que iba colgando suelto. Los primitivos pastores griegos usaban, precisamente, botas análogas. He mencionado ya las espuelas que recibían el nombre de *nazarenas*. Habíalas que pesaban hasta tres kilogramos de plata. La cigarrera o *guayaca*, que solía ser también escarcela, consistía en una vejiga de vaca o en un buche de avestruz teñidos con azafrán y enjaretados con cintas de colores como al adminículo semejante a los gitanos. Era, asimismo, prenda pintoresca el yesquero, formado por una cola de armadillo o por un cuernito aboquillados con plata.

La camiseta abofellada, la chaqueta andaluza, el sombrero chambergo o de media copa a manera de capacho, el poncho heredado de los vegueros de Valencia,[25] completaban aquel conjunto de soltura y flexibilidad. Y como el gaucho conciliaba estas fundamentales condiciones de elegancia, con la

---

24 Los niños calzaban a guisa de zapatos, orejas de yegua sacadas en forma de bolsa. Había también el *tamango,* trozo enterizo de cuero atado sobre los tobillos. Las botas citadas llamábanse «botas de potro», y no es acaso importuno recordar a su respecto las ócreas o grebas de los caballeros, que en la Primera Edad Media fueron, a veces, de cuero crudo.

25 Como procedencia inmediata: pero los monjes benedictinos usaron durante la Edad Media, para resguardar el hábito en los trabajos rurales, verdaderos ponchos de lienzo cuyo recuerdo meramente simbólico persiste en los actuales escapularios y casullas. Las prendas rudimentarias como el poncho, el chiripá y la bota de potro, pertenecen, más o menos, a todos los pueblos de escasa civilización. A veces son regresos, como el chiripá respecto a la bombacha morisca. Añadiré que el *aba* clásica de los árabes, no es sino un trozo de tela rayada abierto por el medio para pasar la cabeza. De ahí saldría la pieza análoga de los vegueros valencianos, lo propio que los ya mencionados escapularios.

armonía natural a lo que es genuino en un medio cualquiera, su tipo adquirió de suyo la más aventajada expresión viril.

Era de verlo por la pampa amarillenta, embebida al infinito en la tela del horizonte donde se hundía, recién volada de su laguna, la garza matinal, al galope del malacara o del oscuro cuyo ímpetu rebufaba, tascando generosos fervores en la roedura de la coscoja. A la luz todavía tangente del Sol que iba tendiéndose por la hierba, rubio y calentito como un poncho de vicuña, el corcel parecía despedir flámulas de color en arrebato de antorcha. Empinado el sombrero ante las posibles alarmas del horizonte, y con ello más abierta la cara al cielo, el jinete iba sorbiendo aquel aire de la pampa, que es —oh gloria de mi tierra— el aroma de la libertad. Hundíase el barboquejo de borlas entre su barba negra que escarpaba rudamente los altos pómulos de bronce. Animábase, hondo en su cuenca, el ojo funesto. Flotaba tendido en golilla sobre la chaqueta largo pañuelo punzó. Entre los flecos del calzoncillo rebrillaba la espuela. Otro rayo del Sol astillábase en la cintura sobre la guarda del puñal.

Trotaba al lado suyo, con la acelerada lengua colgándole, el mastín bayo erizado de rocío. Aquí y allá flauteaba un terutero. Y aquel aspaviento del ave, aquella lealtad del caballo y del perro, aquella brisa perfumada en el trebolar como una pastorcilla, aquella laguna que aún conservaba el nácar de la aurora, llenaban su alma de poesía y de música. Raro el gaucho que no fuese guitarrero, y abundaban los cantores. El payador constituyó un tipo nacional. Respetado por doquier, agasajado con la mejor voluntad, vivía de su guitarra y de sus versos; y al clavijero de aquélla, el manojo de favores rosas y azules, recordaba, supremo bien, las muchachas que para obsequiarle habían desprendido las cintas de sus cabellos.

Sus matrimonios eran uniones libres, si bien estables con frecuencia, por generosidad del varón y mansedumbre de la mujer. Sus creencias reducíanse a unas cuantas supersticiones, sin mayor influjo sobre la vida habitual. Tal cual breve oración, como el Bendito servíale para encomendarse a Dios en los trances duros; temía vagamente a los aparecidos; y el diablo, que según la tradición habíase medido como payador con el legendario Santos Vega, no le resultaba muy temible, como se ve. El cura de campaña, no tenía cómo imponerle tampoco mayor religiosidad, al ser con harta frecuencia su compañero de jolgorio.

Así no respetaba moralmente sino el valor, cultivado con pasión caballeresca. Cuando los valientes concertaban un desafío por el gusto de *vistear* (ejercitar la vista) o de «tantearse el pulso» el vencido pagaba una copa que su contender recibía cubriéndole de elogios e invitándole a servirse primero. Las injurias que habíanse prodigado en el combate, no eran sino recursos de pelea, como el grito en la esgrima italiana. Cargado el cuerpo sobre la pierna derecha, bajo el puñal, arrollado el poncho en el brazo izquierdo, así peleaban con frecuencia a pie firme. Lo mismo Bernardo del Carpio en el romance:

> Revolviendo el manto al brazo,
> la espada fuera a sacar.

Los espectadores formaban círculo, y nadie intervenía sin que hubiese sangre. Cuando uno de los combatientes quedaba en el terreno, su rival solía encomendarlo a Dios con una oración, pidiendo, al partir, que lo enterrasen en sagrado.

Aquel conjunto de prendas, definía, pues, la civilización de la pampa y el mérito del gaucho. Por otra parte, la misma configuración del país, aseguraba a este último la superioridad futura sobre el indio. Mientras éste confinábase a la pampa, propiamente dicha, sin procurarse ensanche alguno fuera de la eventualidad predatoria, el gaucho ocupó toda la llanura argentina: lecho del antiguo mar que parecía encresparse aún en la ondulación de aquel pajonal de ochocientas leguas. Así su carácter fue idéntico por doquier, reportando esto una ventaja singular para la unidad de la patria. El gaucho de Güemes, como el de Rosas, ofrecen el mismo tipo, con solo ligeras variantes de atavío y de jaez, la llanura dilatada desde el fondo de la Patagonia hasta los campos del Chaco boreal, formó la tela de sus aventuras. Con sangre gaucha y con rocío del cielo fueron pintándola los pinceles del pajonal.

La eficacia del gaucho consistía, pues, en ser, como el indio, un elemento genuino de la pampa, aunque más opuesto a él por igual razón, del propio modo que en el mismo suelo brotan la hierba letal y el simple que suministra su antídoto. Su sensibilidad resultaba simpática al bien de la música que el alma salvaje desconocía. Su pundonor era una prenda caballeresca. Su rapacidad, desprecio de paladín a la riqueza que avasalla; pues lo cierto es que nunca robaba para guardar. Su apropiación indebida, era para satisfacer una necesidad, con frecuencia urgente. Y también un acto de justicia por mano propia contra el rico. De aquí la tácita conjuración con que los campesinos resistían a la autoridad, agente de aquél.

Si se recapitula los elementos de este estudio, fácil será hallar en el gaucho el prototipo del argentino actual. Nuestras mejores prendas familiares, como ser el extremado amor al hijo; el fondo contradictorio y romántico de nuestro carácter; la sensibilidad musical, tan curiosa a primera vista en un país donde la estética suele pasar por elemento despreciable; la fidelidad de nuestras mujeres; la importancia que damos al valor; la jactancia, la inconstancia, la falta de escrúpulos para adquirir, la prodigalidad, constituyen rasgos peculiares del tipo gaucho. No somos gauchos, sin duda; pero ese producto del ambiente contenía en potencia al argentino de hoy, tan diferente bajo la apariencia confusa producida por el cruzamiento actual. Cuando esta confusión acabe, aquellos rasgos resaltarán todavía, adquiriendo, entonces, una importancia fundamental el poema que los tipifica, al faltarles toda encarnación viviente.

Y como se trata de un tipo que al constituirse la nacionalidad fue su agente más genuino; como en él se ha manifestado la poesía nacional con sus rasgos más característicos, lo aceptaremos sin mengua por antecesor, creyendo sentir un eco de sus cantares en la brisa de la pampa, cada vez que ella susurre entre el pajonal, como si estirase las cuerdas de una vihuela...

III. A campo y cielo...

He descrito, naturalmente, al gaucho, bajo su aspecto prototípico, o sea en el estado de mayor prosperidad para esta subraza adventicia, cuando acabó de formarse al finalizar el siglo XVIII. Producto definido sin ninguna contrariedad, en un medio que tenía absolutamente por suyo, pronto había llegado a la posible perfección dentro de aquél. Subsistiría, mientras las condiciones ambientes permanecieran, y ello no había de durar; pues al ser la pampa el inmediato elemento de expansión para la civilización ciudadana, ésta la transformaría, no bien saliera de la quietud colonial, hasta convertirla, como es hoy, en la comarca rural más adelantada de la República. Su desaparición es un bien para el país, porque contenía un elemento inferior en su parte de sangre indígena; pero su definición como tipo nacional acentuó en forma irrevocable, que es decir, étnica y socialmente, nuestra separación de España, constituyéndonos una personalidad propia. De aquí que el argentino, con el mismo tipo físico y el mismo idioma, sea, sin embargo, tan distinto del español. Y es que el gaucho influyó de una manera decisiva en la formación de la nacionalidad. Primero, al ser como queda dicho el tipo propio, el elemento diferencial y conciliador a la vez entre el español y el indio, el habitante peculiar del nuevo país incorporado a la civilización por la conquista: carácter importantísimo, desde que no pudiendo ella substituir completamente al aborigen, éste quedaba como elemento inerte en su servilismo, según aconteció allá donde las tribus se sometieron, o se aislaba con análogo resultado, en irreducible hostilidad. De ambas maneras, la consecuencia habría sido esa españolización exclusiva que tanto contrarió en otros países la consumación de la independencia. Y aquí viene, lógicamente, el segundo caso de la influencia gaucha en nuestra formación. Gauchos fueron, efectivamente, los soldados de los ejércitos libertadores; siendo natural, entonces, que el contacto durante esa guerra de diez años, determinara aquellas tendencias políticas tan peculiares de la sucesiva contienda civil, e influyera sobre la clase superior investida con el mando. Dicha guerra, dada la acción preponderante de la caballería en las batallas y de la montonera en las resistencias locales, resultaba, por cierto, una empresa gaucha: el arte peculiar de aquel jinete formado en la resistencia y para la resistencia contra el indio, el ganado cerril, las privaciones de la naturaleza y del destino. Por último, la lucha intestina cuyo desenlace fue la organización del país, lo cual prueba que dicha inquietud constituyó el proceso de este fenómeno, fue de suyo la guerra gaucha. El gaucho se puso a defender contra la civilización transformadora, aquel medio donde había nacido y prosperaba, comprendiendo instintivamente, o sea como entienden los incultos, que su existencia dependía de la estabilidad consuetudinaria.

Por eso estuvo con los caudillos cuya política pretendía mantener las costumbres de la antigua colonia en la república nominal. Y como los caudillos pertenecían a la clase superior, la compenetración resultó más evidente. Pero a esto contribuyeron, desde que la subraza empezó a formarse, otras condiciones cuyo estudio nos pondrá de nuevo en aquella época.

La pampa que engendró al gaucho, habíale también enriquecido, facilitándole la adquisición de aquellas cosas que para él constituían la fortuna; rancho mudable en esa extensión abierta como un campo de pastos comunes; ganado a discreción, orejano, es decir, sin dueño habitualmente; contrabando provechoso para adquirir los trapos de su mujer y las prendas de su atavío.

Favorecidos por el clima, la abundancia de forraje en la llanura y la falta de fieras, los caballos y vacas que abandonaron los conquistadores cuando sus primeros contrastes, habíanse multiplicado sin tasa.

Constituían dula innumerable a los indios que habitaban la costa de las sierras, y a los gauchos, naturales de la frontera opuesta, trashumando al azar por los campos materialmente indivisos, cuyos títulos suplían con visuras y orientaciones a rumbo el inútil escuadreo. La falta de cercados difíciles de construir por carencia de elementos locales, impidió todo deslinde; y como aquel ganado solo servía para comer y montar, siempre daba de sobra, habiendo tanto.

Cuando atraídos por su abundancia, empezaron a llegar buques contrabandistas en busca de los cueros, la corrida a campo abierto, verdadera montería en la cual no faltaban ni las peripecias dramáticas, pareció más adecuada que la domesticidad. Entonces los ricos de las ciudades, dueños de aquellos campos por herencia o por merced, fundaron en ellos ranchos que les sirvieran de albergue cuando iban a encabezar tales expediciones, congregando en torno de esos paraderos algunos gauchos adictos. No se podía ni pensar en comodidades, si la misma ciudad ofrecíalas tan poco; seguro, por lo demás, que habríalas tornado inútiles aquel trabajo consistente en las específicas habilidades gauchas de la equitación, a bien decirlo, bravía, los azarosos galopes en busca del aguadero o pastizal preferidos por las manadas, y el consiguiente pernoctar a campo raso. Con ello, el patrón se igualaba hasta ser uno de tantos, proviniendo su dominio de la superioridad varonil que le reconocieran. Como la moneda escaseaba mucho, los peones tenían por salario una parte del botín, poco valiosa, después de todo, en aquel comunismo de abundancia; de suerte que su dependencia respecto al patrón, era, ante todo, un arrimo por simpatía. Ella estribaba, pues, en que aquél fuese «el más gaucho», y bajo tal concepto, fomentábala él mismo, sabiendo que solo así, retendría a su servicio aquellos hombres. Además, como dichas correrías daban por mejor producto el contrabando de corambre, operación delictuosa, y como los arreos solían incluir en su masa gregal los bienes del vecino, ello tornaba cómplices a sus autores, aboliendo más aún toda distinción social. El menosprecio a la autoridad, contribuía también, teniendo por causa ese mismo negocio intérlope, cuyo éxito trisecular constituyó la única ganancia apreciable, la única circulación de riqueza y el único órgano de relación para la colonia.

Intervenía, por último, en aquel fenómeno igualitario, otra razón, contradictoria en apariencia. Los gauchos aceptaron, desde luego, el patrocinio del blanco puro con quien nunca pensaron igualarse política o socialmente, reconociéndole una especie de poder dinástico que residía en su capacidad urbana para el gobierno. Con esto, no hubo conflictos sociales ni rencores, y el patronazgo resultó un hecho natural. He aquí otra inferioridad que ocasionaría la extinción de la subraza progenitora; pues quien de suyo se somete, empieza ya a desaparecer.

Aquellos patrones formaban, por lo demás, una casta digna del mando. Cierto día, al oscurecer, el traspatio de la casa solariega, frecuentemente prolongado en quinta, animábase con un tropel de caballo. El perro guardián ladraba con gozo en la punta de su cadena. Sonaba luego, marcialmente remachado por la espuela, un paso varonil. Era el padre que volvía a los dos o tres meses de ausencia en el desierto, curtido como un pirata bajo su barba montaraz. Solo en la frente que el sombrero protegió, parecía sonreír un resto de noble blancura. Dijérase que el bronce del trabajo abollábase en aquellas manos cuya rudeza enternecía a la esposa. En el tufo de su cansancio, flotaba todavía una exhalación de barbarie.

Narraba con parsimonia las escenas del desierto, más de una vez tintas en sangre. Todo el barrio enviábale mensajes de bienvenida. En la correspondencia que iba recorriendo, pasaban respetables membretes de Londres, citaciones del senado, alguna esquela confidencial del presidente de la República; pues tales hombres, caudillos de gauchos en la pampa, eran a la vez los estadistas del gobierno y los caballeros del estrado. Así, Mitre fue en su juventud domador de potros; Sarmiento, peón de mina. Maestros en las artes gauchas, éranles corrientes al mismo tiempo el inglés del Federalista y el francés de Lamartine. En sus cabeceras solían hallarse bien hojeadas las *Geórgicas*. El italiano resultábales habitual con la ópera que costeaban a peso de oro. Las dificultades casi desesperantes de aquellos rudos años, no les impidieron codificar con sabiduría el derecho, organizar la hacienda, escribir la historia al mismo tiempo que la hacían. Aquese, era bachiller de Córdoba y compadre de cacique; estotro, canónigo eminente por su elocuencia y su saber, había sido capitán de granaderos a caballo. Frecuentemente cantaban en la guitarra sus propios versos. Mi suegro, hombre de duros lances con la montonera, solía llevar en el bolsillo de su pellón un diccionario de la rima...

Al contacto de la civilización, su urbanidad aparecía por reacción virtual como el brillo de la plata. Tostados aún de pampa, ya estaban comentando a la Patti en el Colón, o discutiendo la última dolora de Campoamor entre dos debates financieros. Quién habría sospechado las aventuras y las tareas que acababan de acometer, al verlos cortejar con tanta gallardía, charlar con tanta espiritualidad, sonreír a la vida con tanta placidez bajo la barba peinada. Encanecidos con frecuencia por sesenta y más años, sus cabezas no sugerían sino el reposo jovial de esa blancura que es la juventud del mármol; y en tesoro de mocedad iba prolongando su existencia la familia unida y numerosa, como la gradería que conduce del pórtico al jardín.

No había sino una cosa más exquisita que aquellos caballeros, y lo eran sus señoras: damas de palabra fina y espíritu vivaz, fieles como la espada, fuertes en la claridad de su decoro como el diamante ante la luz: vida y amor transubstanciados en la misma abnegación, como la resina y el fuego en el aroma del incienso encendido. Su maternidad valerosa tenía por único límite una vejez fresca como la espuma; y así parecían florecer de otro modo, dijérase que aterciopeladas en la suavidad de sus ojos benévolos. Y hermosas, vive Dios!... La gracia americana perfeccionábase en aquel jardín de azucenas rubias y de rosas morenas. Así compuesta de elegancia y de esplendor, todavía realzábase con una languidez de Luna en la nobleza del jazmín, y con una pulgarada de Sol en la pimienta del clavel.

La solidez de la dicha doméstica y la multiplicidad intensa de semejante vida, constituyeron un tipo de ciudadano capaz, tal cual era necesario para transformar en democracia viable aquella paradoja de república sin pueblo. La oligarquía así formada, abusó a no dudarlo, en virtud de su propia fatalidad. Las elecciones reducidas a escamoteo u oficializadas con cinismo, lejos de expresar la voluntad nacional, autorizaban solamente la ocupación de los puestos públicos. La política no significaba, en suma, sino una competencia entre los oligarcas. Esto evitó, sin embargo, los rencores profundos, como era, por otra parte, natural entre hombres de la misma clase y con frecuencia de la misma familia. Las ferocidades de la contienda civil que sucedió a la independencia, explícanse por el hecho de haber sido aquélla una guerra social: la descomposición de la unidad colonial, en la confederación semibárbara de los caudillos.

No obstante, aquella oligarquía tuvo la inteligencia y el patriotismo de preparar la democracia contra su propio interés, comprendiendo que iba en ello la grandeza futura de la nación. Así supo constituir por esfuerzo enteramente propio, con individuos exclusivamente suyos, los fundamentos de la sociedad democrática: la instrucción pública, la inmigración europea, el fomento de la riqueza y la legislación liberal. Los resultados están a la vista. El asombroso progreso alcanzado en un siglo, realizóse bajo esa oligarquía. Malos y buenos, todos los directores de aquel fenómeno salieron de ella. Basta eso para demostrar que fue, en suma, un gobierno inteligente, por no decir un buen gobierno, lo cual nada de extraño tendría; pues la historia, en coincidencia con casi todos los pensadores, desde Aristóteles hasta Renán, demuestra que los mejores gobiernos suelen ser las oligarquías inteligentes.

Ello no disculpa, por lo demás, ninguno de sus errores, entre los cuales figura la extinción del gaucho, elemento precioso de la nacionalidad. Pero sigamos estudiando nuestra subraza.

Un siglo después de iniciada la conquista en el Plata, la naturaleza y el físico español colaboraban de un modo ya definitivo en la formación del tipo gaucho.

He dicho que en la colonia era sumamente escasa la moneda. Tampoco había agricultura, hallándose prohibido el cultivo de viñas y olivares para que no compitiesen con los de España. Ya sabemos, por otra parte, en qué consistía la explotación ganadera. Carecíase enteramente de artesanos y de industria. Estaba suprimido el comercio de exportación. Los cambios efectuábanse en especies. Instrucción pública, no existía ninguna. La religión limitábase a substituir con una grosera idolatría de imágenes, las supersticiones indígenas. La inmoralidad era general, multiplicándose, con este motivo los bastardos, o sea, en gran parte, los elementos de la subraza en cuestión.

Así, la libertad y la igualdad fueron productos naturales en la tierra argentina. La misma esclavitud resultó muy suave, pues al no existir industria, tampoco apremiaba como en las minas y los yerbales, el rendimiento del trabajo. Las relaciones con los contrabandistas, pertenecientes a países protestantes, fueron engendrando una cierta tolerancia práctica, o mejor dicho, escepticismo; fomentado aún por los regodeos de la pamposada frailería, que runflas de mulatillos sacrílegos patentizaban en la ranchería parroquial. La escasez de nobleza, consecutiva a la falta de minas, única fuente de fácil opulencia entonces, dignificó al comercio; y es cosa significativa que nuestro primer jefe de estado, don Cornelio Saavedra, fuera comerciante. Al finalizar el siglo XVIII, no había un solo mayorazgo en Buenos Aires. El comercio estaba mucho más difundido que en Lima, con ser esta última ciudad la metrópoli sudamericana. En cambio, para más de mil doscientos coches y calesas con que contaba la capital del Perú, la nuestra tenía quince o veinte. Mientras los peruanos abundaban en condes y marqueses, los argentinos habían suprimido la mención del título nobiliario en su trato social. Las fortunas eran mediocres. Si el campesino llamaba «ricos» por antonomasia a los individuos de la clase gobernante, no era reconociendo en ellos su fortuna, sino su calidad, como acostumbráse en España y todavía se usa. Rico quería decir hidalgo.

La misma abundancia de alimentación resultó igualitaria. ¡Y qué abundancia! No habiendo quien vendiese carne por libras, al salir de ningún provecho aquel menudeo, era menester comprar una res entera para un asado. Matábase una yegua, nada más que para sacar botas de sus jarretes. Para las sandalias (*ojotas*) o los *tamangos*, especies de rústico calzado sin suelas, de corte enterizo como los *calcei* romanos, hacían túrdigas de los mejores trozos; y así formóse también una profusa industria de lomillería que surtió con lujo pintoresco los arneses gauchos. La utilería rural era casi toda de cuero.

Por otra parte, la pampa natal constituía un territorio de caza donde sobraba a la habilidad del jinete en qué ejercitarse. Manadas de avestruces y de venados recorríanla con profusión. En las serranías australes abundaban los guanacos. Hormigueaban de aves acuáticas las lagunas. En todos los arroyos había nutrias y carpinchos semejantes a gigantescos castores. Al crepúsculo, en las cuevas de contorno escampado como los aproches de una fortificación, charlaban las vizcachas y agoraban las lechuzas cuyo pichón sabroso era una bola de grasa blanca. Durante la noche, mientras la pampa nadaba en Luna como un lago infinito, los *quirquinchos* y *mulitas* (armadillos) que eran, por decirlo así, los lechones del desierto, pululaban al alcance de la mano. Con la primera luz del alba, parecía que los trebolares y los pantanos soltaban alcahazadas de volátiles: patos multicolores, perdices de huevos verdes o morados, caranchos y chimangos cazadores; y sobre todo los ñandús de cuello viperino, cuyas nidadas prometían homéricas comilonas. Con esto, formóse una cocina rudimentaria, pero pródiga hasta el despilfarro; de tal modo, que en los valles calchaquíes fueron corrientes aquellos pasteles de Camacho, formados por vacas rellenas con aves y condimentos. La «carne con cuero» es decir, puesta al fuego sin despojarla de la piel, constituyó el plato nacional. Nadie corría, pues, riesgo de hambre en la vida aventurera; mas el desierto estaba lleno de peligros. Sequías de treinta meses solían agostar la llanura. A modo de un escalio inmenso, amortajábase ésta de polvo. Entonces las tormentas de tierra arremolinábanse desde el fondo del cielo que parecía agazaparse en el rollo de la borrasca como un león en su melena. Tras lejanas cortinas de lluvia oscura que no llegaba jamás, el pampero desbarataba la inmensidad en un desorden de cañonazo. Oíase cruzar allá arriba su bufido de bagual entre los profundos toros de la tronada. Y cuando pasaba aquello, sofocando los campos, entre ralas gotas que estrellaban el suelo como bastas de colchón, los animales consumidos, las acoradas hierbas, la tristeza del paisaje, expresaban desolación de cataclismo.

La orientación venía a ser, entonces, una ciencia difícil que los entendidos rumiaban con gravedad en sus barbas filosóficas. Precisaba no descuidar un solo detalle, desde la estrella perdida en la oscuridad como un alfiler, hasta el cagajón seco o la estampa de un rastro antiguo; dormir arrumbando la dirección con la cabecera; desconfiar del bosquecillo donde no cantaban pájaros al amanecer, pues ello decía que el agua estaba muy lejos; decidirse en los problemáticos cuadrivios, por las orejas de la cabalgadura…

Debía ser también muy listo el caminante, para discernir por el «movimiento del campo», consistente en el disimulado pasaje de venados y avestruces hacia un mismo rumbo, el malón que venía del lado opuesto; o para distinguir entre las manadas de caballos que a lo lejos pacían, los dos o tres montados por exploradores salvajes: pues éstos, asiéndose a la crin y tendiéndose al costillar de la bestia, disimulábanse con sorprendente destreza; o todavía para advertir entre las motas de paja y los raigones, la cabeza del indio que enterrado hasta el cuello espiaba con los ojos semientornados a fin de no reflejar luz…

Hacia el Sur misterioso, los perros cimarrones formaban inmensas jaurías, ocupando verdaderos pueblos de cuevas. El hambre lanzábalos por los campos a la caza del ciervo o de la vaca aislada que ojeaban con precisión, hasta rendirlos en medio de sus madrigueras. Los pasajeros solitarios eran con frecuencia sus víctimas. El desierto había reanimado los instintos lobunos de la especie, fijando en tipo su tostado pelo y su cabeza de gaucho huraño. Sobre la costa marítima, acudían a pescar durante las borrascas, dilatando el huracán sus aullidos con desolación feroz en el fondo de las noches patagónicas.

Las manadas de baguales solían atacar también para libertar y llevarse los caballos mansos: desgracia que el caminante recelaba con singular terror.

Como los *tarpanes* de Rusia, aquellos animales procedían con una especie de astucia táctica. Cargaban huracanados de cerda, rasa la oreja, maligno el ojo, descarnada en la erección del belfo su dentadura brutal. Contábase de algunos que apuñaleados de muerte, enhestábanse aún para manotear, resollando su agonía en caños de sangre.

O bien era el toro que, enlazado a solas, revolvíase improviso, destripando la cabalgadura con su cuerno candente de rabia como una daga infernal. O todavía el tigre que angustiaba las tinieblas con el huélfago siniestro de su bramido...

Y los incendios.

Una centelleante siesta, sobre el campo abatido donde no volaba un pájaro, algún casco de vidrio que concentraba los rayos solares sobre el pasto reseco, la colilla encendida que alguien tiró al pasar, o la combustión espontánea de la hierba acumulada meses antes por ese arroyo, ahora enjuto, iniciaban la catástrofe. La llama, al principio incolora en el resplandor del día, reventaba con la violencia de un volcán. Desequilibrado por su brusca absorción, el aire despertaba en un soplo que muy luego era brisa. Entonces empezaba a marchar el fuego.

Pronto la humareda, acuchillada de lampos siniestros, rodaba sobre los llanos su lóbrego vellón. Sobrepujaba ya al mismo solazo la llamarada escarlata. Dilatado más arriba en nubarrón, el incendio entristecía la campaña que iba a asolar, con un crepúsculo rojizo como la herrumbre. Un instante vacilaba aquella masa, parecía retroceder, abriéndose su entraña tenebrosa desgarrada por lúgubres fogones. No era sino para revolverse más atizada en un derrumbe colosal sobre la indefensa planicie, sofocándola con sus llamas, devorándola con los millones de dientes de sus ascuas y de sus chispas. Esparcía el viento a la distancia su hálito de horno, oíase de lejos el jadeo aterrador con que avanzaba rugiendo como el tigre, a ras de tierra. Parecía que su propio fuego iba dándole alas vertiginosas. Las manadas sorprendidas no alcanzaban a huir, aunque se disparasen a la carrera. Hasta los pájaros caían al vuelo alcanzados por un flechazo de llama. Al desesperado baladro del vacuno en agonía, juntábase el relincho desgarrador de la tropilla caballar que se acoquinó, desatinada, acertando tan solo a cocear el fuego; el silbo delirante de la gama rodeada, el gañido fatídico del perro cimarrón. Aquellas voces del desierto llevaban al alma la desolación de los espantos supremos. En la asfixia del chamusco el rescoldo exhalaba un hedor de pólvora. Muy adelante del foco, llovían ya aristas incandescentes. Arremolinábanse los vilanos volando por el aire en copos de yesca encendida. Así la quemazón saltaba cauces y barrancos, vadeaba los arroyos, despabilando como candelillas las biznagas de sus márgenes, roía como si fuesen tabaco los mismos limpiones de tierra seca.

El hombre emprendía, entonces, ante el monstruo colosal la defensa de su vivienda.

Si era un pobre rancho, valía más dejarlo arder, salvando a la grupa sus mezquinos enseres. Pues la resistencia salía ruda y costosa.

Mientras unos procuraban detener el fuego, tapándolo con tierra o golpeándolo con cueros de oveja empapados y con ramas verdes, otros daban contrafuego a la distancia, quemando una lista de campo donde el incendio, falto de pábulo, se detuviera. Si la quemazón venía angosta u orillando algún camino, arrastraban sobre ella una yegua abierta en canal para ver de extinguirla con el peso de aquella res y la humedad de sus vísceras.

Pero a veces el fuego vencía y era necesario huir abandonándole todo. Muchos no alcanzaban a hacerlo. Por bien montados que fuesen, las llamas saltábanles de todos lados. Entonces había que tirarse a fondo contra la cortina de fuego, envolviendo en el poncho la cabeza del caballo y apretándose los ojos con las manos para salvar la vista. Otros ganaban los pozos, sin escapar no obstante, a la muerte, porque el fuego solía prender en el brocal de madera. Había incendios que duraban semanas, abarcando centenares de leguas, hasta dar con el médano de arena o el río caudaloso donde iban a extinguirse por fin. Pero ni con esto acababa su daño; pues más de un caminante pereció de miseria en la pampa así devastada, falto de noticias que nadie habría podido darle, o sofocado por la ceniza al levantarse el viento en alguna cañada donde se metió de noche.

Quedaban aún los extremos rigores del clima, con aquellas escarchas que brillaban bajo la luz de la Luna hasta en el lomo del caballo atado a soga, o con aquellas siestas en que sudaban los perros y morían de insolación las perdices bajo los pastos.

Mas el desierto ofrecía encantos irresistibles en lo infinito de su libertad y en el heroísmo de su vida vagabunda. Y también cuando estaba alfombrado de su hierba, porque le era favorable la temperie, no había música como su claro silencio al Sol de la tardecita cuya suave iluminación dilataba en fragancias de trebolar una pampa de oro.

Cuando la estación presentábase propicia, las expediciones para recoger ganado cerril, constituían el gran trabajo del año. Tomábase como punto de concentración el arroyo o laguna de la estancia, que era el aguadero más importante de los alrededores; y una madrugada de otoño, cuando las hembras estaban ya desembarazadas y crecido el multiplicio, varias docenas de jinetes desparramábanse al galopito por el llano que afirmaban las primeras escarchas. Perdíanse a lo lejos, alerteados por los *chajás*, y el silencio del alba sobrevenía desde los campos oscuros, donde allá muy lejos, en el horizonte, el lucero parecía iluminar un ojo de llave sobre la puerta de la noche.

Mientras tanto, había movimiento en la estancia. Cerca de los corrales, muchachos soñolientos encendían perezosos fuegos de boñigas y huesos para calentar las marcas. Un gallo aplaudía desde la ramada la cercana aurora. Dos o tres peones ensillaban caballos. Cerca del suyo, enjaezado ya, el patrón tomaba un mate que acababa de traerle, sumisa, la hija del capataz con la cual había dormido.

A medida que el oriente iba sonroseándose como un niño entre bucles de oro, notábase por el confín largas polvaredas. Un rumor semejante al del pampero crecía en la serenidad. Allá lejos, tropas de avestruces y de venados disparábanse al sesgo. De todos los puntos del horizonte empezaban a acudir los gavilanes. Y de pronto, al rayar el Sol, coronando el próximo ribazo, desembocaba el arreo. Centenares de toros y de caballos interpolados con bestias del desierto, huían cuesta abajo, como aventados por el poncho del pajonal. Su paso violentaba los campos en conmoción de artillería, reventaban las lagunas en volcanes de lodo. Bárbaramente atabaleada, la tierra parecía hervir a borbotones de polvo. Dijérase que al huir iban destejiéndola en huracán. Su arrebato los embanderaba, rasgando el aire en larga llama de Sol. Surgían de las castigadas hierbas, ásperos aromas. Oíase en las apreturas del atropello, el choque de los cuernos como un entrevero a lanza. Y detrás los desmelenados arrieros, alto el rebenque, azuzaban con estentórea gritería. Abiertos en abanico, habían abrazado los campos en desmesurado sector, convergiendo luego hacia el rodeo previsto, donde los que se quedaron, con el patrón a la cabeza, cerraban el círculo de conquista y de muerte. Entonces entraban a operar las boleadoras y los lazos. Magníficos jinetes atropellaban a fondo revolviendo el zumbante racimo o la certera «armada»; y lo que caía ileso de fractura, iba recibiendo la marca que labraba el cuadril con su signo pintoresco o su letra tosca. Nada más semejante a un campo de batalla. Allá por los badenes y vizcacheras, habían rodado algunos, hiriéndose y aun matándose a veces. Las cornadas, las coces de los animales enfurecidos, multiplicaban el riesgo. Una estuosa exhalación de fiebre, de chamusco y de salvajina, agobiaba con fatiga de pelea. Sembrado quedaba el campo de bestias heridas: unas, por el enredo del lazo y de las bolas; otras, por la desjarretadera cuyo ancho tajo de cimitarra tiraba el jinete sin dejar de correr. Aquí este bagual de cola aborrascada en borla bravía por los abrojos; allá ese macho que estrangulado por el lazo, se ahogaba con sibilante sobrealiento, como un tizón metido al agua; más allá aquel toro agresivo, cegado por la visera sangrienta que le formaba un colgajo de su propio cuero sajado al efecto sobre los ojos. Un descanso jubiloso antecedía la «cuereada» de la tarde. Era el monstruoso banquete de carne, para hombres, perros y aves de presa. Los chifles entretallados con rústicas figuras, prodigaban el aguardiente convival. Alguna guitarra gemía su meditabundo bordoneo, como dilatado por el zumbido de las moscas que la cediza y el bochorno suscitaban en vasto enjambre. La satisfecha quietud parecía abanicarse en las lenguas de la perrada. Junto a los fogones inmensos, hombres sentenciosos, enguantados de sangre, comentaban las peripecias del día, dibujando marcas en el suelo, o limpiando los engrasados dedos con lentitud sobre el empeine de la bota. En los corrales repletos atronaban los balidos; y allá por la llanura palpitante como el rescoldo, las últimas polvaredas parecían descargas de un ejército en dispersión.

Peligro y abundancia habían erigido la hospitalidad en el primero de los deberes. Aquella virtud, como tantos otros rasgos, exaltóse también con el ya indicado repunte del atavismo arábigo. El pasajero que pedía posada, era de suyo un personaje considerable. Traía noticias, a veces con retardo de seis u ocho semanas en el aislamiento campesino y con ello representaba la sociabilidad. Solía ser también cantor, por lo cual, con el mate de bienvenida, era usual ofrecerle la guitarra; o prófugo a quien resguardaba una lealtad inquebrantable, caracterizada por el término compasivo que calificaba su delito: «tuvo una desgracia»; «se desgració». La pésima justicia de la colonia y de la patria, autorizaba aquella simpatía, por otra parte tan noble. También la moderna penalidad presume en el delincuente la inocencia. No debía gratitud alguna, antes le agradecían su visita eventual, como prueba de estimación a la casa elegida; y si se detenía al pasar, pidiendo que le vendieran un poco de carne, en cualquier parte le respondían:

—No ofenda, amigo. Corte lo que precise...

La guerra de independencia inició las calamidades del gaucho. Este iba a pagar hasta extinguirse el inexorable tributo de muerte que la sumisión comporta, cimentando la nacionalidad con su sangre. He aquí el motivo de su redención en la historia, la razón de la simpatía que nos inspira su sacrificio, no menos heroico por ser fatal. La guerra civil seguirá nutriéndose con sus despojos. En toda la tarea de constituirnos, su sangre es el elemento experimental. Todavía cuando cesó la matanza, su voto sirvió durante largos años en las elecciones oficializadas, a las cuales continuó prestándose con escéptica docilidad; y como significativo fenómeno, la desaparición de aquel atraso viene a coincidir con la suya. Es también la hora de su justificación en el estudio del poema que lo ha inmortalizado. Entonces hallamos que todo cuanto es origen propiamente nacional, viene de él. La guerra de la independencia que nos emancipó; la guerra civil que nos constituyó; la guerra con los indios que suprimió la barbarie en la totalidad del territorio; la fuente de nuestra literatura; las prendas y defectos fundamentales de nuestro carácter; las instituciones más peculiares, como el caudillaje, fundamento de la federación, y la estancia que ha civilizado el desierto: en todo esto destácase como tipo. Durante el momento más solemne de nuestra historia, la salvación de la libertad fue una obra gaucha. La Revolución estaba vencida en toda la América. Solo una comarca resistía aún, Salta, la heroica. Y era la guerra gaucha lo que mantenía prendido entre sus montañas, aquel último fuego. Bajo su seguro pasó San Martín los Andes; y el Congreso de Tucumán, verdadera retaguardia en contacto, pudo lanzar ante el mundo la declaración de la independencia.

No lamentemos, sin embargo, con exceso su desaparición. Producto de un medio atrasado, y oponiendo a la evolución civilizadora la renitencia, o mejor decir, la incapacidad nativa del indio antecesor, solo la conservación de dicho estado habría favorecido su prosperidad. Por esto, repito, no preponderó, sino bajo los caudillos en cuyos gobiernos supervivía la colonia.

Pero también asentemos otra verdad: la política que tanto lo explotó, nada hizo para mejorarlo; y ahora mismo, los restos que subsisten van a extinguirse en igual indiferencia. Jamás desdeñaron, sin embargo, el progreso. He visto, y todavía es posible verlo, el espectáculo conmovedor de los paisanitos que ahorcajados de a dos y de a tres en un jumento, transitan por los senderos, recitando a coro sus cartillas, para cumplir con el deber escolar a varios kilómetros de distancia. Hace veinte años, cuando pasaba mis vacaciones en la estancia, los paisanos del contorno solían enviarme sus hijos para que les enseñase a leer. Hasta en las casi extintas tribus patagónicas he conocido el caso de un antiguo cacique perdido por ahí, entre los cerros, con los restos de la suya, el cual habíase galopado treinta leguas con su intérprete, para pedir al gobernador del territorio consejos, policía, y un maestro que enseñase a los chicos el arte de «hablar con los ojos» como los cristianos. La civilización ha sido cruel con el gaucho, elemento al fin irresponsable, de los políticos que explotaban su atraso. Penurias, miseria, y exterminio, es lo único que le ha dado. Él, como hijo de la tierra, tuvo todos los deberes, pero ni un solo derecho, a pesar de las leyes democráticas. Su libertad, cuando la reivindicaba, consistía en el aguante de su caballo y en la eficacia de su facón. Era el áspero fruto de la barbarie rediviva en el matrero, por necesidad vital contra la injusticia. Pospuesto al inmigrante que valorizaba para la burguesía los llecos latentes de riqueza, fue paria en su tierra, porque los dominadores no quisieron reconocerle jamás el derecho a ella. Olvidaron que mientras el otro era tan solo un conquistador de la fortuna, y por lo tanto un trabajador exclusivamente, el gaucho debía aprender también la lección de la libertad, deletreada con tanta lentitud por ellos mismos: gozar de la vida allá donde había nacido; educarse en el amor de la patria que fundara. No vieron lo que había de justo en sus reacciones contra el gringo industrioso y avaro; o contra la detestable autoridad de campaña. No intentaron conciliarlo con aquel elemento europeo cuya rudeza, exaltada a su vez por la necesidad en el medio extraño, aportaba, sin embargo, las virtudes del trabajo metódico. Si algo hubo de esto, fue casual como en las colonias israelitas de Entre Ríos, donde muchas Rebecas blondas han rendido su corazón a esos cetrinos halcones.

La estancia enriqueció al patrón y al colono, pero nunca al gaucho cuyo desinterés explotaron sin consideración. El hijo de la pampa tuvo el destino tremendo y la dulce voz del yunque. Tocóle en la tarea de hacer la patria, el peso más angustioso, puesto que debió sobrellevar la injusticia. Qué sabía él de atesorar ni de precaverse, poeta y paladín inclinado sin maldad a la piltrafa del bien ajeno caída al paso en sus manos, como sin mengua de su hermosura, arranca una vedija al rebaño transeúnte la áspera borla del cardal.

El gaucho aceptó su derrota con el reservado pesimismo de la altivez. Ya no necesitaba de él la patria injusta, y entonces se fue el generoso. Herido al alma, ahogó varonilmente su gemido en canciones. Dijérase que lo hemos visto desaparecer tras los collados familiares, al tranco de su caballo, despacito, porque no vayan a creer que es de miedo, con la última tarde que iba pardeando como el ala de la torcaz, bajo el chambergo lóbrego y el poncho pendiente de los hombros en decaídos pliegues de bandera a media asta. Y sobre su sepultura que es todo el suelo argentino donde se combatió por la patria, la civilización, la libertad, podemos comentar su destino, a manera de epitafio, con su propio elogio homérico a la memoria de los bravos:

«Ha muerto bien. Era un hombre».

IV. La poesía gaucha

No era grande, que digamos, la necesidad de comunicación social entre aquellos hombres de la llanura. La pulpería con sus juegos y sus libaciones dominicales, bastaba para establecer ese vínculo, muy apreciado por otra parte; pues los gauchos costeábanse en su busca desde muchas leguas a la redonda. Pertenecía, por lo común, a tal cual vasco aventurero que llevaba chiripá y facón antes de haber aprendido a hablar claro, conciliando aquella adaptación campesina con la boina colorada a manera de distintivo nacional. Detrás del mostrador fuertemente enrejado en precaución de posibles trifulcas, que echaba al patio, *manu militari*, por decirlo así, con vigorosas descargas de botellas vacías alineadas allá cerca como previsores proyectiles, el pulpero escanciaba la caña olorosa o el bermejo carlón[26] de los brindis, mientras algún guitarrero floreaba pasacalles sentado sobre aquel mueble. Tal cual mozo leído deletreaba en un grupo el último diario de la ciudad. Otros daban y recibían noticias de la pasada revolución o pelea famosa entre dos guapos de fama. Todo ello en lenguaje parco y reposado que parecía comentar el silencio de los campos peligrosos.

La pampa con su mutismo imponente y su monotonía, tan característicos que no hay estepas ni saharas comparables, predisponía poco a la locuacidad. Durante las marchas en compañía, el viento incensante, la fatiga de jornadas muy largas por lo regular, la necesidad de observar sin descanso el rumbo incierto y los riesgos frecuentes, eran otras causas de silencio. Cualquiera que haya viajado por nuestras llanuras conoce esa particularidad, a la cual agrega la impresión del desierto una especie de bienestar filosófico. «El campo es tan lindo, me decía cierta vez un gaucho, que no da ganas de hablar.» A esta suerte de misticismo poético, mezclábanse el mutismo peculiar del indio y el no menos característico del árabe cuyas sangres llevaba el gaucho en sus venas. Con ello, volvióse sentencioso, definiendo su economía de palabras con frases generales y sintéticas que solían ser refranes. Solo cuando contaba cuentos en torno del fogón expedíase con mayor abundancia. El auditorio permanecía mudo, saboreando lentamente el mate o el cigarrillo, y solo de tarde en tarde comentaba con alguna interjección, refrán o carcajada, los periodos más interesantes.

---

26 Vino ordinario, de mucho cuerpo, usado antiguamente en la campaña.

El adagio fomentaba aquella sobriedad verbal con su brevedad categórica, siendo a la vez el sabio comento de situaciones siempre repetidas y habituales al gaucho, aventurero fatalista, por otra parte; es decir, inclinado a las sentencias que formulan la irrevocabilidad del destino.

La poesía de sus cantos era breve: tal cual copla suelta en ritmo de seguidilla o de romance. Hasta en los juegos de carreras, tabas y naipes, que constituían las reuniones principales de la campaña; en las comilonas que sucedían a las hierras; en los bailes con que se festejaban algún casorio o la incorporación de algún angelito al cielo, por muerte de niño, mostrábase el gaucho taciturno. Su predilección por la guitarra, manifestábase en prolongados pasacalles y recitados monótonos, que eran más bien un comentario al reposo meditabundo del desierto; pero ello definía en su alma un rasgo de amable superioridad. El gaucho no fue alcoholista. El grato clima, la alimentación abundante, el trabajo libre y alegre, contribuyeron a su sobriedad. Con las piernas cruzadas sobre el recio mostrador de la pulpería, digitaba durante horas enteras la tonada habitual, frente a la copa de anís o de aguapié ordinario, consumida con lenta moderación. Solo después de algún triunfo notable en pelea, carreras o riñas de gallo, embriagábase por festejo.

Para el domingo, la pulpería aislada en la pampa como una barcaza en el mar, izaba en la punta de un largo palo, que era igualmente vigía para observar a los indios merodeadores, un guión, blanco si no había más que bebida, rojo, si también vendía carne. Los gauchos llegaban con sus parejeros de carrera y sus gallos. Pronto disponían en el suelo aplanado, canchas para la taba. Otros concertaban sobre el mostrador, partidas de truco y de monte. Allá buscábanse los valientes de fama «para tantearse el pulso» en duelos provocados por una trampa de juego, una pulla o un poético lance de contrapunto. Este último incidente provenía de una institución y un tipo que han sido la honra de nuestra campaña, al comportar su ejercicio el culto apasionado de la poesía.

Tratábase de certámenes improvisados por los trovadores errantes, o sea las *payadas* en que se lucían los *payadores*. El tema, como en las églogas de Teócrito y de Virgilio, era por lo común filosófico, y su desarrollo consistía en preguntas de concepto difícil que era menester contestar al punto, so pena de no menos inmediata derrota. El buen payador inventaba, además, el acompañamiento recital de sus canciones, y aquellos lances duraban a veces días enteros. Había asimismo concursos de danza, los famosos *malambos*, en los cuales dos hombres improvisaban figuras coreográficas que no debían repetir jamás, pues, con esto perdían la partida.

Recordemos las bucólicas virgilianas, más conocidas que las de Teócrito, a quien, por otra parte, imitó el latino como él mismo lo insinúa en su cuarta composición: «Alcemos nuestros cantos musas de Sicilia»; lo cual está reconocido como una alusión a la poesía del siracusano; mientras al comienzo de la sexta, dice ya explícitamente: «Mi musa repite cantando los aires del poeta de Siracusa».

El desafío de Damoetas a Menalcas en la tercera bucólica, es característico:

«¿Quieres que luchemos, pues, y midamos nuestras fuerzas alternativamente?»

«No te me escaparás hoy día, responde más lejos Menalcas, aceptaré todas tus condiciones.»

Luego viene la invocación a los númenes propicios: los «santos milagrosos» cuya intercesión pide nuestro payador en las primeras estrofas de su poema; y más adelante, en la bucólica séptima: «Las musas inspirábanles cantos alternativos. Corydon decía los primeros versos y Thyrsis le respondía». La octava bucólica es una verdadera payada con estribillo: «Repitamos, oh flauta, los acentos del Ménalo», canta Damon al final de cada estrofa. Y Alfesibeo, al concluir las suyas: «Versos míos, traedme de la ciudad a Dafne».

Semejante analogía de expresión, conforme a situaciones semejantes, prueba la persistencia del carácter grecolatino en nuestra raza, determinando con ello la orientación de la enseñanza que requiere; pues para ser ésta eficaz, ha de consistir en el desarrollo de las buenas condiciones de aquél: o sea, en dicho caso, el culto de la belleza, y esa solidaridad humanitaria que la filosofía del Pórtico llamaba «caridad del género humano».

Los temas bucólicos de aquellos antiguos, eran el amor, los secretos de la naturaleza, las interpretaciones del destino: exactamente lo que sucede en la payada de *Martín Fierro* con el negro, que es dechado en la materia.

A este respecto, he presenciado en los carnavales de La Rioja, algunas escenas de carácter completamente griego; pero la más típica entre todas,

es el paseo de las comparsas populares, formadas por ocho o diez individuos que montados en asnos y con las caras embadurnadas de harina bajo
coronas de pámpanos, van de casa en casa cantando vidalitas. Generalmente es un viejo quien entona la copla, coreada luego en conjunto por un
estribillo. La orquesta consiste en una guitarra o un pífano de caña aboqui-
llado con cera silvestre. Una damajuana de vino cuyo empajado con asas
recuerda las ánforas de Arcadia, enciende el entusiasmo; y es imposible
imaginar una reproducción más completa de las bacanales antiguas. Bajo
el cielo de cobalto, en el aire aclarado con dura limpidez por el contacto de
la montaña y del arenal, ebrio de aquel Sol que exalta el olor cinéreo de las
jarillas, como un horno barrido, el estribillo de los avinados silenos canta el
desvío de la ingrata:

> ¿Por qué has llorado,
> quién te ha pegado?
> Tal vez conmigo
> te habrán celado...
>
> ¡A un amor fino le has pagado mal!

Nuestro actual amor a la música, único arte que costeamos de buena
voluntad, viene de todo eso. Y no hay, que yo sepa, timbre de honor más alto
para una raza. En la educación de la sensibilidad, que es toda la cultura, si
bien se mira, considero más útil la música que la lectura. Aquélla es el verbo
inicial de toda civilización, según entendíalo el griego antiguo, para quien las
primeras ciudades, y con ellas la vida civil, la civilización misma, por lo tanto
habían nacido al son de la lira. La vihuela gaucha, con su compungiva nota,
fue determinando en el alma argentina una dirección espiritual hacia la vida
superior que es la patria, así como la gota perseverante induce por la pendiente de las tierras el futuro manantial. Con esto, la música viene a constituir
la verdadera enseñanza primaria, y así acontecerá de nuevo, cuando con los
últimos residuos de la influencia cristiana, haya desaparecido la incrustación
escolástica que aún nos paraliza, reintegrándose en su armoniosa continuidad la civilización interrumpida por veinte siglos de servidumbre.

Pero nuestras payadas tienen antecedentes más directos y significativos. En la poesía de los trovadores provenzales había un género, las *tensiones*, que como su mismo nombre lo indica, eran torneos en verso. Dicho vocablo procede, en efecto, del latín *tensio*, sostén, porque cada uno de los campeones sostenía su tema, como los *mantenedores* de las justas su respectiva pretensión.[27] En esta última palabra, subsiste, ahora, el indicado término latino, que ha engendrado también *tesón*, vocablo significativo de empeño. De ahí procedieron en España, los «romances con ecos», más parecidos, otra vez, a las églogas sicilianas. Todo el mundo recuerda los versos de Garcilaso:

El dulce lamentar de dos pastores...

Es que la civilización provenzal, fue, como lo diré luego, una continuación de la grecorromana, que los poemas caballerescos expresaron a su vez, presentándose como una amplificación directa del ciclo homérico. Así nuestro poema, resumiendo aquellos géneros característicos, evidencia su noble linaje, a la vez que comporta la demostración de un hecho histórico importantísimo para la vida nacional. Si ésta ofrece alguna trascendencia interesante para la civilización humana, y así lo creo, ahí está su fórmula expresiva. Gracias al poema que resumió la poesía dispersa de los payadores, encarnando su espíritu y exaltando su letra a la excelencia del verbo superior cuyo es el don de inmortalidad, los argentinos contemporáneos hemos podido apreciar su eficacia de elemento fecundador, análogo a la erraticidad del viento sobre los campos floridos.

Había en la entonces remota comarca de Sumampa que hoy comprende los departamentos santiagueños del Ojo de Agua y de Quebrachos, un mozo llamado Serapio Suárez que se ganaba la vida recitando el *Martín Fierro* en los ranchos y en las aldeas. Vivía feliz y no tenía otro oficio; lo cual demuestra que la poesía era uno, si bien reducido a los cuatro granos diarios que constituyen el jornal del pájaro cantor. Recuerdo haberme pasado las horas oyendo con admiración devota a aquel instintivo comunicador de belleza. Y creo, Dios me perdone, que ese mal ejemplo habrá influido para la adopción de tan pésima carrera como es esta de vivir rodando tierras, sin más bienes

---

27   Los torneos de armas recibían también el nombre de tenzones.

que la pluma y el canto, a semejanza del pájaro del símil: dura vida, por mi fe, si no fuera que la libertad es tan dulce, y que la más valiosa heredad terrestre, no es nada comparada con aquella evasiva ciudad de las nubes, donde se confieren el señorío del azul los prófugos de la tierra poseída.

Cuánta delicadeza de alma, cuánta nobleza ingénita revelaba el sostén de aquel cantor por esos pobres paisanos que con él compartían, a cambio de versos, su miserable ración. Esto revela que la poesía era para ellos una necesidad, y constituye para el bardo que supo satisfacerla, el más bello de los triunfos. Desde los dulces tiempos de la civilización provenzal fundada en el heroísmo, ningún pueblo ha repetido semejante fenómeno.

Ahora bien, si el origen de las tensiones provenzales y de los romances con ecos, estaba, sin duda en las églogas grecolatinas, puesto que la civilización romana persistió vivaz sobre toda la Europa meridional, hasta el siglo VII, fueron los árabes quienes continuaron y sistematizaron aquel género de poesía, que les era también habitual, cuando en la época mencionada, dominaron allá a su vez. Precisamente, los trovadores del desierto habían sido los primeros agentes de la cultura islamita, constituyendo con sus justas en verso, la reunión inicial de las tribus, que Mahoma, un poeta del mismo género, confederó después. Así se explica que para nuestros gauchos, en quienes la sangre arábiga del español predominó, como he dicho, por hallarse en condiciones tan parecidas a las del medio ancestral, tuviera el género tanta importancia. No le faltó aquí ni la pareja clásica del trovador con su juglar, que solía ser lazarillo cuando aquél era ciego, y también buhonero y tahúr, exactamente como en Arabia y en Provenza. *Martín Fierro* lo recuerda al pasar:

> Un nápoles mercachifle
> que andaba con un arpista...

La vida libre había reproducido en nuestras campañas, por natural instinto humano, aquel fenómeno inicial de la civilización, aquella imprescindible necesidad del arte que existe en la última tribu, demostrando con ello la superioridad del hombre. La utilería musical, es, efectivamente, mucho más numerosa en todos los pueblos bárbaros, que el menaje doméstico. Allá donde faltan todavía la cuchara y el tenedor, el lecho y el vestido, abundan ya los instrumentos musicales. Maravillosa es su variedad en los museos etnográficos. Son más numerosos y más ingeniosos que las armas, aun cuando éstas constituyen la industria vital por excelencia para el hombre primitivo. ¡Quién habría dicho al conquistador, que con la guitarra introducía el más precioso elemento de civilización, puesto que ella iba a diferenciarnos del salvaje el espíritu imperecedero!

Dulce vihuela gaucha que ha vinculado a nuestros pastores con aquellos de Virgilio, por el certamen bucólico cuya misma etimología define sjgnificativamente el canto de los boyeros; con los trovadores, mensajeros del heroísmo y del amor, por dignos hijos que eran de aquel Herakles portalira cuyo verbo heroico fue el lenguaje de las Musas; con la rediviva dulcedumbre de las *cassidas* arábigas cuyos contrapuntos al son del laúd antepasado y de la guzla monocorde como el llanto, iniciaron entre los ismaelitas del arenal la civilización musulmana: el alma argentina ensayó sus alas y su canto de pájaro silvestre en tu madero sonoro, y prolongó su sensibilidad por los nervios de tu cordaje, con cantos donde sintióse original, que es decir, animada por una vida propia; hasta que un día tu música compañera de las canciones de mi madre, a quien oí cantar tantas veces, bañada de fresca Luna montañesa, los versos románticos de *La Sultana* y *El Hado*, o las querellas del cura poeta Henestrosa, párroco de mi aldea natal, revelóme también, payador infantil, el ritmo de mis primeras cuartetas. Y así empecé mis ensayos de contrapunto con Federico Roldán el comisario; mi intimidad con la cosa bella que el destino había querido ponerme en el alma; mi amor de patria, más celoso ahora con la distancia, así como el estiramiento aviva la sensibilidad de la cuerda; mi pretensión, quizás justa, de hilar como la araña del rincón solariego, una hebra de seda y de luz en la cual vibrara algo de mi raza.

La leyenda gaucha, o sea la fuente de la poesía nacional había ido formándose espontáneamente, hasta engendrar tipos extraordinarios como Santos Vega, el payador fantasma, a quien solo el diablo pudo vencer. La belleza inherente a esa vida y a ese paisaje fue impregnando las meditaciones del caminante solitario. Durante las noches de plenilunio soñoliento, cuando las nubecillas crespas artesonaban el cielo con sus témpanos de alabastro, la luz misteriosa corporificaba el espectro de aquel Santos «de la larga fama», que de seguro iba buscando alguna guitarra olvidada afuera por dulce congoja niña, o colgada del árbol por el amante feliz a quien franqueó una serenata la esquiva puerta, para desahogar en ella, con inédita cifra, sus quejumbres de ultratumba. A la siesta, sobre los campos que la llamarada solar devora, mientras el caminante percibía tan solo a largos trechos el ombú singular, con su sombra de capilla abierta, el delirio luminoso de los espejismos, transparentaba olas remotas y siluetas inversas de avestruces, que eran motivo de cuentos fantásticos, urdidos en gruesa trama de color como los tejidos locales. La llanura inacabable donde aquel copudo emigrante de la selva misionera iniciaba el período arbóreo, destacando en su propia sombra el tronco grueso como un éntasis de antigua columna dórica, sugería las generalizaciones descriptivas, las síntesis grandiosas que caracterizarían el futuro poema épico. Y semejante espectáculo, constituía ya un reposo filosófico.

Sentimental de suyo, como que lloraba congojas de expatriados y traía en su origen moro las bárbaras quejas del desierto, hondamente exhaladas como el rugido del león, la música de los conquistadores halló en el hombre de la pampa el mismo terreno propicio que los instintos aventureros del paladín. El cuento picaresco, entonces en boga, popularizó su fuerte gracejo condimentado por el ajo de las ventas; y alguno de sus personajes, como Pedro Urdemalas, quedó prototípico en el Pedro Ordimán de nuestros fogones. La fábula encarnó en los animales de nuestra fauna sus eternas moralejas. Las aventuras de las *Mil y una noches*, pasaron, deslumbrantes y maravillosas, al consabido cuento del rey que tenía siete hijas. Solamente las leyendas religiosas y la rudimentaria mitología de los indios, no dejaron rastro alguno. Es que, de una parte, el gaucho no fue religioso, al faltarle en su aventurera vida las sugestiones de la miseria y del miedo, así como el sinsabor de la existencia causado por las civilizaciones decadentes; mientras de la otra, según veremos al estudiar su lenguaje, la enemistad eterna con el aborigen, resultó valla inaccesible a toda compenetración. No quedan rastros en sus leyendas de aquella misteriosa ciudad de Trapalanda, especie de Walhalla indígena donde los guerreros muertos iban a sujetar sus caballos por primera vez. Apenas en la denominación del «Avestruz», asignada al largo saco de carbón que divide la Vía Láctea del cielo austral, o en la de las «Tres Marías» dada a las bolas, puede notarse alguna analogía con la interpretación indígena de las Nubes Magallánicas, cuyos luminosos copos serían la plumazón de los ñandús perseguidos por las almas de los indios muertos, en sus cacerías de ultratumba.[28]

La poesía gaucha, como la de los griegos, no fue, pues, imaginativamente creadora. Su objeto consistió en expresar las afecciones del alma con sentida sencillez, casi siempre a las confidencias del amor y a las inclemencias del destino. Sus sentencias cristalizadas en adagios, que conforme a la tendencia española eran pares octosílabos, de fácil incorporación a la estrofa popular, formulaban eternamente el pesimismo burlón de la literatura picaresca o el heroico fatalismo del antecesor musulmán. Solo en este caso intervenía la imaginación, para tornar símbolos los objetos y accidentes de la vida cotidiana. Estos espiritualizábanse, de tal modo, al contacto íntimo con el hombre; vale decir, que resultaban civilizados por el numen poético y por la meditación filosófica, a la vez que fuertemente nacionalizados con dicha caracterización. Así, por ejemplo, la taba y los naipes, chismes de sortear como en el viejo mundo, son tan típicos en la poesía gaucha, que nadie sabría encontrarles semejanza. Como en el traje y en el idioma de nuestros campos, la refundición de los diversos elementos concurrentes, fue total en aquélla, hasta imprimirle un tipo genuinamente nacional. Con briznas y lanas diversas forma el pájaro su nido; pero es el pecho del ave amorosa lo que le da molde peculiar y líneas estéticas, hasta convertir aquel puñado de residuos en el tálamo donde se aposentan las tibiezas más suaves del amor y las más delicadas ternuras de la maternidad.

Ennoblecida por su libertad, por su filosofía y por su tendencia a expresar emociones superiores, la poesía gaucha jamás fue grosera en su ironía ni torpe en sus jactancias. Podrían contarse con los dedos las coplas deshonestas o villanas, y éstas pertenecen, todavía, a las regiones donde las lenguas indígenas bastardean el castellano, rebajando el lenguaje popular a una sórdida mestización. Los versos propiamente gauchos, son galantes o picarescos, filosóficos o jactanciosos, pero siempre llenos de mesurada

---

28 *Las Tres Marías*, son, como es sabido, las estrellas del cinto de Orión, en las cuales la mitología araucana veía las boleadoras de los caciques legendarios.

decencia, a la cual añade todavía cierta nobleza original un ligero sabor arcaico:

> En el pago el Ojo de Agua
> dicen que me han de matare,
> con una cuchilla mota[29]
> que no corta por hincare.

Semejante paragoge, exigida sin duda por las necesidades del canto está, como es sabido, en la índole del idioma, siendo peculiar al antiguo verso octosílabo; pues conviene advertir aquí que dicho miembro poético parece haber sido el principal agente de transformación del latín al volverse éste romance. Por ello denominaríase genéricamente así, a la serie asonantada de tales versos. La baja latinidad ofrece muchos ejemplos de semejante estructura en sus coplas populares:

> Ad Maronis mausoleum
> ductus fudit super eum
> pie rorem lacrymé.
> «Quem te», inquit, «reddidissem,
> si te vivum invenissem,
> poëtarum maximé.»

El mismo verso inicia la transformación del latín en francés, allá por el siglo XI:

> Dus gart madame Alienor,
> la reïne chi fus tensor
> de sens, de amur, de hauté,
> de largesce e de leauté.

Y en cuanto al castellano, su índole rítmica es de tal modo octosilábica, que casi todos los refranes forman, como he dicho, un par octosílabo.

---

29 Mota, por bota o despuntada.

Las mismas frases sentenciosas tienden a tomar esta medida; y así, nuestro contemporáneo José Sixto Álvarez, que no era poeta, escribió en octosílabos involuntarios casi todos aquellos pintorescos «Cuentos de Fray Mocho» donde dialogan, haciendo filosofía popular, los tipos del bajo pueblo. Por esto, Hernández escribió en octosílabos su *Martín Fierro*, que así hubo de incorporarse naturalmente a la memoria popular; mientras las octavas endecasílabas del *Lázaro* de Ricardo Gutiérrez, con ser muy bellas algunas y estar vaciadas en el molde de la épica preceptiva, yacen enterradas en el panteón antológico. Es que la épica constituye un fenómeno nacional, más que un acontecimiento literario, como lo demuestra, por otra parte, el *Romancero*; y de aquí que Hernández, al tomar por vehículo el verso en cuestión, cometiera uno de sus habituales instintivos aciertos, hablando el lenguaje poético que debía para ser entendido, e incorporando simultáneamente al castellano y al futuro idioma de los argentinos, un elemento primordial. El octosílabo es el idioma mismo, estéticamente hablando.

Como el gaucho no concibió la poesía sino a la manera primitiva que en la libertad de su instinto debió necesariamente adoptar, sus coplas nunca estuvieron separadas de la danza y de la música. Las mismas serenatas, fueron más bien diversión lugareña, en la cual el empleo de la décima, estrofa ciertamente impracticable para el gaucho, denunciaba la intervención de poetas más cultos. El gaucho no conoció sino dos modos de cantar: el acompañamiento de danza y la payada. Empleaba en el primero toda la riqueza musical que revela el capítulo siguiente; y con ello, lo mejor de su estro. El segundo era un recitado monótono, apenas variado por tal cual floreo, que, exactamente como pasaba en el canto griego, repetía el tema melódico sobre la prima y la cuarta. Las estrofas de payar solían ser la cuarteta y la sextina empleada por Hernández. No daré ejemplos de esta última, puesto que he de citarla con abundancia al estudiar el poema. De las coplas de danza, pondré muy pocas típicas, advirtiendo antes, que ellas reducíanse a tres formas estróficas: la cuarteta común, a veces con sus versos alternados por estribillos de seis, ocho y diez sílabas; la cuarteta de seguidilla, y la hexasílaba, alternada también a veces con estribillos de tres y de cuatro sílabas, que eran simples glosolalias: *vidalita, caramba*. Todo ello demuestra que se trataba de estrofas para cantar; y a mayor abundamiento lo corroboran los estribillos; pues muchas veces interrumpen el sentido de los versos, al no tener relación alguna con ellos.

Ejemplo de cuarteta alternada con estribillos hexasílabos y octosílabos:

> Vida mía de mis ojos,
> —La Luna y el Sol.
> Piedra imán de mis sentidos,
> —Alégrate corazón.—
> No puedo pasar sin verte,
> —La Luna y el Sol.
> Vuelvo a tus plantas rendido.
> —Alégrate corazón.—

Cuarteta alternada con estribillos hexasílabos y decasílabos:

> Me dices que soy un pobre,
> —La pura verdad.—
> Pobre pero generoso.
> —Vamos, vidita, bajo el nogal.
> Como el hueso de la cola,
> —La pura verdad.
> Pelado pero sabroso.
> —Vamos, vidita, bajo el nogal.

Estribillo hexasílabo:

> Ay, ay, ay, ay, ay...
> Déjame llorar...
> Que solo llorando,
> remedio mi mal.

Estribillo de heptasílabos y hexasílabos alternados que solo tienen aplicación en el canto:

Vuela la perdiz madre,
vuela la infeliz,
que se la lleva el gato,
el gato mis mis.

Estribillo pentasílabo combinado con un endecasílabo dactílico, y también aplicado exclusivamente al canto:

Por qué has llorado,
quién te ha pegado,
tal vez conmigo
te habrán celado...
A un amor fino le has pagado mal.[30]

Por el alma de tu madre,
Que murió siendo inmortal,
De envidia de mi señora,
Que no me persigas más.
Déjame en paz amor tirano,
Déjame en paz.
(Id. Id., X.)

La riqueza rítmica de la poesía gaucha, dependía, como se ve, del canto al cual estaba ella unida; pues insisto en que, tratándose de combinaciones estróficas propiamente dicho, el gaucho solo conoció la cuarteta y la sextina

---

30 Aquel prodigioso innovador y primero entre los líricos castellanos, que fue Góngora, ofrece en sus romances y letrillas muchos estribillos de análoga, cuando no más complicada estructura:

Al campo te desafía
La colmeneruela.
Ven, Amor, si eres dios, y vuela,
Vuela, Amor, por vida mía,
Que de un cantarillo armada,
En la estacada
Mi libertad te espera cada día.
(Romances Amorosos, III).

de payador, formadas con estos únicos metros: el pentasílabo, el heptasílabo (combinados en la cuarteta de seguidilla), el octosílabo y el hexasílabo.

En cambio, cada una de esas estrofas sueltas, era un poemita completo; exactamente como sucede en la poesía japonesa cuyo origen es análogo. Constituidas por una imagen o por la evocación de una escena que resultan centrales con relación a complejos estados psicológicos, su poder sugestivo es notable y su eficacia verbal sorprendente. En su lacónica sencillez, son organismos completos, como los trozos musicales y las danzas con los cuales forman la tríada clásica que representa la perfección del arte rítmico.

Las estrofas citadas más arriba, expresan el subyugamiento del amor y la jactancia picaresca del poeta pobre. Repitámoslas, para ver que cualquier amplificación saldría redundante al ser dos expresiones cabales de dos estados completos de la sensibilidad:

> Vida mía de mis ojos,
> piedra imán de mis sentidos,
> no puedo pasar sin verte,
> vuelvo a tus plantas rendido.

Obsérvese que cada verso es, por su parte, una expresión completa, de donde resulta la fuerza penetrante de la estrofa. El primero, declara la pasión con intenso pleonasmo; el segundo, dice la atracción por antonomasia; el tercero, la angustia de la ausencia; el cuarto, la suprema rendición. Eso es, a la verdad, todo el amor en su genuina sencillez.

> Me dices que soy un pobre;
> pobre, pero generoso;
> como el hueso de la cola,
> pelado pero sabroso.

He ahí otra expresión completa. La galantería picaresca del gaucho, ante un desvío egoísta, todavía lo desprecia con la materialidad cruda de la comparación. La exactitud pintoresca de esta última, agota el tema con un rasgo definitivo.

Veamos, ahora, un tributo regio, como lo hubiera concebido el mismo Salomón en su Cantar; bien que por delicada cortesía el poeta lo disimuló en una familiar ternura de diminutivos:

> Si me hubieras avisado cuando te ibas a bañar,
> yo te habría hecho un pocito
> llenito de agua de azhar.[31]

O bien la típica escena de las declaraciones pastoriles, en tono de ironía sentimental:

> Qué lindo es ver una moza
> cuando la están pretendiendo,
> se agacha y quiebra palitos,
> señal que ya está queriendo.

Supóngase trasladada al lienzo esta impresión, y tendremos un cuadro completo.

Apréciese el misticismo amoroso de esta otra composición cuya verdad no retrocedió ante el rasgo prosaico, según pasa con todos los artistas sinceros:

> En el mar de tu pelo
> navega un peine,
> y en las olitas que hace
> mi amor se duerme.

¿No es deliciosa esta evocación de ribera tranquila que parece peinada por la revesa, mientras la amada va desatando con sedosa lentitud las ondas de su cabello? El encanto de la imagen poética, o sea la emoción de belleza bajo su expresión más amable, consiste en esas aproximaciones.

---

31 Es así según lo requiere la medida del poeta gaucho, como debe escribirse esta palabra para conservarle la ortografía arábiga y diferenciarla de azar, lance de juego; aunque, en este caso, también significa flor. Los árabes pronuncian más bien adjar, pero nunca hacen trisílaba la voz.

Un presentimiento de olvido inspira este otro verdadero poema en veinticuatro sílabas, donde la impresión del lecho solo, y por ello convertido en tumba, da intensidad trágica a la pasión:

> De terciopelo negro
> tengo cortinas,
> para enlutar mi cama
> Si tú me olvidas.

La expresión es menos intensa, pero de una poesía más romántica en la copla siguiente, que con psicología sutil generaliza sobre todo un paisaje, adecuándolo al estado interior, la tristeza de las separaciones:

> No hay rama en el campo
> que florida esté...
> Todos son despojos
> desde que se fue.

Espiritualizada en el dolor del poeta, la desolación invernal de la Naturaleza, tiene por causa la ausencia del bien amado. De ella dimana que todo sea despojo y aridez, y que lo notemos así en la aspereza de la rama desnuda.

Véase este otro poemita, el más perfecto quizá, pues consiste en un solo rasgo de cariñosa picardía:

> Tiene la vida mía
> un diente menos.
> Por ese portillito
> nos entendemos.

Es todo un pequeño idilio, y usted ve la muchacha, más simpática con su defecto, como la fruta picada; el galán, entre amartelado y socarrón, que la requiebra; el portillo del cerco, donde se entienden en dulce clandestinidad: que de ahí viene la picardía, sabrosa como un beso robado.

La expresión caballeresca de la fidelidad, no resulta menos delicada, porque sea rudo el lenguaje:

> Tomá este puñalito
> y abrime el pecho,
> ahí verás tu retrato
> Si está bien hecho.

También está llena de picaresca gallardía la siguiente jactancia de conquistador:

> Una caña de pescar
> tengo para mi consuelo;
> cuando un peje se me va,
> ya otro queda en el anzuelo.

Y esta otra sobre el mismo tema:

> Yo soy pescador de amor,
> boto mi anzuelo a la mar,
> al peje que quiero pesco,
> y al que no lo dejo andar.

O todavía esta graciosa prevención de la cita:

> Si tu madre te manda
>   cerrar la puerta,
> hacé sonar la llave,
>   dejdla abierta...

Por último esta apasionada quejumbre que lamenta en su demisión la crueldad del amor trompero:

> De aquel cerro verde

quisiera tener

hierbas del olvido

para no querer.

Todos los matices del sentimiento animan, pues, esa poesía, que las danzas comentaban a su vez con su plástica y sus movimientos. La variedad de aquellos pasos, así como su carácter despabilado, en el cual nunca llega a lascivo, ni siquiera a voluptuoso el rasgo picante, demuestra una cultura verdaderamente notable, por la gracia de su expresión y la abundancia de su alegría.

Figuraba también en ello un rasgo de noble simpatía humana. El ciego conseguía, como ejecutor habitual de semejante música, un alivio decoroso de su desgracia. Y así, el respeto del mendigo, ennobleció el sentimiento popular por medio del arte. Aquella belleza descubierta en el alma del mísero, para siempre anochecida tenía, por ser ésta análoga a la nocturna profundidad, la elevación de una estrella.

La poesía gaucha era, pues, un agente de civilización. Representaba para el campesino las letras antes de la lectura; la estética como elemento primordial de enseñanza. El gaucho fue, por ella, el más culto de los campesinos. Con ella afinaba su lenguaje, habituándolo a la cortesía que consecutivamente pulió también sus maneras: *rerum verba sequuntur*. Ellas manifestaban cortedad, pero no torpeza. El talante gaucho denunciaba sin brusquedad, un hombre libre. Hasta en los carnavales donde solía embriagarse, el jolgorio orgiástico no asumía caracteres repugnantes. Los juegos epónimos consistían en refregar suavemente el rostro de las muchachas con un puñadito de almidón perfumado de albahaca o de clavo; en quebrarles sobre la cabeza con moderada depresión, el huevo cargado de agua olorosa; y los tálamos eventuales, eran, lejos de la casa, en secreto, los raigones del ombú apartado o las matas ribereñas del hinojal. El propio concepto de la vida, resultaba poético en su generosidad y su culto del valor. Hasta los defectos correspondientes, eran exageraciones de tales tendencias. La sórdida ambición de la riqueza, el crimen venal, no existieron en los pagos gauchos sino como rarísima monstruosidad. El ratero fue más bien un gracioso; el cuatrero alardeaba una arrogante despreocupación de paladín. El peligro inherente a toda empresa irregular, constituía su precio honorífico. Decíase de los bravos «que no tenían el cuero para negocio».

Sus juegos, antes que el interés, ambicionaban el honor del triunfo, alardeando mañas despejadas y oportunas, gallardas actitudes, vigorosa destreza. Así, entre los de barajas, el truco rápido y decidor, a puros lances de ingenio; entre los de habilidad, la taba caracterizada por movimientos y actitudes ciertamente dignos de la escultura. Entre los hípicos, el pato, consistente en la disputa por una pelota de cuero con dos manijas, que bandos rivales dirimían a caballo, arrancándose alternativamente, aquel chisme, mientras corrían los campos hasta dejar triunfantes los colores prendidos a sus chaquetas por las mozas en sendos moños azules y carmesíes.

En los trabajos rurales, parecida elegancia varonil. Revolvíase furioso en los corrales el ganado arisco, o disparábase por los campos con irrupciones de huracán; y viera usted ese criollo de bronce que arrojaba su lazo en prolongado regular serpenteo de veinte brazas sobre el cuello del bagual, y lo detenía en toda su furia, dándolo contra el suelo como un peñasco, sin rayar una cuarta el polvo donde clavara su talón. O aquel que se dejaba caer a los lomos del potro indomable, desde el cabezal de la tranquera, y sin bridas ni montura aguantaba firme, cuadras y cuadras, los corcovas tremendos, excitándolos todavía con la espuela pasada de intento por paletas y verijas, y coronando su proeza con certero rebencazo en la nuca, para salir de pie, triunfante, a media vara del tumbado animal. O todavía otro, que atropellaba para bolear, empinado en los estribos, alto el brazo formidable, peinada de huracán la greña, tronada con estrépito arrebatador su nube de tierra. Y cuando lanzaba contra la perseguida bestia el zumbante ingenio, el cintarazo de su cordel iba a trabar cerviz y jarretes en polvorienta balumba de remolino.

La paciencia filosófica recobrábase en las pausadas labores del arado, que va devolviendo, al paso como meditabundo de la yunta, las motas cabelludas de paja; o al chirrío perezoso de la carreta en cuyo pértigo se adormila el picador, hasta integrar con aquellos espíritus románticos la sugestión sentenciosa engendrada por el silencio del desierto. El peligro que comportaba recorrer aquella incierta llanura, acentuó la índole reflexiva del carácter gaucho, enseñándole la contemplación del cielo. La noche abrióle su cuadrante estelar con certidumbre consoladora. Mientras al lado del fuego encendido en un hoyo para que no le denunciasen las llamas, consumía su parca ración, atento el oído a los rumores del campo, el caminante solitario apreciaba con melancólico interés la compañía de los astros exactos. Nunca fueron ellos más dulces en su perenne seguridad, al corazón sensible del peregrino. La antigua poesía de los zodíacos estaba en su alma primitiva con el atavismo de aquellos pastores sabios que congregó como un puñado de ardiente arena la ráfaga profética del Islam. Aquellas luminosas letras del destino, parecían escribir también sentencias inmutables en la doble profundidad de su espíritu y de la noche.

Ah, quien no haya sentido la paz campestre en torno de un vivac pampeano, bajo la soledad que serena el alma como una música, y la Vía Láctea que describe la curva inmensa de la noche como una aparición angelical inclinada sobre una lira; quien no se haya estremecido hasta lo más hondo de su ser con aquella presencia de la eternidad descendida sobre el desierto, ése no sabe lo que es la poesía del infinito.

Iba así caminando la noche a paso lento por la hierba. Dijérasela, a la cabecera del peregrino, la aproximación prudente de una madre enlutada. Y cuando el alba venía con su caja de cristal que contiene para los mortales la belleza del mundo, el lucero solitario brillaba como la previsora brasa doméstica, donde a poco encendíase, triunfante, el fogón de oro del Sol.

V. La música gaucha

Conforme al principio más constante del arte popular, la música de los gauchos fue siempre inseparable del canto y de la danza. Jamás ha existido música popular aislada de la voz humana y de la acción representativa. Desde la tribu más salvaje, con sus rústicos tambores, hasta la sociedad más civilizada, con sus ricas orquestas, el caso repítese invariablemente. Así sucedió entre los griegos, que no conocieron el arte aristocrático, sino como fruto de decadencia. La misa cantada que fue el más alto espectáculo artístico de la Edad Media, combina también los tres elementos: música, poesía y pantomima o acción. Nuestras óperas hacen lo propio.[32] Semejante persistencia a través de estados sociales tan diversos, revela, seguramente, una tendencia fundamental del alma humana; con lo cual, música, poesía y danza popular, adquieren singular importancia para el estudio de la psicología colectiva.

Siempre que hay combinación de ritmos —y esto sucede con todos los movimientos regulares— el más lento y elemental de dichos ritmos, tiende a determinar el compás de la combinación. Por esto la música y el canto quedan subordinados a la danza cuyos pasos determinan la medida musical y la poética. La danza es una combinación estética de los movimientos y actitudes de la marcha natural, cuya armonización rudimentaria está en el paso militar, acompasado por el son del tambor, rudimento musical a su vez.

Ahora bien, el ritmo fundamental del cual proceden todos los que percibimos, es el que produce nuestro corazón con sus movimientos de diástole y de sístole: el ritmo de la vida, así engendrado en la misma raíz del árbol de la sangre. El primer par rítmico, consiste; pues, en dos sonidos iguales separados por una pausa, como los «golpes» del corazón; mas, la periodicidad a la cual llamamos ritmo, no se torna sensible, sino con la repetición de dicho par. Los salvajes y los niños, limitan a esto su música. El primer elemento musical, resulta, así, tetramétrico. El paso militar y el tambor que lo acompasa, consisten en la misma repetición. Los elementos fundamentales

---

32 El ciclo wagneriano, sintetiza esta evolución gigantesca; puesto que la *Tetralogía* y *Parsifal*, sus dos focos extremos, manifiestan respectivamente el carácter positivo y dinámico de la antigua tragedia, y el espíritu negativo y estático del cristianismo. La expresión wagneriana, contiene, asimismo, todo el lenguaje musical, desde las más vastas combinaciones orquestales, hasta los *leitmotiv*, con frecuencia primitivos y salvajes.

del verso, que empiezan, naturalmente, por ser prosa cantada, resultan de igual naturaleza. Dicha prosa debe haber consistido, además, en los monótonos arrullos maternales, y en las pocas frases exaltadas cuya repetición constante forma el lenguaje del amor.

El ritmo de los primitivos versos, como el de las marchas militares, está formado por grupos binarios, y sobre todo, por múltiplos de cuatro. De aquí el predominio del octosílabo en la poesía popular.

Observemos, todavía, que el paso de los cuadrúpedos es naturalmente tetramétrico, lo cual explica que algunos caballos, sin mediar enseñanza alguna, marchen al ritmo del tambor. Las imágenes regulares que cada nota musical produce en las placas sonoras de los gabinetes de física, están constituidas por figuras fundamentales en número de ocho o de múltiplos de ocho; lo cual da la razón científica de la octava. Por último, las famosas series de Mendeleef en la clasificación química de los cuerpos son también óctuplas.

Sabido es que los árabes atribuyen la invención de sus ritmos poéticos fundamentales a la imitación del paso del camello y del caballo, lo cual suministra una comprobación valiosa, por tratarse de raza y lengua tan diversas.

La idea de reunir los sonidos en grupos ternarios, debió nacer de la sensación producida por los binarios cuya combinación sistematizada es ya una operación intelectual. La repetición del primer terno rítmico, necesaria para sensibilizar el ritmo, engendra el verso hexasílabo más sencillo, o sea el del arrullo.

la - lá - la l la - lá - la

Pero, como después de todo, el terno rítmico es una creación artificial, su combinación en la poesía popular limítase a la repetición mencionada. Necesita unirse a un disílabo o a un tetrasílabo para figurar en la métrica bajo las formas pentasilábica y heptasilábica. Por lo demás, los hexasílabos más comunes, son combinaciones de disílabos y tetrasílabos, o de disílabos solamente. El grupo binario predomina, pues, en todas las combinaciones.

Los pies o unidades métricas fundamentales del verso antiguo, dan clara idea de estas formaciones primitivas. El yambo y el troqueo, pares silábicos que se compensan por oposición simétrica, tienen su equivalente ternario en el tribraquio. El espóndeo, o sea el ritmo binario perfecto, tiene por equivalentes ternarios al anapesto (tan binario como valor rítmico, que suele sustituir al yambo) y al dáctilo o heroico, que es el fundamento del hexámetro homérico. Todos estos valores resultaban perceptibles, porque la poesía antigua era cantada. Con eso, el canto adquirió a su vez acentos peculiares, adoptados por nuestra música instrumental a medida que aumenta en ella la tendencia expresiva.

El latín popular que adoptó los metros de nuestras lenguas romanas en sustitución de los clásicos, conserva como un residuo de la antigua acentuación silábica, o escansión, la individualidad perceptible de los miembros ternarios y cuaternarios cuya duplicación engendró al verso hexasílabo y al octosílabo. He aquí algunos ejemplos.

Primera forma, o doble ternario, que es la más rara:

> In risu - iocundo,
> Et tandem - eloquio
> Resonat - facundo.

Forma disilábica del hexasílabo:

> Tales - versus - facio
> Quale - vinum - bibo.

Disílabo con tetrasílabo:

> Nisi - quod inopia
> Cogit - me cessare.

Tetrasílabo con disílabo:

> Unicuique - proprium
> Dat natura - munus.

Forma binaria del octosílabo:

> Bibit - hera - bihit - herus,
> Bibit - miles - bibit - clerus.

Forma tetramétrica:

> Alte clamat - Epicurus:
> Venter satur - est securus[33]

Los metros fundamentales de la poesía, son, pues, el pentasílabo, el hexasílabo, el heptasílabo y el octosílabo, que los españoles legaron a los gauchos y que componen, precisamente, toda nuestra métrica popular. La música y las danzas argentinas, tienen, naturalmente, el mismo origen; correspondiendo su compás al de los citados versos y sus combinaciones.

La música introducida por los conquistadores en América, fue aquella del siglo XVI que había invertido ya totalmente la escala antigua, o sea la escala descendente menor (*mi, re, do, si, la, sol, fa, mi*) conservada a nivel durante la Edad Media, en la escala ascendente de do, engendrando la tonalidad y con ella el dominio de las terceras mayores naturales. Pero como el ritmo del arte antiguo, dependía de las duraciones silábicas, siendo por ello más sencillo y natural que el nuestro, la música popular ha conservado rudimentos antiguos cuya aparición, anómala a primera vista, queda de este modo explicada.

He dicho ya que el ritmo de la marcha es binario, siendo su primera forma perceptible, la tetramétrica. Acabamos de ver que el primer múltiple de cuatro, engendra el verso octosílabo, o sea el más natural y popular a la vez. El período óctuplo domina también en la música moderna y es el origen de la cuadratura cuyo imperio permaneció incólume hasta Berlioz. Las marchas militares de los griegos, tenían la misma forma; y las evoluciones de sus coros en el teatro, obedecían al ritmo de nuestra polka.

---

33 *Carmina Burana*, passim. Por lo demás el ritmo trocaico, que es el de nuestro octosílabo, era popular en Roma. Recuérdese la tan citada respuesta de Adriano a Floro, y el canto festivo de los legionarios de César: *Urbani servate uxores*.

La unión estrecha de los tres elementos artísticos, música, poesía y danza, bajo el ritmo binario, determina el parecido de las músicas populares entre sí; pero lo acentúa todavía un elemento psicológico, sensibilizado por el predominio de las diversas escalas. La descendente menor del canto antiguo, que iba de lo agudo a lo grave, expresa la alegría por medio de la danza. La escala nivelada en re por la Edad Media, significa tristeza. Así aquellas usadas por Guido d'Arezzo, y en las cuales predomina la cuarta. Son eminentemente místicas y tristes, siendo ésta, no su pretendida cacofonía, la causa de que el Renacimiento las desterrara. Por último, nuestra escala ascendente es pasional; y por esto, la música popular que se halla bajo su imperio, conservando al mismo tiempo preciosos residuos de la música antigua, suele combinar con tanta originalidad la alegría de la danza a la melancolía de la pasión.

Tiene, pues, de la música antigua, aquella desembarazada sencillez que si limita su objeto a la conducción de la danza, posee con suprema ligereza y admirable libertad, toda la vida del ritmo; y aquella expresión soberana que resulta de hallarse unidas así, la música, la poesía y la danza. La música moderna le ha legado la melancolía poética, apasionada hija de la tristeza medioeval, que fue tan dolorosa, por no haber conocido esperanza sobre la tierra. Así, usará en su lenguaje corriente las terceras, cuyo predominio, al realzar la poesía del acorde, constituye el principal progreso y la caracterización más favorable de nuestra música; pero sin dejar de recurrir a las cuartas y a las quintas con desenvuelto albedrío hasta anticipar las más audaces innovaciones.

Casi todas éstas consisten, efectivamente, en regresos hacia la libertad y los modos antiguos. Así, para no citar sino un ejemplo, la reintegración modal de *la, sol, fa, mi,* iniciada por los rusos, según debía suceder, puesto que en la música rusa tuvieron siempre tanta parte los elementos populares. Asistimos con toda evidencia a una crisis tan importante, como la que se caracterizó en el siglo XIII por la introducción de las tercias naturales en la escala.

Entonces viene a descubrirse que todos los elementos de evolución, es decir, los rudimentos vivaces del arte antiguo y de la libertad futura, están en la *melodía genuina* de la música popular, que no necesita acompañamiento, desarrollo ni armonización decorativa, por ser de suyo un *organismo* perfecto. Querer, pues, aplicar la armonización o el contrapunto a ese elemento, es tan absurdo como intentarlo con el canto del ruiseñor; o para recordar la comparación clásica, equivale a dorar el oro y a perfumar la rosa...

Pero existen en la música popular, y ciñéndome a mi asunto, en la música de los gauchos, elementos de construcción, no menos respetables.

Nadie ignora que en los coros antiguos, las palabras solían tener, como grupos silábicos, la misma medida de la melodía. Esta simetría binaria, creó la estrofa y la antiestrofa, que no eran sino la pregunta y la respuesta del diálogo cantado. Stesichoros,[34] habría inventado en el siglo VI A.C. la tríada lírica, añadiendo él épodo.

Ahora bien, la sonata, o sea nuestra composición musical más perfecta, conserva en su construcción una distribución análoga.

La música sinfónica tiene, efectivamente, su origen en la canción que acompaña a las danzas populares de la Edad Media. La más antigua entre éstas, fue la *canzona*, compuesta de dos partes: una exposición de ritmo binario, y una reexposición de ritmo ternario. El cuarto movimiento de la *suite*, origen inmediato de la sonata, conserva aquella estructura; pues consiste en una danza vivaz de corte binario, llamada por antonomasia la *jiga*. El aire de nuestro *Gato* (n.º 6) es semejante al de la jiga. (Véanse los trozos musicales insertos al fin de este capítulo.) La *suite* es binaria a su vez como el primitivo coro con su estrofa y antiestrofa.

Todos esos movimientos y ritmos, proceden de danzas diversas cuyos nombres los representan en la suite y en la sonata. Esta, que es ya ternaria, como la tríada lírica del coro antiguo, conserva, sobre todo en su movimiento moderado, el carácter de danza popular. Una misma tónica liga las piezas de la *suite*, y los movimientos de estas piezas van formando contraste por oposición del lento al vivo y *viceversa*.

Aquí debemos considerar un nuevo elemento de gran trascendencia estética.

En las sonatas de Beethoven, que señalan la perfección musical alcanzada por el más grande de los músicos, las dos ideas fundamentales de

---

34 Sobrenombre que significa «ordenador de los coros». El primero que lo adoptó, y es el de mi referencia, fue Tisias, siciliano de Himera.

la composición (pues ésta no es ternaria sino en cuanto a su estructura) parecen seres vivos, como se ha dicho con propiedad. El tema rítmico representaría, pues, al sexo masculino, y la idea melódica al femenino. Así, del primitivo ritmo orgánico producido por el trabajo del corazón, el arte se ha alzado a la perfección espiritual.

Los trozos de música popular argentina que van a continuación, ofrecen ejemplos de todos los elementos mencionados en estas páginas. Son, por lo tanto, como toda música popular, cosa respetable para el pueblo cuya alma revelan; con lo cual quiero decir, que es menester conservarlos incólumes. Formados de música, poesía y danza como los coros antiguos cuya noble tradición continúan, son composiciones perfectas que el contrapunto y la armonización de los músicos académicos, deterioraría sin remedio.

Otra cosa es que sirvan *para inspirar* a los músicos; pues, como va a verse, son muy ricos en sugestiones de carácter poético y de sentimientos nobles; de melancolía viril y de elegancia decorosa: o sea los bienes del alma que nos sugieren, respectivamente, Schumann y Beethoven. Deformarlos, so pretexto de tomarlos por temas, sería un deplorable error. En su sencillez campesina, ellos saben, por otra parte, más verdadera música que los contrapuntistas de conservatorio. Por eso es que el arte erudito, los rebaja cuando pretende enmendarlos. Tanto valdría aplicar la tijera de la florista a la margarita de la pradera. Hacer estas cosas, es atentar contra la belleza y contra la vida. Desaparecen, así, los preciosos elementos de psicología colectiva, de estética y de progreso musical que encierran esos cantos ingenuos. ¿Y qué gloria de artista alcanzaría a compensarlo? La flora espiritual tiene también sus especies rústicas.

No son ellas, como vamos a ver, las menos delicadas. El hecho de que se parezcan a otras, no excluye su originalidad esencial, como el gaucho no dejó de ser un tipo fuertemente caracterizado, porque descendiera de indio y de español.

Fueron los conquistadores quienes introdujeron en las comarcas del Plata, la música, la poesía y la danza. He dicho que por aquel tiempo, la evolución moderna de la música estaba ya realizada. El arte había encontrado casi todas sus combinaciones definitivas. Así aquella de la escala menor cromática con la escala menor diatónica, que es, quizá, la más bella de toda la música. No era ella extraña enteramente al arte antiguo, pero son los modernos quienes le han dado todo su valor.

Quiere decir, pues, que la rudimentaria música indígena, no pudo influir sobre un arte tan adelantado. Sucedió lo contrario, como era de esperarse. El indio adoptó las tonadas españolas, que, ciertamente, resultáronle agradables. San Francisco Solano les predicó el cristianismo, encantándolos, primero, con su rabel. Los idiomas indígenas tomaron por doquier el verso octosílabo; lo cual prueba una vez más la naturalidad del ritmo tetramétrico.

Aconteció lo mismo con la danza. España era ya, por entonces, el país más rico en el género; y el siglo XVI fue particularmente afecto al baile. Los indígenas del Plata no tenían sino rondas bárbaras cuya influencia fue nula.

Pero es en la adopción de los instrumentos, cantos y danzas, donde comienza a presentar carácter propio nuestra música popular.

Los conquistadores introdujeron no menos de veinte clases de instrumentos, sin contar los órganos y los clavicordios que los gauchos no habrían podido usar. Entre todos ellos, el pueblo prefirió la guitarra y el arpa. El violín, solo figuró más tarde en las orquestas populares, pero nunca como elemento primordial. El acompañamiento solía componerse de triángulo y de bombo; pero toda nuestra música popular, nació de las cuerdas. La sonata, compuesta hoy para teclado, tuvo el mismo origen.

En las «orquestas» de los indios, predominaban, por el contrario, los instrumentos de viento y de percusión. Así, entre los araucanos de la pampa, diversas flautas y cornetas, silbatos de barro y de hueso, sonajeros de calabaza y castañuela de concha. Su único instrumento de cuerda era la guzla, o sea el más rudimentario; y aun éste, tomado de los españoles. Consistía en una cuerda de cerda torcida que tendían sobre una costilla de caballo y rascaban con otra costilla de carnero. En los Andes del Norte, no existieron más instrumentos indígenas que el tamboril, la corneta y la *quena*: flauta pentatónica, es decir, de música quejumbrosa y tierna, que ha dejado algún eco en las composiciones populares llamadas *vidalitas*. Es el único rastro indígena, vago después de todo, pues aquellas composiciones hállanse sujetas a nuestros compases de 3/4 y 3/8. Los indios de la citada región, adoptaron de los Conquistadores el tiple o pequeña viola cuya caja suele estar formada, como la primitiva cítara de Apolo, por un caparazón de tatú; los cascabeles, los clarines, la zampoña y el birimbao de los montañeses vascos.

Ahora bien, la preferencia de nuestros gauchos por los instrumentos de cuerda, demuestra su mayor sensibilidad y su preocupación dominante del ritmo, que es el elemento copulativo —vale decir, vivificador— en la tríada música-poesía-danza. La música de los griegos, caracterizóse de igual modo; y principalmente por esta causa, resultó superior a la romana, que era de viento.

La razón puramente sentimental de dicha preferencia, queda evidenciada, si se reflexiona que la guitarra y el arpa eran instrumentos de transporte difícil para el cantor errante de la llanura. Su fragilidad y su sensibilidad a las variaciones del ambiente, requerían cuidados minuciosos; y más de una vez, en las marchas nocturnas, el gaucho despojábase del poncho, su único abrigo, para envolver la guitarra, cuyas cuerdas destemplaría el sereno.

Es, asimismo, clásico, el contraste expresivo de las danzas gauchas. Su ritmo, elemento masculino, es alegre y viril, mientras su melodía llora con melancólica ternura. Así resulta todavía más descriptivo de la doble alma que encierra la pareja danzante, conservando toda su individualidad al hombre y a la mujer, quienes nunca llegan a unirse materialmente. Aquel ritmo es con frecuencia suntuoso y sólido como las prendas de plata con que el gaucho se adornaba. El acompañamiento suele resultar monótono, porque el gaucho conservó el hábito español de no variarlo para sus diversas tonadas. No obstante, la introducción del triángulo revela una tendencia a modular, aligerando la densidad explosiva del bombo, como quien alegra con sencillo bordado una tela demasiado sombría. La audacia orquestal de este acompañamiento, no escapará, de seguro, a la técnica modernista. Añadiré que el bombo, tocado siempre a la sordina, no violenta el colorido musical; antes acentúa su delicadeza con profunda adumbración. El reemplazo de las castañuelas, demasiado insolentes en su cascadura, por las castañetas tocadas con los dedos, obedeció al mismo concepto de delicadeza en la gracia. El predominio del arpa y de la guitarra propagó el acompañamiento arpegiado y con él la profundidad sentimental de las sombras monótonas.

La guitarra lleva, por otra parte, la poesía meditabunda, tan grata a nuestros cantores populares, en el acompañamiento de sus bardanas. En ningún instrumento resalta mejor tampoco, el contraste de los seres musicales que llamamos ritmo y melodía. El diálogo de las cuerdas es constante, y el gaucho se pasaba las horas abstraído en él, como los amantes que no se cansan de decir y de oír la misma cosa. La nota isócrona del bordón predominaba con ritmo cordial en el instrumento tan próximo a su pecho; y acordado así su corazón carnal con el corazón melódico de su música, la vihuela iba formando parte de su ser como la esposa dormida en nuestros brazos.

Aquel diálogo de las cuerdas tiene su ajustada traducción en la pantomima y en los cantos de nuestras danzas. El primer terno, dominado por la prima, y el segundo por la cuarta, crean la escena que todos aquellos pasos describen: el hombre que corteja, apasionado, y la mujer que se esquiva, temerosa, mientras flotan sobre la pareja, creando el ambiente poético, la melancolía de la pasión y la gracia un tanto irónica de la coquetería. La unión de estos dos elementos, demuestra una cultura nativa que solamente las almas delicadas poseen. Y ello resulta más honroso todavía para nuestro pueblo, porque aquella melancolía es siempre viril. La pieza publicada bajo el número 3, lleva el nombre de un combate donde inició las cargas de caballería; pues nada predispone tanto al heroísmo, como la música sentimental.

La composición binaria y la oposición simétrica de sus partes, resaltaba también en la poesía de los trovadores gauchos cuyas justas en verso, o payadas, tenían, como he dicho, el mismo desarrollo y los mismos temas que las bucólicas antiguas.

Dije también que nuestra poesía popular usó todas las combinaciones métricas primordiales: el octosílabo, desde luego, en la *chacarera* (n.º 4); el heptasílabo y el pentasílabo en la combinación de seguidilla (*zamba, gato*: n.º 2 y 6). El hexasílabo y el tetrasílabo en el *Caramba* (n.º 7).

Los cantos llamados *vidalitas*, adoptan a veces una combinación de octosílabo y hexasílabo agudo. Estas dos últimas formas, son extrañas a la poética española. El espíritu de nuestra poesía, es como el de la música correspondiente: melancólico y viril a la vez.

La delicadeza sentimental de estos dos elementos, impuso a la danza una decente cortesía que no amenguaba, por cierto, su elegante gracia. Hombre y mujer permanecían siempre separados, siendo su contacto, cuando lo había, eventual y fugaz; todo lo cual caracterizaba también a la danza griega. Las actitudes expresaban siempre comedido rendimiento en el varón, y honesta coquetería en la mujer. Así, ésta no debía alzar jamás los ojos, ni sofaldarse más arriba del tobillo. Las variaciones del zapateado, eran un difícil tributo del caballero a su compañera; y nunca expresaban otra cosa que la urgencia de una respuesta a la amorosa declaración. La última figura de aquellas danzas, solía ser un grupo plástico, en el cual el caballero hincaba una rodilla ante la dama, atrayéndola por las puntas de los dedos para que le formase una corona con sus brazos. La danza griega estaba formada también de actitudes plásticas que expresaban un pequeño poema, mientras el ritmo medía solamente los pasos. Era, por esta razón, más estética que las danzas modernas cuyo encanto hállase limitado al movimiento rítmico. Las danzas argentinas comentan todo el poema del amor, desde los primeros galanteos descritos por el *gato*, donde predomina la gracia picaresca, hasta el dolor de las rupturas irreparables, comentado por *El Llanto* (n.º 12). La última actitud de esta danza es una pantomima formada con los pañuelos puestos ante los ojos. El pañuelo y la falda, son recursos de expresión mímica usados con gracia poética en bailes como la *zamba* (n.º 2, 3 y 11) y el *escondido* (n.º 5), dignos por cierto de interesar a un artista. Esta clase de mímica, era también peculiar a la danza griega.

Obsérvese que así como no tomamos de España sino los instrumentos sentimentales, tampoco aceptamos las danzas frenéticas, como la *jota*, ni los contoneos lascivos del paso *flamenco*, ni las ruidosas burlas del *charivari* vascongado. Nuestras danzas populares, provienen, sin duda, de España; pero su expresión es distinta, y en esto consiste el valor que les atribuyo. Esta expresión peculiar, comporta una regresión hacia las fuentes griegas; lo cual quiere decir que no conservaron como sus inmediatas antecesoras de la Península, la lascivia romana,[35] ni la voluptuosidad oriental.

Las transcripciones que van a continuación, comprenden una mínima parte de nuestras danzas; pues no he tomado de entre ellas, sino las más características bajo el aspecto musical. Por esta causa, no figura el *Pericón*

---

35   Es el caso de citar una vez más todavía los conocidos versos de Marcial:

Nec de Gadibus improbis puellae
Vibratunt, sine fine prurientes,
Lascivos docili tremore lumbos.

(nombre antiguo del bastonero que esta danza requiere) o gran contradanza de la campaña, tan abundante en figuras como pobre de música. Para la descripción gráfica de las danzas, he tomado un solo tipo, el *gato* (n.º 6) cuyo desarrollo es el siguiente:

Mientras se toca la introducción, dama y caballero permanecen en posición, frente a frente, a una distancia de tres metros.

La primera figura consiste en una vuelta entera que la dama y el caballero ejecutan saliendo cada uno por su derecha, para volver al punto de partida. Ambos llevan el paso al compás de la música, y escanden el ritmo por medio de castañetas hechas con los dedos. A este movimiento corresponde la primera parte de la composición musical, rasgueada y cantada sobre una estrofa de seguidilla.

Recobrada la primitiva posición, la segunda figura consiste en un zapateado dirigido por la segunda parte de la música, que es punteada y sin canto. La pareja no usa castañetas en esta parte. El hombre ejecuta con sus pies entrelazamientos complicados, sin repetirlos mientras le es posible. Hay quienes conocen hasta veinte variedades de estos pasos, danzándolos con sorprendente limpieza y rapidez, a pesar de sus enormes espuelas. La dama va y viene, describiendo en la misma posición curvas de nudo rosa; su mano izquierda descansa en la cintura, mientras la derecha recoge graciosamente la falda.

La tercera figura es repetición de la primera, pero solamente en su mitad; de tal modo, que la dama y el caballero vienen a ocupar posiciones inversas de las que tuvieron en la segunda figura. La cuarta figura, es repetición de la segunda. La música sigue el mismo orden de las figuras. La quinta figura consiste en una doble vuelta que dama y caballero ejecutan en el sitio tomado por ambos para la figura anterior. Aquí termina la primera parte de la danza, y es la segunda posición de la pareja. El paso, la mímica y la música de la quinta figura son los mismos de la primera. La segunda parte de la danza, es una repetición de todas las figuras, hasta volver la pareja a la posición inicial. La *zamba* es más característica todavía. No obstante el origen arábigo de su nombre,[36] es una verdadera danza griega, no solo por la separación de la pareja y la mímica ejecutada con pañuelos, sino por la libertad plástica de las

---

36 De *zambra*, fiesta morisca, en la cual solían danzar las almeas.

actitudes y las figuras. Fuera de la dirección, que es la misma indicada para la primera figura del *Gato*, nada hay determinado en ella. La gracia y el ingenio de los danzantes, debe improvisarlo todo.

En todas estas danzas, los movimientos del hombre caracterízanse por el brío desenvuelto que da gallardía marcial a la actitud, y los de la mujer para aquella delicadeza ligera que es la delicia de su coquetería. El conjunto expresa una clara alegría de vivir, y todo esto, como se ve, es decididamente beethoveniano.

Los trozos que van a continuación han sido escritos por un modesto profesor argentino, don Andrés Chazarreta, en quien hallé la rarísima virtud de la fidelidad y la justa noción del patriotismo. Quiero decir que estas piezas populares, no han sufrido deformación alguna. Todas ellas son anónimas, y la mayor parte fueron danzadas en mi presencia por parejas que el mismo señor Chazarreta había adiestrado.

Como fácilmente verá el lector, las más originales, son también las más sencillas en su estructura; pues no constan sino de un tema, expuesto y re-expuesto con una ligera variante. Así las zambas señaladas con los números 3 y 11. Su acento rústico balbucea quejas de zampoña, despierta gritos de pájaro montaraz, salta como un guijarrillo entre los caireles de agua de la náyade montañesa; mientras en lo profundo del ritmo viril, conmuévese una ternura de patria.

Las piezas de estructura ternaria, son las más elegantes; y algunas como el *Cuándo...* (n.º 8) ofrecen ya un aspecto clásico. Por esta forma, tanto como por el género de su música y la honesta elegancia de sus movimientos, pertenecen a las danzas llamadas *bajas* en la Edad Media y que tanta boga alcanzaron en el siglo XVII, siendo sus tipos más nobles el minué, la gavota y la pavana. Nuestro *Cuándo...* participa precisamente de los tres. Ahora bien, la *suite* no fue, como es sabido, más que una sucesión de tales danzas cuyos movimientos ha conservado la sonata; pues la música, aun en esta forma superior y quizá suprema de perfección, es el arte más próximo a la fuente popular. Sabido es con cuánta fidelidad frecuentábala Beethoven, y cuánto se inspiraron en ella Scarlatti (D.) y Bach (E.) los padres de la sonata. De aquí ciertas semejanzas que a primera vista dijera uno imitaciones, pero que no son, ciertamente, sino coincidencias expresivas del lenguaje del alma.

El anónimo popular y el genio, tienen, al fin de cuentas, el mismo corazón fuente de toda melodía; solo que el primero crea por instinto, y así su éxito depende de la selección natural, como pasa con las semillas derramadas por la planta silvestre; mientras el segundo asegura el triunfo a sus creaciones, con imponerles la ley superior de su inteligencia.

El canto popular que persiste demuestra con ello la aptitud vital de los organismos completos.

Podría suponerse, por otra parte, imitación de algunos temas que, desde luego, el gaucho no podía oír sino en circunstancias casuales, y contenidos en una música completamente extraña si no francamente desagradable a su oído inculto; pero cuando se trata de procedimientos especiales, de detalles fugaces, la sospecha es inadmisible. El gaucho habría necesitado una técnica de que, por cierto, carecía.

Así por ejemplo, la introducción de sus danzas (n.º 2, 3 y 6) casi siempre repetida, suele no tener otro objeto que la prevención tonal, como algunas veces lo hacía Beethoven en la sonata; pero sería absurdo ver en ello una imitación. El predominio del acompañamiento rasgueado en las guitarras gauchas, ha precedido, de seguro, a la actual reacción del arpegio continuo hacia su forma más elemental, el «bajo de Alberti».

Por otra parte, la música ciudadana, fue en la Argentina siempre y totalmente distinta de la campestre. Prefería para el canto, el verso decasílabo, que la copla gaucha jamás conoció; para la danza, las óperas más en boga cuyas melodías adoptaba; y los clásicos a la moda, no eran, naturalmente, desconocidos de sus profesores. Así, el himno nacional había nacido de la tercera sinfonía de Haydn.

Supongamos, no obstante; una imitación directa, porque el *Cuándo...* en su aire y en su ritmo, se parece a ciertas sonatas de Scarlatti (particularmente, la 41, y todavía las 15, 32, 33 y 38) de la edición *Wreitkopf und Härtel*. Scarlatti falleció precisamente en Madrid, donde había residido mucho tiempo; y varias de sus sonatas como la 60 (ed. cit.) que lleva la mención «compuesta en Aranjuez», tienen acentuado carácter español, si bien con tendencia hacia los ritmos frenéticos, olvidados por nuestra música. Añadiré todavía que hay cierto parecido entre nuestras danzas en 6/8, como la *Zamba*, y la sonata 46 de Scarlatti. El hecho no revestiría por esto menor interés, al constituir la revelación de una simpatía profunda entre aquel maestro que fue, como he dicho, uno de los creadores de la sonata, y los trovadores gauchos, pues el trozo que por exceso de precaución supongo imitado, tiene un evidente aire de familia con aquellos otros cuya autenticidad no es dudosa. Después de todo, creo que no habrá sino una coincidencia harto explicable, no solo por la influencia de la música popular de España sobre Scarlatti, sino porque en tiempo de este maestro, la sonata hallábase todavía muy próxima a la fuente popular. La semejanza no comprobaría, así, sino la mayor delicadeza de nuestra música. Existe, por último, una circunstancia interesante. Si Scarlatti hubiera influido, como podría inferirse superficialmente por la repetición de coincidencias, los trovadores gauchos habrían copiado. No tenían interés alguno, ni técnica bastante para disimular; y luego, la música es, en esta materia, el dominio de la desvergüenza.

Pero hay hechos más concluyentes. Fácil es notar en la danza de que voy ocupándome —el *Cuándo*...— la forma llamada «de tres divisiones»: exposición, desarrollo y recapitulación que los clásicos, y Bach, sobre todo, en sus Invenciones, emplearon del mismo modo. He aquí el tema de la primera parte,

desarrollado y transformado en la segunda

para reaparecer con sencilla claridad en la recapitulación:

Todo ello comentado poéticamente por esta frase,

en la cual parece llorar recuerdos la sugestión de lo lejano.

Pero la semejanza no se detiene aquí. El matiz clásico que consiste en hacer P. P. la repetición de una parte, primeramente ejecutada F o FF está indicado con claridad en este trozo, verdadero germen de sonatas perfectas. Por eso resulta necesario a su expresión, *rallentare* el penúltimo compás, clásicamente. Añadiré para la mejor ejecución, que al repetir D. C., debe tocarse sin repeticiones parciales.

La *Chacarera* (n.º 4) parece alejar con el encanto ciertamente rudo de su expresión silvestre, toda idea de analogías clásicas. Apenas hay nada más remoto, como que esta danza nació en una región donde aún el idioma español fue hasta hace poco desconocido. Obsérvese, no obstante, el matiz beethoveniano F-PP en el momento del cambio de ideas, que evidencia la caracterización sexual antes enunciada (a):

La armonía sencilla y fuerte del trozo, es ciertamente viril; en cambio, los acordes arpegiados (b) sugieren el tipo femenino de estos compases. Y aquí ya no hay cómo sospechar siquiera una imitación. Ese procedimiento estético, habría excedido, a no dudarlo, la apreciación consciente del gaucho. Trátase de una intuición, engendrada por la sinceridad del sentimiento en un alma naturalmente delicada.

El *Gato* (n.º 6) ofrece, otra vez, mucho de la forma ternaria clásica. Su tercera parte, constituye la recapitulación, siendo la primera parte un poco modificada en el ritmo. Por lo que hace a su ejecución, nótese que si es menester repetir unidas la primera y la segunda parte, ello tiene, ante todo, por objeto, obtener un contraste de sonoridad que es enteramente clásico. (Hágase PP esta repetición, incluso el acorde final; pero al DC, debe aplicarse estos matices: 1.º FF; 2.º F; 3.º FF; y no efectuar repeticiones parciales.)[37]

La Media Caña (n.º 1) nos transporta al dominio de la música moderna, como para desvanecer, siendo anterior la suya, toda idea de imitación. Estos unísonos potentes

---

37   Esta última recomendación, concierne también a las *zambas* y a casi todas nuestras danzas populares.

recuerdan, efectivamente, a Moussorgsky, quien en su *Boris Godounov,* trató al unísono los orfeones del pueblo ruso. La aproximación vale la pena, pues precisamente los coros populares son lo esencial de aquella obra, quizá la más original que en su género contenga toda la música.

He aquí, por último, algo más singular en *El Bailecito* (n.º 10):

Fácil es advertir en este compás (el antepenúltimo de la danza), la salvaje belleza de la «doble apoyatura» (sol - si - •) de las notas la - do (3.ª 7.ª del acorde de 7.ª de dominante); pero enseguida, las mismas notas sol - si son «doble apoyatura» de la nota la a 8.ª alta (a) de sus apoyaturas, lo cual produce un efecto digno de la mejor música modernista.

Infiero que esto ha de haber sido una audacia naturalmente sugerida por el punteo de la guitarra; pues la influencia de este instrumento resalta a cada instante en la música gaucha. Así puede notarse claramente en los acordes arpegiados de *El Escondido* (n.º 5).

Podría perfectamente dejarse esta música, como Bach dejó la suya: sin ninguna indicación para el movimiento, fraseo y matiz; de tal modo, que el ejecutante conservara una plena libertad de interpretación. Pero repito que tales melodías no necesitan acompañamiento sabio, porque son para el aire libre, consistiendo su armonización en el rumor de los campos. ¿Qué se podría arreglar, es decir, modificar, quitar o añadir a un repique de campanas en el alba, a los balidos del rebaño en la tarde, o a la vaga quejumbre que el viento arrastra por la noche bajo el estremecimiento de las estrellas? Pues lo mismo ha de suceder con la tonada en que se exhala el corazón del pastor. Respetemos el canto genuino en esa alma, como respetamos la pureza del agua en el manantial.[38]

---

38   La primera parte de *El Bailecito*, es también final como en el *Cuándo...* El D. C. debe tocarse sin repeticiones parciales.

Conservemos también como un tesoro, la fuerza juvenil que anima a esas composiciones; su honesta gracia, saludable al espíritu; la sencilla perfección de la tríada clásica, en ellas reflorecida. Obsérvase, en efecto, que apenas separada, nuestra música popular decae y se empobrece. Así sucede con los acompañamientos de canto, monótonos recitados, en los cuales no interesan ya el ritmo ni la melodía. El gaucho no conoció, tampoco, otro canto separado de la danza, que el de sus tensiones de trovador; y como lo esencial en éstas, era lucir el ingenio, bastábale para ello con la semimúsica del recitado. Los cantos llamados *Tristes*, *Estilos* y *Gauchitas*, fueron más bien música de arrabal. Adviértese esto fácilmente en el uso habitual de la décima, estrofa que los gauchos no conocieron sino de nombre, aplicándolo a las únicas formas por ellos usadas: la cuarteta y la sextina.[39] No restan sino las *Vidalitas*, pobres tonadas que solo ofrecen un interés de *folk-lore*.

A propósito de estos recitados, existe, sin embargo, un hecho importante, que demuestra una nueva vinculación, esta vez instintiva, con la música griega. Instintiva, es decir, más interesante, puesto que revela entre el alma argentina y el alma helénica analogías naturales estudiadas con detención en mi libro *Prometeo*. Nuestros recitados (*Tristes*, *Estilos*, *Gauchitas*) están casi siempre en los modos lidio y dorio que forman, con el frigio, las tres principales gamas, entre las ocho derivadas de la escala griega, o descendente menor. Transcribo a continuación esos dos modos

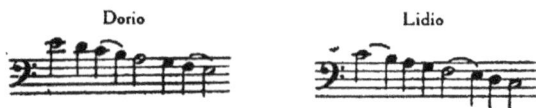

sin agregar motivos de recitados gauchos, porque éstos y aquéllos *son, positivamente, la misma cosa.*[40]

---

39   Esta última combinada del siguiente modo: (1) − (2, 3, 6) − (4, 5) que no existe en la poética oficial.

40   Inútil añadir que esta identidad fundamental, determina semejanzas de composición y de ejecución. Así, la música de los recitados argentinos, es siempre homófona como la de los

Apreciada en su conjunto, nuestra música popular resulta superior por su expresión y por su encanto, a la de los vascos y los bretones, que son, quizás, las más fuertes y originales de la Europa occidental. Ello se explica, como todo cuanto es superior en América, por la aclimatación de tipos constituidos ya ventajosamente.

Pero, sea lo que fuere, si por la música puede apreciarse el espíritu de un pueblo; si ella es, como creo, la revelación más genuina de su carácter, el gaucho queda ahí manifiesto. El brío elegante de esas composiciones, de gracia ligera, su delicadeza sentimental, definen lo que hoy existe de música criolla, anticipando lo que existirá mañana. En aquella estructura, de suyo alada, está el secreto de su destino superior, no en las contorsiones del tango, ese reptil de lupanar, tan injustamente llamado argentino en los momentos de su boga desvergonzada. El predominio potente del ritmo en nuestras danzas, es, lo repito, una condición viril que lleva consigo la aptitud vital del engendro. La desunión corporal de la pareja, resulta posible y gallarda gracias al ritmo que así gobierna la pantomima en vez de ser su rufián, como sucede con la «música» del tango, destinada solamente a acompasar el meneo provocativo, las reticencias equívocas del abrazo cuya estrechez exige la danza, así definida bajo su verdadero carácter.

La danza gaucha, picada por las castañetas, aventada por los pañuelos, punteada por las cuerdas con franca vivacidad, nunca se arrastra. El aire es para ella un elemento tan importante como el suelo. Luego pierde toda noción de contacto con éste. El ritmo es su único sostén como las alas del pájaro. Su movimiento recuerda los giros aéreos, los equilibrios vibrantes con que circunda y detalla una flor el colibrí. Quizá se ha inspirado, por noción o por instinto, en el mundo de amor que compone cada una de esas aladas parejas cuya doble chispa de esmeralda es una vivificación de néctar y Sol. Y así habíale notado ya en su pobreza primitiva una copla ingenua:

> Esos dos bailarines
> que andan bailando,
> parecen picaflores

---

griegos, y el acompañamiento instrumental del canto, es igual al que éstos empleaban con la lira y con la cítara.

que andan picando...

La media caña

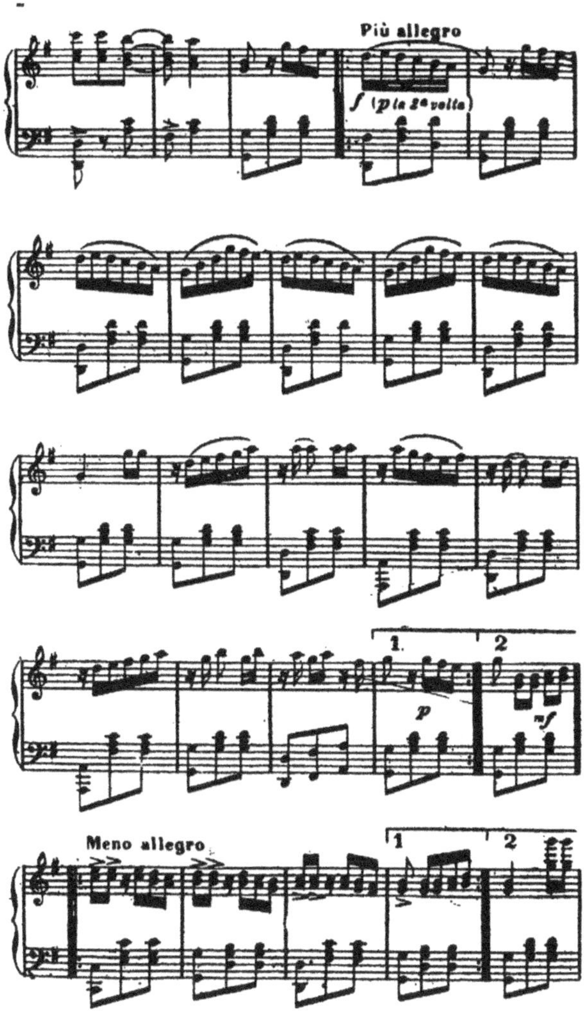
Più allegro
f (p la 2a volta)
1.
2
p
mf
Meno allegro
1
2

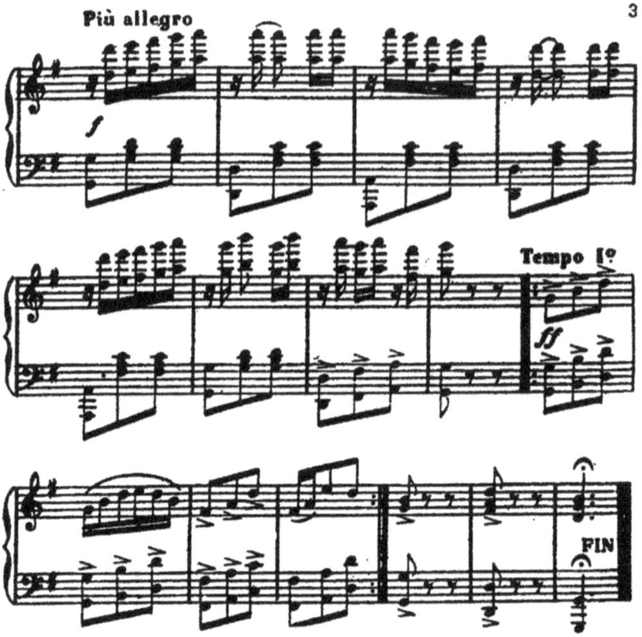

ZAMBA

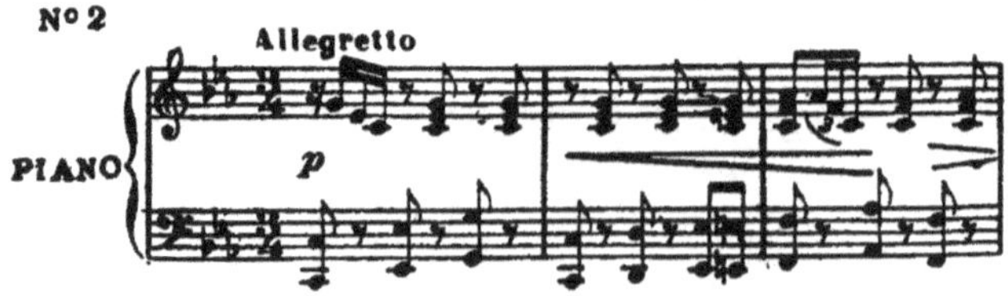

Gato

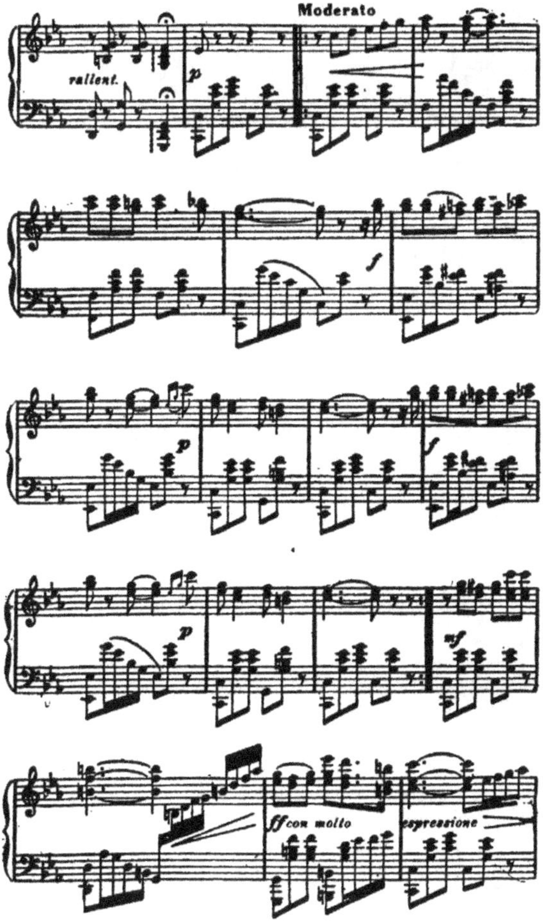

5
f
pp
f
pp
dim.
ppp
FIN

ZAMBA DE VARGAS

Nº 3

Andante maestoso
PIANO
mf
p
ff

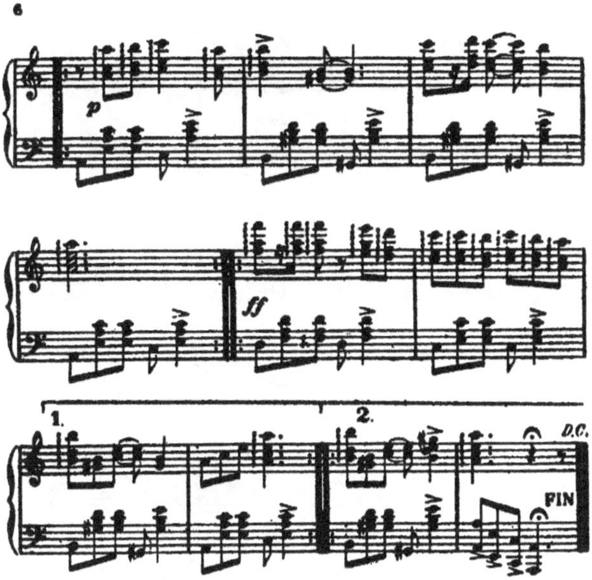

MAÑANA DE MAÑANITA

CHACARERA

Nº 4

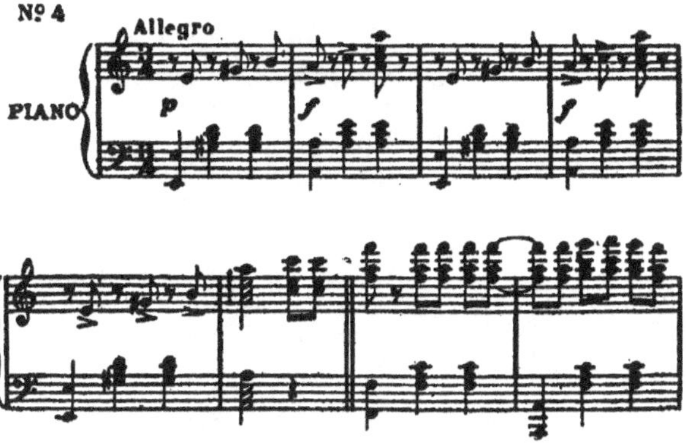

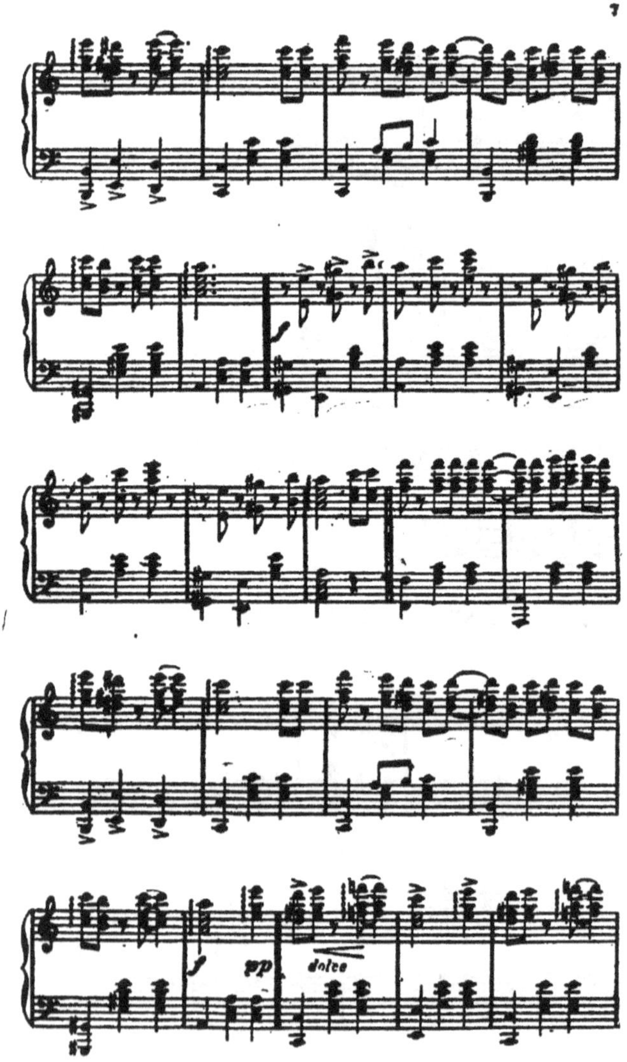
7
f
mp
dolce

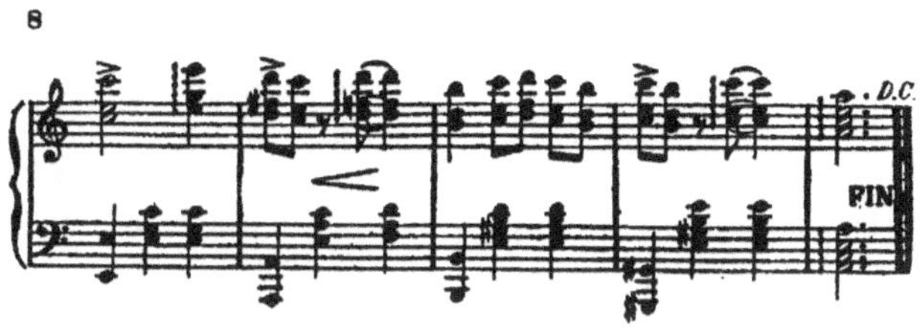

EL ESCONDIDO

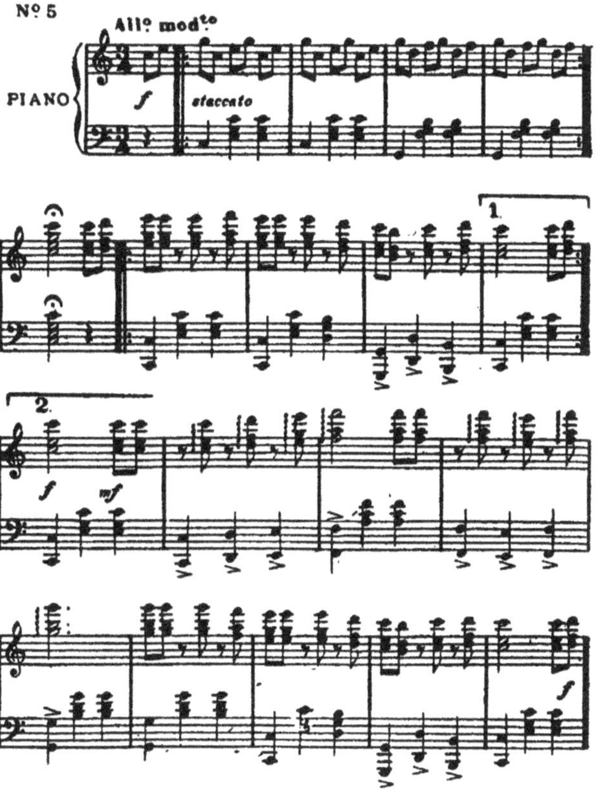

El llanto

GATO

VI. El lenguaje del poema

La distinta procedencia de los arreos gauchos, armonizados por adaptación al medio en torno del núcleo hispano-arábigo, constituyó un fenómeno paralelo con la formación del lenguaje hablado por aquellos hombres: estructura arcaica en su aspecto general, pero considerablemente remozada por extraños aportes que fueron los elementos vivaces de su evolución. Pobre en su vocabulario; como que éste era la expresión de una existencia sencilla y monótona, ella imprimióle, en cambio, su movilidad, su tendencia a la concisión de las fórmulas fatalistas, su crudo realismo, su pintoresco desarrollo en el seno de la naturaleza. Las metáforas adquirieron así, un carácter útil, o mejor dicho, docente, al formular resultados de la experiencia, prescripciones de filosofía práctica, relaciones peculiares del hombre con las cosas nuevas de que se hallaba rodeado. Los elementos expletivos del idioma cayeron, pues, en desuso; las frases usuales simplificáronse como bajo una recia mondadura, en elipsis características; el verbo amplificó su acción vivificadora, abarcando en extensas conjugaciones todo los substantivos; la ley del menor esfuerzo imperó absoluta, al faltar, con la literatura, toda autoridad preceptiva; y aquella síntesis espontánea deshizo, sin saberlo, la artificiosa superestructura humanista que latinizó el idioma y cegó sus fuentes vivas bajo los adornos retóricos del clasicismo. Con esto, aquel lenguaje fue más activo como instrumento de expresión, más vigoroso y más conciso; mientras el otro, subordinado desde entonces a la tiranía académica, a la estética del canon, fue paralizándose en esterilidad sincrónica con el desmedro de la libertad peninsular. Y fácil es notarlo en la doble literatura que forman durante el siglo XVI los primeros historiadores de América con los literatos puramente peninsulares.

Salvo Gómara, que ya fue un rapsoda, aquéllos tienen un vocabulario más rico y más pintoresco; no porque usaran neologismos americanos, rarísimos en su prosa según luego se verá, sino porque su despreocupación literaria les ponía en la pluma el mismo idioma que en la boca. Ello era tanto así, que lo mismo se nota en aquel grande cultísimo escritor Oviedo, y en el rudo soldado Bernal Díaz del Castillo.

Al propio tiempo, aquellos hombres que eran, ciertamente los más enérgicos de España y los últimos paladines de Europa, trajeron ínsita la libertad en el don de su heroísmo. Muchos fueron de los demócratas rebeldes que el cesarismo perseguía a muerte por entonces en el Aragón foral y la Castilla comunera. Su aislamiento en el Nuevo Mundo, su distancia del poder central, que, prácticamente, era la independencia, constituyéronlos en república natural, extremando su individualismo hasta lo sublime. Así, no existen en la historia del mundo energía ni proezas como las suyas. Parangonado con el caballero andante más famoso de la crónica, o de la leyenda, Alvar Núñez en su odisea de la Florida es, todavía, un gigante.

Sendos legados de aquellos héroes son, pues, nuestra democracia y nuestro castellano cuyos giros y voces no resultan, así barbarismos: antes preciosos elementos de una lengua más genuina, y con esto, más vigorosa también.

Ello es visible ahora mismo.

Nuestro castellano, menos correcto que el de los españoles, aventájalo en eficacia como instrumento de expresión, al resultar más acorde con las exigencias de una vida más premiosa: que tal y por la misma exigencia ineludible de progreso fue, desde la conquista, la vida americana. Pues ni no haber, acá unidad étnica, fronteras ni tradición, o sea los fundamentos de la nacionalidad la quietud habría comportado, fatalmente, un reintegro a la barbarie. Tan solo la actividad física a que obligaba a la naturaleza, era en América mucho mayor.[41]

Adviértase también que la premura es tendencia dominante en la biología de los idiomas; pues tales instrumentos sirven, efectivamente, para acelerar la comunicación entre los hombres y suprimir las distancias que los separan de las cosas, poniéndolas a su alcance sin necesidad de transporte material; de suerte que las expresiones breves realizan aquella primordial inspiración. Cuando ellas son, además, claras y vigorosas, vale decir, cuando comprenden la palabra exacta cuya eficacia consiste en que, así, la cosa o idea evo-

---

41 Valga este detalle como prueba entre mil. Las primeras cañas de azúcar introdújolas Colón a las Antillas en pequeña cantidad cuando su segundo viaje. Cincuenta años después, la producción y exportación de azúcar eran tan importantes, que su diezmo ocasionaba pleitos ante el Consejo de Indias, apelaciones al soberano y bulas pontificias. Solo en la isla de Santo Domingo funcionaban cincuenta ingenios, tan prósperos, que el año 1552 proyectóse obligarlos a construir sus edificios en mampostería. El desarrollo industrial excedía considerablemente al de Canarias, no obstante la mayor proximidad de estas islas a los mercados europeos y el ser más bajos los salarios en ellas.

cada vienen a nosotros de una sola vez, dando un solo paso, en lugar de dos o más, la operación resulta perfecta. Pero el idioma literario, conforme al concepto académico, tiene, ante todo, por objeto, lucir la habilidad de los escritores para combinar palabras de acuerdo con ciertas reglas cuyo mérito reside en la dificultad que su cumplimiento ofrece; y en esto estribó, principalmente, el trabajo del humanismo.

Sucede que cuando los grandes artistas de la expresión o de la plástica han compuesto sus obras, vienen los críticos y formulan las características resultantes de esa construcción: o sea el modo como se corresponden y subordinan sus elementos; y aquellas características así formuladas las erigen en reglas cuya aplicación permitirá —según ellos— repetir la operación creadora. De esta suerte, cualquiera puede transformarse a su voluntad en artista, y tal es la pretensión de la retórica. Al mismo tiempo, como lo más característico que tenga el artista original, será también lo más difícil de repetir, los retóricos calculan por la dificultad el éxito artístico; con lo cual su procedimiento resulta contrario, precisamente, al del modelo; porque todo artista creador engendra su retórica sin el menor esfuerzo, al ser ella la ordenación natural de elementos personalísimos. *Prolem sine matre creatam*, y por lo mismo *exstinctam sine sobole*.

Así, el humanismo se dio a latinizar el idioma, corrigiendo las voces ya formadas de acuerdo con la índole de aquél, que es decir, con la vida, para transformarlas en cultismos; pues su intento fue que el castellano se descaracterizara como tal, pareciéndose lo más posible al latín. La lucha de Quevedo contra el culteranismo es, a este respecto, significativa; pues no se trata solamente del primer escritor contemporáneo, sino del hablista que poseía más idioma y más idiomas. Por ello percibió como nadie lo avieso de la reforma, adelantándose con certeza genial a las actuales conclusiones de la ciencia.

Pudiera creerse que el proceso de latinización, aun cuando artificial, robusteció el parentesco de las lenguas humanas, contribuyendo a facilitar la inteligencia entre los pueblos que las hablan, lo cual habría resultado de indiscutible utilidad; pero aquéllas eran más parecidas antes de efectuarse la indicada operación.

El común tronco celta de donde procedían generalmente, y en el cual había injertado el latín su vocabulario más rico, sin tocar la sintaxis, o sea la estructura fundamental, que por esto es tan distinta de la construcción latina en aquellas lenguas, hasta el extremo de resultarnos una y otra antagónicas entre sí hallábase en pleno vigor. Es un hecho, efectivamente, que la raza céltica dominaba todo el litoral europeo del Mediterráneo, o sea la Romania futura, desde Portugal hasta los Balcanes, al efectuarse la expansión romana; para no mencionar sino de paso su prolongación sobre las costas del Atlántico boreal, que comprendía las dos Bretañas y la Irlanda. Sobre este cimiento uniforme, la conquista romana superpuso otro elemento de análoga naturaleza, puesto que las legiones de aquella ocupación militar, compuestas de campesinos en su mayoría, hablaban la *lingua rustica*, o latín vulgar, más predispuesta a las mezclas con las indígenas, al no tener preocupaciones de purismo gramatical. Como los diversos dialectos que constituían la lengua de los celtas, tenían varias semejanzas con el latín, la fusión operóse sin mayor dificultad, presentando el fenómeno característico en tales casos: la lengua autóctona, o cimiento, impone su sintaxis, al paso que la extranjera modifica el léxico, enriqueciéndolo con la terminología más rica, correspondiente a la superioridad de la raza conquistadora. Los comerciantes y artesanos que hicieron la segunda etapa de la civilización latina, hablaban también la lengua vulgar, bastante uniforme, si se considera la procedencia popular de aquéllos, la índole de sus ocupaciones y la fuerte unidad romana. La instrucción primaria, bastante profusa, sobre todo en las Galias y en España, al consumarse la máxima expansión del imperio, es decir, durante los primeros siglos de la era cristiana, robusteció aquella fusión; puesto que el maestro de escuela era también plebeyo, cuando no esclavo. El árabe que dominó después en una región tan vasta de la Romania, y desde luego en aquella que más especialmente nos interesa, enriqueció la lengua popular con nuevos términos de uso común. Así, las expresiones corrientes del pueblo, eran más parecidas, y por de contado, más sencillas que las literarias del latín clásico, que alcanzaba, entonces, precisamente, toda la complicación de una cultura excesiva.

Cuando los humanistas propusiéronse latinizar los idiomas, su labor de gabinete especializóse con la lengua clásica más refinada, que les era habitual, y que permitía exhibir también mayor ciencia: y como el latín es tan abundante, las palabras tomadas de él por los letrados de los diversos países, no fueron las mismas: de donde provinieron dificultad y confusión. Así fueron mucho más parecidos que los actuales, el castellano, el francés, el portugués, el rumano, el italiano y el provenzal anteriores al siglo XVII.

Al mismo tiempo que los gauchos restauraban sin saberlo la estructura natural del idioma, por acción espontánea de la libertad, siempre fecunda cuando se trata del espíritu, conservaron muchas expresiones de aquel castellano viejo, pero no indocto, en el cual el Arcipreste y Berceo, buenos latinistas por lo demás, aunque no humanistas, ciertamente, habían dado a la poesía española obras no sobrepasadas después; con la cual la grande evolución de las lenguas romanas, reemprendía su ciclo interrumpido, según lo veremos después en la prueba de copiosos ejemplos. Ello representa para nosotros un interés capitalísimo, si es cierto que la característica intelectual de toda nación civilizada, es su idioma nacional; no pudiendo recibir este nombre, sino el lenguaje hablado por el pueblo que lo constituye.

Por otra parte, si es exacta mi interpretación, aquel fenómeno, en apariencia regresivo, nos incorporaría con grado eminente al proceso fundamental de la civilización moderna. Porque esa formación de las lenguas latinas, constituye un asunto histórico de la mayor importancia.

Con ella: habíanse refundido en la civilización medioeval de origen celta, la griega y la romana, haciendo del Mediterráneo europeo un foco de cultura tan vasta como no se viera hasta entonces. La raza céltica llevaba en su preferencia por las regiones insulares y costaneras, aquella afición romántica de las aventuras, que el romano ignoró en su sólido positivismo. La influencia de la mujer, fuente inagotable de civilización y de poesía, era tan grande en ella, que constituye una de sus más pronunciadas características históricas. El concepto del honor, que dominaría toda la vida política, militar y aun civil de la Edad Media, creó el vínculo principal entre los celtas, los griegos coloniales cuyas repúblicas y consulados sobrevivían en el antedicho litoral, y los romanos del imperio. El paladín cristiano reprodujo con toda fidelidad a los héroes homéricos, manteniendo en esta forma, que era, entonces, la superior, al constituir la encarnación excelente del ideal gentilicio, la continuidad y unidad vitales de una misma civilización.

La fuerza contraria residía en la Iglesia cuyo misticismo oriental perseguía la anulación del individuo, declarando por principales enemigos de su alma al demonio, o sea a la libertad de pensar, fundamento del individualismo;[42] al mundo, o sea a la preocupación de las cosas terrenas, entre las cuales está el amor de las aventuras; y a la carne, o sea a la mujer, que el cristianismo, con su acostumbrada avilantez, pretende haber libertado. Por esto fueron sus agentes los germanos de parecida índole, y así es como se ha prolongado hasta hoy el conflicto, quizá eterno, que vemos reflejarse en la evolución de las lenguas: el individualismo libertario y rebelde ante el colectivismo obediente y conservador;[43] el laicismo que separa la potestad civil de la religiosa, ante la teocracia que las resume en una sola entidad; la emancipación de la mujer ante su minoría perpetua.

Estos tres principios pues: el heroísmo caballeresco, el culto de la mujer, el honor, constituyeron el alma de las lenguas latinas. La intimidad con que se fundieron en ella elementos tan distintos como los arábigos, los germanos y anglosajones, los vascos y los eslavos, que componen precisamente el germen más activo en la evolución de la baja latinidad (ya he dicho que la lengua céltica tenía mayor semejanza con el latín) comporta una prueba de civilización superior, en cuanto demuestra nativa inclinación hacia la solidaridad internacional, que es la expresión más alta de la vida civilizada; al paso que la flexibilidad, también manifiesta en ello, revela el don vital de la adaptación progresiva. Y esto en los tiempos más oscuros de la historia.

Durante el siglo IX, el catalán, primera de las lenguas romanas, fue toscamente formándose. Así resulta la primera forma conocida de aquel perfecto idioma provenzal que dio a la civilización europea del Mediterráneo, desde Liguria hasta Portugal, un mismo espíritu en una misma lengua: la civilización de las cortes de amor, de los trovadores de los caballeros andantes y de la

---

42 La divisa de Satanás es *non serviam*; y su primera tentación fue enseñar al hombre el discernimiento del bien y del mal. Los teólogos sostienen que la obediencia es la primera de las virtudes, declarándola sinónima de la caridad, para conformar las cosas al famoso dicho de San Pablo: *major est charitas*, de acuerdo, dicen, con estas palabras del Evangelio: «el que guarda mis mandamientos, es el que en verdad me ama».

43 Reflejos, quizá, de dos formas coexistentes de vida: la gregaria de los políperos y colmenas, ante la individual de otros seres. La determinación histórica de estas tendencias constituye la filosofía de la historia. Así, todo pueblo que, perteneciendo a una de las dos, no se constituya de acuerdo con ella, entra voluntariamente en la vía de perdición.

democracia laica. Cuando notamos que el lenguaje de nuestra campaña está formado por diversos aportes de todas las lenguas romanas, refundidos de nuevo en un molde semejante al primitivo, esto nos revela que en el fondo de las pampas americanas realizóse en silencio, por acción espontánea de la libertad y de las tendencias étnicas, un gran esfuerzo de civilización. De un modo semejante, la democracia, que es la fórmula política del mundo actual, fue constituyéndose también en América. No es más sorprendente un fenómeno que el otro, y ambos resultan, por otra parte, correlativos. El castellano paralítico de la Academia, corresponde a la España fanática y absolutista, «nuestra madrastra», como decía con tanta propiedad Sarmiento; y en eso, como en todo lo demás, solo le debemos atraso y desolación. Estamos, así, tan separados de ella, como ella misma del espíritu que animó a los primeros conquistadores. Lo que nosotros restauramos y seguimos restaurando, es la civilización por ella perdida; de manera que todo esfuerzo para vincularnos a su decadencia, nos perjudicaría como una negación de aquel fenómeno. Es ella quien tiene que venir a nosotros, la raza nueva, «la hija más hermosa que su hermosa madre», pero sin ningún propósito de influir sobre nuestro espíritu, más fuerte y más libre que el suyo. América no será jamás una nueva España. Podría derramarse en ella toda la población de la Península, sin que por esto se modificara su entidad. El espíritu, esa fuerza que, contrariada, produjo la decadencia de la España fanática y absolutista, está inexorablemente separado. Es en el Nuevo Mundo donde va a reintegrarse la civilización de la libertad, contrariada por el dogma de obediencia que el cristianismo impuso hace veinte siglos. La historia eslabona, así, a nuestro destino, ese grande esfuerzo de la antigüedad. La civilización que el mundo pagano veía encaminarse hacia sus resultados definitivos, quedó interrumpida por el triunfo de aquel dogma oriental cuyo dominio había preparado el funesto error político de César, primer introductor del derecho divino en la Europa grecorromana. Su esfuerzo para recobrarse en la Provenza, donde poetas y paladines fueron los agentes de la influencia espiritual que civilizara el litoral europeo del Mediterráneo, abortó en lucha aciaga contra el dogma enemigo. Entonces los últimos caballeros andantes, que lo eran aquellos primeros conquistadores hispanos, trajeron al mundo recién descubierto por un compatriota espiritual, un ligur precisamente, el germen del futuro definitivo Renacimiento. Y mientras España vencida acataba el dogma funesto, convirtiéndose en su agente más poderoso, la civilización emigró de su seno, para fundar en América, como un resultado irrevocable, la democracia, que es el proceso antecedente de la libertad. Así es como fue quedándose rezagada en la Edad Media católica, y cultivando su propia decadencia. Entre el mundo nuevo, donde iba preparándose, sin que ella lo notara, el grande acontecimiento, y la Nueva Europa que evolucionaba a su vez hacia la civilización laica, ella fue el peñasco inerte. Su sangre pagó hasta agotarse aquel oro de América que jamás quedó en sus manos. La separación con nosotros fue un hecho mucho antes de la emancipación política. En pleno siglo XVII, considerábamonos y éramos ya distintos.

Los conquistadores que acudieron a las tierras del Plata, pertenecían, por otra parte, al pueblo, dado que los hidalgos preferían, como era natural, las áureas comarcas de México y del Perú. Con esto, fue más genuino también el idioma importado, más fuertes sus tendencias reaccionarias. Pero el castellano era una lengua formada, vale decir, resistente en su superioridad, a la penetración indígena. Además de esto, el orgullo gentilicio en los conquistadores, tanto como la sucesiva hostilidad de los gauchos hacia el indio, constituyeron otros tantos obstáculos para que se efectuase aquel fenómeno, de suerte que salvo algunas denominaciones locales, siempre esporádicas por lo demás, el castellano permaneció incólume en su índole y en su esencia.

El patriotismo regional ha poblado nuestra literatura de vocabularios que asignan al lenguaje campesino una abundante filiación indígena. Según pertenezcan los autores al Norte o al Sur de la República, aquélla resulta quichua, calchaquina o guaraní. Nadie se ha preocupado de analizar comparativamente el castellano de los gauchos con las lenguas afines habladas por los europeos que formaron su ascendencia predominante; pero es seguro, y el lector va a apreciarlo enseguida, que las lenguas maternas de aquellos aventureros, más decididos por ellas cuanto más incultos eran, formaron casi enteramente su caudal. Ellos procedían, además, de las poblaciones costaneras del Mediterráneo, naturalmente inclinadas por el hábito de la navegación, a semejantes empresas.

Los dialectos hispanos, con especialidad el gallego que es la fuente más copiosa de nuestro lenguaje nacional, influyeron, naturalmente, de una manera más directa. El portugués, idioma limítrofe y semejante, lo hizo en virtud de dos hechos principales: el primero y más lejano, fue la conquista de Portugal por Felipe II, y las persecuciones consiguientes que produjeron una numerosa emigración clandestina hacia el Brasil y el Plata; el segundo consistió en que el Brasil fue durante la época colonial un país más culto.

El árabe, corriente en gran parte de España al empezar la conquista, legó una cantidad de voces, ahora ausentes del castellano oficial. El provenzal, por medio del catalán, en gran parte dejó también sus huellas bien perceptibles. Por último, la inmigración de gitanos, prohibida, aunque siempre sin éxito, introdujo uno que otro término de procedencia remotamente válaca, si bien de los que reconocen origen latino en el idioma daca-rumano; pues aquí conviene hacer una advertencia de capital importancia.

Así como es una ley de la ciencia y del sentido común, que las lenguas se compenetran con más facilidad cuanto más semejante son (tal fue el caso ya citado del idioma celta con el latín) el principio recíproco formula otra no menos importante; y de tal manera, aunque la fonética no llegue a presentar voces de parecida estructura, con acepción semejante, en lengua completamente distintas, esa circunstancia no basta para precisar una filiación. Necesítase, entonces, recurrir a las pruebas históricas y geográficas de una comunicación eventual: pero si ellas faltan, esto constituye un argumento adverso. La prudencia científica propone en tal caso una hipótesis provisional de analogía puramente fortuita; porque siendo limitado el número de sonidos fundamentales que puede emitir la garganta humana (siete vocales, propiamente dicho), las coincidencias casuales constituyen una probabilidad. Así, aunque en el válaco ya citado, hay varias palabras de fonesis y acepción semejantes a las nuestras, las he desdeñado cuando su origen no es latino, sino indudablemente eslavo. La selección fue tan escrupulosa, que de las muchas examinadas, no me quedó sino una sola relativamente bien definida. Por la misma razón, entre las otras étnicas y sociales ya mencionadas, los idiomas indígenas dejaron tan escaso residuo en el lenguaje gaucho; sucediendo lo propio con el vasco, aunque la raza eúskara nos diera tantos elementos étnicos desde el principio de la conquista. El italiano y el francés aportaron también escasas voces, porque al formarse el lenguaje en cuestión, nuestras relaciones eran nulas con Italia y con Francia. Lo que pudo venirnos de aquellos idiomas fue esporádico, o emigró modificado a través del español peninsular.

Todo esto permite proponer una serie de principios para la investigación metódica cuyos resultados ofreceré al lector en el tomo II.[44]

Asigno, ante todo, el primer lugar, a aquel fundamento científico de la ciencia etimológica, en cuya virtud las derivaciones nunca provienen de términos subjetivos, inaccesibles por lo común, al pueblo y superfluos en la economía primitiva de los idiomas; desde que éstos tienen por destinación específica la representación de objetos.

El segundo consiste en atribuir origen latino a toda palabra del lenguaje gaucho que no exista en los léxicos castellanos y no sea evidentemente indígena. La probabilidad de que dicha voz sea lo que suponemos, aumenta hasta constituir semiplena prueba, si ella existe con la misma estructura radical, la misma acepción y análoga fonesis, en diversos pueblos de América; y tanto más aún, cuanto ellos estén más alejados del nuestro. Esta regla presenta una sola relativa excepción a favor de la lengua quichua que dominó en la América precolombiana, desde nuestro país hasta el Mar Caribe. La semejanza fonética de las palabras, es imprescindible; pues como el tiempo empleado por el lenguaje gaucho para formarse, fue tan corto, la deformación de aquéllas no alcanzó a disimular profundamente dicho elemento; y por la misma razón fundamental, la evolución de las palabras fue sencillamente trópica, consistiendo en la metátesis, que es siempre el agente más activo, la paragoge, la sinéresis, la epéntesis y los antónimos. Si con todo esto, la voz examinada resulta independiente del tronco latino, habrá que buscarla, según la región donde corra, en el vasco, el árabe, el quichua y el guaraní; sin olvidar que los dialectos africanos de los negros traídos como esclavos durante la época colonial, debieron legarnos, sin duda, algunos términos específicos. La filiación latina ha de establecerse empezando por el latín y el griego de la media y baja épocas, para continuar con los nueve romances principales, en este orden: el provenzal-catalán; el portugués-gallego; el español hasta el siglo XV; el francés bajo su forma troncal llamada lengua de *oïl*; el italiano bajo sus formas dialectales, y como estructura idio-

---

44 El autor no publicó el tomo de referencia, ajeno al tema de la presente edición, considerada obra completa (N. del E., 1944).

130

mática hasta el siglo XVI; el sardo, el reto-románico, el rumano y el dálmata. Por último, el griego y el latín clásicos, que suministran no pocas veces la confrontación fundamental.

Conviene asimismo tener presente que los idiomas indígenas de América legaron algunas voces, aunque muy pocas, al castellano de España. Este fenómeno debió producirse durante el siglo XVI; puesto que en el siguiente imperó despótica la reacción humanista; y su importancia no sería grande dada la dificultad de las comunicaciones que es menester añadir a las antedichas causas adversas.

Un ejemplo va a demostrarlo con eficacia.

Transcribiendo a la letra un error de Cuervo que está en el párrafo 952 de sus *Apuntaciones*, y que se refiere a los americanismos adquiridos por el castellano, cita Menéndez Pidal en su *Gramática Histórica* (pág. 23) la voz canoa, «ya acogida por Nebrija en su diccionario de 1493». Paréceme que esta circunstancia era más bien contraria al supuesto origen; pues no se concibe que tan cauto y científico letrado como aquél, a más de ser, todavía, el proto-humanista de España[45] adoptara con semejante precipitación el supuesto neologismo; cuando la lengua náutica de la Península era, entonces, tan copiosa como ninguna otra lo fuera antes ni después, y dominaba en todos los mares.[46]

Así resulta confirmado por los dos prólogos que Nebrija puso a las dos partes de su léxico. En ninguno habla de voces americanas; y cuando se refiere a los vocablos bárbaros, advierte que esta denominación comprende para él aquellos mismos que así calificaron los latinos. De esta suerte, no hay en el doble léxico neologismo alguno, lo cual es, de suyo, otra comprobación; y sí un cuidado evidente de la pureza castiza en concepto docente o clásico.

Por otra parte, existe la imposibilidad material.

---

45   Sabido es que fue autor de la primera gramática castellana, compuesta con arreglo a la analogía y sintaxis de la latina: disposición artificiosa que aún conservan los textos. Su diccionario latino-castellano y castellano-latino, sirvió también de modelo a todos los del género hasta los primeros años del siglo XIX.

46   Véase la mejor prueba en el diario del primer viaje de Colón, especialmente el 25 de diciembre. Aunque dicho documento no nos ha llegado original, sino compendiado por el padre Las Casas, vale lo mismo, y acaso más en la ocasión, pues se trata de un contemporáneo que, a su condición de español, reunía la de letrado: ambas extrañas al Almirante.

Efectivamente, la voz no habría podido entrar en España sino a mediados de marzo de 1493, época del primer regreso de Colón. Nebrija debía hallarse por entonces en Alcalá de Henares donde enseñaba latín, o en Salamanca donde imprimió su famoso léxico; mientras el Almirante refería a los soberanos sus cosas en Barcelona, que era donde estaba por entonces la corte; vale decir, a mucha distancia de aquellas ciudades. La generalización de la voz *canoa*, en forma tal que se hiciera digna del léxico, resulta, pues, imposible.

Luego, en el propio diario del primer viaje de Colón, que si bien fue compendiado por Las Casas, está en lenguaje de la época, la voz se halla usada como si fuera corriente, pues no tiene señal ni comento que la particularice: «envió toda su gente de la villa con canoas muy grandes y muchas a descargar todo lo de la nao».[47] Y cosa igual sucede con la carta del doctor Chanca que narra el segundo viaje de Colón y es de los principios de 1494; emplea varias veces la voz como si fuera corriente. El doctor Chanca hallábase ausente de España desde septiembre de 1493, y era letrado: quiero decir, capaz de apreciar el neologismo y advertirlo, como lo hace, por ejemplo, con *ají*, aunque, a mi entender, se equivoca.

Por lo demás, el propio diccionario de Nebrija va a dilucidar el punto.

Si su segunda parte, que es la más moderna, define canoa como «barca de indios *indicus linter*», la primera, publicada en 1492, antes que hubiera noticia alguna sobre el Descubrimiento, define a la voz *linter* como «canoa: barco pequeño»; prefiriendo la supuesta voz americana a *esquife*, que también registra, y usándola todavía en el artículo *monoxylom*.

La frase *indicus linter* referíase, puramente, a los esquifes o botes monóxilos de la India, famosos en la literatura latina, como lo prueban las repetidas citas de Plinio cuya *Historia Natural* fue una de las más copiosas fuentes de Nebrija. Así, en la ya mencionada definición de linter por canoa, está citado aquel autor latino y su obra en el parágrafo 24 del libro VI, donde dice que los habitantes de Taprobana (Ceilán) «usaban barcas de dos proas para no tener que virar en los canales angostos». Añadiré por mi parte estas otras

---

47   Loc. cit. anotación del 25 de diciembre. En la *Historia* atribuida a Hernando Colón, otro documento contemporáneo, muy bien informado, ciertamente, la voz está usada con abundancia y sin nota explicativa alguna. Así el último corto párrafo del capítulo XXI, la contiene repetida.

citas del mismo: «Llámase Cottonara al país de donde llevan la pimienta a Barace en chalupas hechas de un solo tronco de árbol» (Id. id. lib. VI, 26). «Las cañas (de la India) son tan grandes, que en cada uno de sus canutos pueden navegar tres hombres» (Id. id. lib. VII, 2). «La caña de la India tiene el grosor de un árbol...; y si hemos de creer lo que se dice, uno solo de sus canutos basta para hacer una chalupa» (Id. id. lib. XVI, 65).

Añadiré, por último, que la voz *indio* no figura en el Nebrija. El nombre de Indias dado a las Américas fue tan vago, tan evidentemente subordinado al origen asiático de dicha voz, que el padre Acosta, buen cosmógrafo, sin embargo, decía un siglo después de la conquista, en 1590: «En otras partes de Indias, como son las Islas Filipinas...» (*Historia natural y moral de las Indias*, lib. IV, cap. XVII.)

La voz *canoa*, procede, en tanto, del vocablo latino *canna*, barquilla formada de cañas, cuyo nombre formóse por antonomasia, como el de las esteras del mismo material. Así pasó al alemán *kahn*, esquife, y a la lengua de *oïl* bajo las formas *canart* y *cane*, embarcación. En italiano, *canoa* es la forma anticuada de *canotto*, barquilla. Por la misma razón del trenzado de cañas, la damajuana fue también *cane* en lengua de *oïl*; a lo cual concurrió la acepción generalizada de *canal*, para significar con la misma voz *cane*, cántaro y medida de líquidos. *Canaliculus* es embudo en latín. En castellano, la artesa llamada camellón recibe también el nombre de canal; y al mismo tiempo, artesa es sinónimo de piragua. Según la descripción y lámina que en la *Historia* de Oviedo[48] corresponden a las canoas, éstas resultaban verdaderas artesas; y con tales vasijas las compara, precisamente, el autor. La voz *canart* de la lengua de *oïl* más arriba citada, tiene por antecesor al vocablo bajo-latino *canardus*, nombre que en el siglo XII recibían las naves inglesas y noruegas. Pero, el origen inmediato de nuestra voz canoa, es la del bajo latín *canona* con que se designaba las barcas de pescador, y que proviene del latino clásico *canna* como toda la familia citada.[49] Así todavía, otra vasija, el *canasto*, cuya forma anticuada *canastro* explica su formación idéntica a la de *camastro*, *padrastro*. A mayor abundamiento, en Chile llaman canoa a la batea o artesa que sirve de toma en los canales; y en Centroamérica al pesebre

---

48   *Historia natural y general de las Indias*, lib. VI, cap. IV.
49   Recuérdese los textos de Plinio más arriba mencionados.

o gamella: voces que resultan, como se ve, perfectamente castizas. *Caña* es en castellano un vaso para vino que deriva de la voz bajo latina *canna* cuya doble ene explica la eñe en el vocablo actual. Llamamos, asimismo, «media caña» a la teja gotera que en francés recibe el nombre de *noue*, aplicado también a la vejiga natatoria del bacalao, y en el cual coinciden, aclarando todavía las cosas, nuestra voz *nao*, nave (del griego *naús*) y el bajo latino *noa*, yerbajo flotante donde se ocultan los peces. Quedando todavía, para fantasear, el arca de *Noé*, voz hebrea que significa flotar en equilibrio...

Explicase, pues, que en esta materia sobrevenga la perplejidad, no bien faltan pruebas incontrovertibles. Así, sobre todo, en lo referente a la lengua quichua cuyo contacto con la española fue tan íntimo y prolongado.

Como el idioma indígena era inferior en riqueza léxica, o sea en el elemento que con mayor facilidad aceptan las lenguas, y como pertenecía, además, a la raza dominada que tan fácilmente se sometió, infiérese sin esfuerzo la penetración castellana en él. Debemos suponer que ésta empezó muy luego de la conquista; y con ello, las perplejidades comienzan también desde los primeros léxicos quichuas compuestos por los españoles peninsulares y americanos; pues como no eran trabajos filológicos, sino vocabularios para uso de misioneros, allá iba todo lo usual, sin crítica alguna.

Es, precisamente, lo que manifiesta el padre Domingo de Santo Thomas en su *Lexicon o Vocabulario de la lengua general del Perú*, impreso en Valladolid el año 1560: lo cual hace de dicha obra el diccionario más antiguo de la lengua quichua. Hay, dice, en la tierra peruana, «muchas lenguas particulares»; «de las cuales, añade más abajo, también pongo yo algunos términos, porque así se usan comúnmente». Antes expresa que la lengua quichua «aunque es usada y general en toda la tierra (del Perú) no es natural en toda»; hallándose «mezclados con los términos de ella, muchos de provincias particulares». Como el citado vocabulario será mi principal fuente, hago notar lo transcripto, con mayor interés, porque demuestra que el idioma quichua estaba en descomposición; lo cual facilitó, sin duda, la penetración del castellano en lapso tan breve. El vocabulario quichua del padre Diego González Holguín (año 1607) será mi otro texto preferido.[50]

---

50   Cuervo tuvo las mismas fuentes para sus admirables *Apuntaciones.*

Muchas son las voces castellanas que es posible precisar en la lengua quichua. Así *casarana, casarse; tusana,* rapar; *lanzana y agitana,* vomitar, *asutina,* azotar; punta, primero: de punta abajo sus acepciones principio, comienzo; *juria,* premura, de furia: como en la locución «furia del caballo», por su rapidez. Otras de aquellas voces provienen de términos anticuados, lo cual dificulta todavía el estudio. *Cumba,* techo, proviene de cumbre, que ha engendrado la voz criolla *cumbrera,* caballete del techo, y que es, en gallego, *cume. Dibi,* deuda, recuerda el gallego *dívedo* y el portugués *dívida* de igual acepción, y salió del castellano débito, sincopado en tal forma, porque la acentuación esdrújula es intolerable en la lengua quichua. La forma lusitana patentiza la tendencia en cuya virtud transformóse *débito* en *dibi. Angara,* vasija de calabaza, procede del bajo latín *angaria,* vasija ancha, que es el origen del castellano *angarillas* y que tiene esta filiación: *aquaria, ancaria, angaria. Albis,* arveja, es el castellano anticuado *alubia,* forma arabizada a su vez del griego *lobos,* judía. Para mayor enredo, la voz incorporada al quichua, pasó luego al araucano...

Citaré entre las voces dudosas *huaira* que significa aire; *rurana,* faena de campo o rural: *toglla* (la *ll* quichua es sumamente líquida) lazo o dogal: *llutana,* embarrar, pegar con lodo. Las dos primeras, *huaira* y *rurana,* no están en el *Vocabulario* de Santo Thomas, que es el más antiguo como ya dije. Las otras dos sí, de modo que pueden ser coincidencias eufónicas. *Llutana,* sin embargo, recuerda demasiado a *enlutar, enlodar,* o sea pegar con lodo, y sería su exacta adaptación quichua. Todavía en el siglo XVIII, *enlutar* significaba en castellano tapar con lodo.

He aquí dos ejemplos más interesantes, que servirán, cuando menos, para enseñar la cautela nunca excesiva en estas cosas.

Tambu es posada, mesón, en los diccionarios quichuas. El antiguo portugués ofrece, bajo las acepciones de alcoba, lecho nupcial y mesita de comedor, las formas *tamo* y *tambo,* derivadas de *thalamus,* tálamo. La tercera de dichas acepciones, nos da la etimología de nuestro *tambo:* casas de vacas donde se toma leche recién ordeñada. En patuá de Nimes, la voz *tambouïo* significa provisiones, víveres. Y todas estas formas proceden del griego *thálamos,* que, además de alcoba, es también madriguera, colmena y cavidad corporal donde se alojan ciertos órganos.

Desde el padre Santo Thomas hasta Tschudi, *pullu* significa velludo, lanoso, y también borla en quichua. En el caló jergal de España, constituido por una mezcla de germanía con gitanismos, la manta o colcha recibe el nombre de *pullosa*, que en germanía es *pelosa*: regreso al *pilus* latino, por el conocido intercambio de la *i* en *u*, y recíprocamente. En bajo latín denominábase *pannus pullus* al paño negro; y precisamente, con esa significación adjetiva es como se usa en nuestra región central la voz quichua: «poncho pullo». La voz existía, pues, antes del descubrimiento de América. Tanto la circunstancia de ser negro el paño llamado *pullus*, como la de estar formado el poncho *pullo* por un tejido basto y velludo, dan singular interés al hecho de que la voz quichua *puyu* (Tschudi escribe *puhuyu*) signifique nube, nublado. Al norte de Quito pronuncian *fuyu*, trocando la *p* en *f* lo que es peculiar de esa región quichua.[51] Ahora bien: en latín clásico, *fuligo* es hollín[52] y *fullonia* es batán; de donde provino el citado *pannus pullus*, *pullatus*, que significa originalmente abatanado. Pero, veamos algo más curioso aún.

Cóndor es el quichua *cúndur* o *cúntur* (*Sarcorhamphus griphus* de los naturalistas). En dialecto rumano-megleno *condúr* significa águila. Los megleros hállanse muy próximos a Salónica, ciudad donde, como es sabido, hablan castellano antiguo dos tercios de la población, por ser descendientes de los judíos expulsos de España. No ensayaré ninguna conjetura al respecto. Haré notar solamente, limitándome a una estricta exposición de hechos, que la voz *condúr* no tiene etimología conocida en rumano. Por lo que respecta a su acentuación, sábese que en España pronuncian generalmente *condór*; y en quichua como en latín, no existen sustantivos de acentuación aguda.

Para desvanecer toda idea de fantasía pintoresca o coincidencia esporádica, citaré otros dos ejemplos. En Santiago y Tucumán, llaman *pachkil* al rollo de trapo (generalmente un repasador o toalla vieja) que las mujeres

---

51   Propiamente hablando, hay dos lenguas quichuas, correspondientes a las antiguas regiones de Quito y del Cuzco. El signo más característico de la lengua quiteña es que carece completamente de la *e*; mientras dicha vocal figura una que otra vez en los vocablos cuzqueños.

52   Advierto que las dos primeras vocales de la palabra latina son largas; pues en latín, como en griego, tiene a veces dos; acentos la misma voz. Así la *h* castellana, sustituta de la *f* latina, conserva cierta actividad, como sucede en las voces *huevos* y *hastial*; pues aquel vocablo era en latín *fúligo*. Como pasa de ordinario, preponderó el segundo acento.

136

ponen de asiento al cántaro cuando lo cargan en la cabeza. En castellano de Salónica, *pechkire* y *pesquir*, significan servilleta, y proceden del persa que los moros introducirían en la España anterior al siglo XV, o los turcos, posteriormente, en los Balcanes. *Paxio* es un término de la baja latinidad, que significaba a su vez paila de envolver, y sudario.

El pueblo de aquellas provincias argentinas, usa la locución *caerse antarca* por caerse de espaldas. En castellano de Salónica, arca significa espinazo. Nuestro castellano conserva, bien que casi obsoleto, el mismo término con la acepción de vacío lumbar; y en la baja latinidad, era tórax, en el sentido que nosotros damos al tronco cuando le llamamos «caja del cuerpo». Ártico, significa, a su vez, derecho; y *antártico* lo contrario...

Abundan en el castellano de los judíos balcánicos y en el de nuestros gauchos, las mismas palabras; lo cual revela que dicho idioma común, es realmente aquella lengua antigua y popular, todavía indemne del jalbegue humanista. Así, unos y otros dicen *dormite*, por duérmete; *soñar un sueño* por soñar: «Un sueño soñé mis dueñas», canta un romance de Salónica; y una copla gaucha: «antenoche soñé un sueño».[53] El artículo se elide lo mismo: «a lado de», por *al lado* (en Santiago del Estero y La Rioja); o adopta igual forma pleonástica: «no tiene o no sabe lo que hacer»; por *que hacer* (en Buenos Aires). Son también comunes las formas *quen* por quien; *ande* por donde; *ajuera* por afuera; *cuantimás* por cuanto más; *saltar* por prorrumpir; *subir* por montar; y esta última de estrecha analogía: *espasiar* (en Salónica) divertirse es en la región serrana del centro argentino, *pasiar* o pasear por antonomasia. *Paseandero* es un eufemismo de calavera.

---

53 Otra analogía del mismo género: Un romance de Salónica dice:

«Ocho y ocho dieciséis»
«Veinticuatro son cuarenta.»

Y una copla gaucha:

«Cuatro y cuatro son ocho»
«Y ocho dieciséis...»

Análisis

Mencionaré también *ansí* por así; *apreto* por conflicto; *armar* por preparar; *buraco* por agujero; *caja* por ataúd; *caldudo* por caldoso; *cayer* por caer y *gaína* por gallina. Estas formas existen, más o menos, en toda América.

He aquí, por último, una adivinanza albanesa que significa la carta:

«Semillas negras en campo blanco. Las siembras con la mano y las recoges con la boca.»

Los gauchos dicen:

> Pampa blanca (el papel)
> Semillas negras (las letras)
> Cinco vacas (los dedos)
> Y una ternera (la pluma).

La mayor parte de nuestros pretendidos barbarismos, es, pues, castellana o castiza; y fuera de la sumisión al idioma académico, que generalmente no la merece, falta del todo razón para proscribirlos. Existe un castellano de América; y no quiero cerrar estas consideraciones, sin la mención de otra que aún más lo prueba: las peculiaridades de pronunciación y el valor distinto de ciertas voces, que son comunes a todo el continente.

Así, la sustitución de los sonidos *c* y *z* por *s*, tal como sucedió en el castellano peninsular hasta fines del siglo XVI: lo cual explica su persistencia entre nosotros. La confusión de los sonidos *ll*, *y*. La acentuación diversa de ciertos tiempos de verbo: *sabés*, *presumás*, *tenís*, *querís*, *andá*, *vení*. La sustitución de tú por vos y de vosotros por ustedes. La contracción de *de* en *e*, como p. ej.: *sombrero e paja*. La pronunciación de *tr* como en inglés: *cuasro* por cuatro.

En el segundo tomo de esta obra, dedicado exclusivamente al léxico gaucho, hallará el lector las referencias pertinentes a los otros idiomas indígenas, y a los africanos que también influyeron para formar la lengua de los payadores; pues lo dicho más arriba tiene por único objeto la descripción del proceso mencionado: con que puede apreciarse su importancia trascendental.

VII. Martín Fierro es un poema épico

Los hombres de la ciudad, no vieron sino gracejo inherente en aquella parla indócil y pintoresca. Ignoraron enteramente su revolución profunda, su valor expresivo de la índole nacional. La risa superficial del urbano, ante los tropezones de la gente campesina extraviada por las aceras, inspiró, exclusiva, aquel profuso coplerío con que empezó a explotarse el género desde los comienzos de la Revolución.

Aunque parece que don Juan Gualberto Godoy, antecedido todavía por algún otro, fue el primer autor en la materia, aplicada al panfleto político[54] su verdadera difusión corresponde al barbero Hidalgo, quien hubo de imprimirle, como es natural, la descosida verba del oficio. Mísero comienzo, que recuerda la iniciativa semejante del «colega» Jazmín, precursor de los *felibres*. Así como de esto provino al fin *Mireille*, la vasta égloga provenzal, aquello iba a engendrar a poco uno de los más grandes poemas nacionales.

Entretanto, y para no citar sino los precursores más renombrados, Ascasubi hizo poesía política con el mismo instrumento. Su verso áspero, su rima pobrísima, su absoluta falta de comprensión del tipo en quien encarnaba las pasiones del localismo porteño, hostil a la Confederación, no tenía de gaucho sino el vocabulario, con frecuencia absurdo. Aquello fue más bien una poesía (si tal nombre merece) aldeana o arrabalera; y su éxito no consistió sino en un pasajero aplauso político. Su gaucho resultó, así, corrompido, vil, y sobre todo, ridículo: es decir, enteramente distinto del tipo verdadero. Las salidas oportunas que le atribuyó, fueron remoques de comadre bachillera. Las descripciones que le puso en boca, ineptas mimesis, en las cuales no escasea la literatura presuntuosa cuyo anacronismo caracteriza la impotencia. El gaucho es, así, un pobre diablo, mezcla de filosofastro y de zumbón, como en las caricaturas del rapabarbas modelo. Mas este último, tenía, al menos, la facilidad de su verso flojo. La estrofa de Ascasubi es indócil y torpe. Revela con afligente pertinacia su adaptación al precepto; y en su afán operoso de expresar lo que no puede, causa una impresión de grima y de fastidio.

---

54 Domingo F. Sarmiento (hijo) en su introducción a las poesías recopiladas de aquel autor, cita ese panfleto titulado *El Corro*. No he conseguido verlo, porque no está en la Biblioteca Nacional ni en la del Museo Mitre.

Véase, por ejemplo, cómo describen la mañana campestre, el poeta verdadero y el falso. Hernández lo hará fácilmente en media estrofa de las suyas: treinta y dos sílabas por todo:

> Apenas la madrugada
> empezaba a coloriar,
> los pájaros a cantar
> y las gallinas a apiarse...

Los dos versos metafóricos, *coloriar*, que es propiamente, enrojecer como la sangre, y *apiarse*, condensan toda la expresión buscada. Ascasubi divaga en términos triviales para expresar lo primero:

> Venía clariando el cielo
> la luz de la madrugada,

dice; y allá donde el otro empleó cuatro palabras, él necesita tres versos, un ripio y un pleonasmo:

> Y las gallinas, «al vuelo»,
> se dejaban caer al suelo
> «de encima» de la ramada.

Facilidad, y hasta algún colorido superficial, tenía Del Campo: otro ensayista infortunado que, desde luego, insistió en el mismo género. Su conocida composición es una parodia, género de suyo pasajero y vil. Lo que se propuso, fue reírse y hacer reír a costa de cierto gaucho imposible, que comenta una ópera trascendental cuyo argumento es un poema filosófico. Nada más disparatado, efectivamente, como intención. Ni el gaucho habría entendido una palabra, ni habría aguantado sin dormirse o sin salir, aquella música para él atroz: ni siquiera es concebible que se le antojara a un gaucho meterse por su cuenta a un teatro lírico. El pobre Hidalgo, más lógico, porque estaba más cerca del pueblo, da por guía a sus protagonistas, tal cual amigo de la ciudad.

Por lo demás, todas esas cosas ofrecen un cariz aldeano bien perceptible en su manera burlesca. Fueron, por decirlo así, jácaras familiares, análogas a las coplas de los juegos de prendas; y es insigne fruslería empeñarse en darle importancia clásica como literatura nacional. El pasquín en verso y los romances de circunstancias, fueron en todo tiempo el regocijo de las tertulias lugareñas: pero su importancia no pasó de aquí.

Ahora, por lo que respecta a la poesía misma, ella es trivial. Limítase a versificar los lugares comunes de la literatura al menudeo.

Las descripciones más celebradas, como aquella del río, pertenecen a este género y son inadecuadas en boca de gaucho. El barquichuelo a vela, resulta «una paloma blanca». La espuma refleja «los colores de la aurora». El mar «duerme» en «ancha cama de arena». El rocío es «un bautismo del cielo». Los gauchos no hablan con esa literatura.

Después, si el vocabulario del famoso *Fausto*, está formado regularmente por palabras gauchas, no lo son sus conceptos. Así puede observarse desde el primer verso. Ningún criollo jinete y rumboso como el protagonista, monta en caballo overo rosado: animal siempre despreciable cuyo destino es tirar el balde en las estancias, o servir de cabalgadura a los muchachos mandaderos: ni menos lo hará en bestia destinada a silla de mujer, como está dicho en la segunda décima, por alabanza absurda, al enumerarse entre las excelencias del overo, la de que podía «ser del recao de alguna moza —y, para peor—, pueblera». Además, en la misma estrofa habíalo declarado «medio bagual»; lo cual no obsta para que inmediatamente pueda creerlo *arrocinado*, es decir, manso y pasivo. Por último, para no salir de las dos primeras décimas, que ciertamente caracterizan toda la composición, ningún gaucho sujeta su caballo sofrenándolo, aunque lo lleve hasta la Luna. Esta es una criollada falsa de gringo fanfarrón, que anda jineteando la yegua de su jardinera.

Ya veremos cómo expresa la poesía de la pampa el gaucho *Martín Fierro*, pues no tengo la intención de comparar. Lo que quiero decir es que el poema no tuvo esa procedencia. Precisamente, cada vez que Hernández quiere hacer literatura, empequeñece su mérito. Así, cuando en la payada con el protagonista, el negro canta:

Bajo la frente más negra
hay pensamiento y hay vida,
La gente escuche tranquila
no me haga ningún reproche,
también es negra la noche
y tiene estrellas que brillan.

El primer concepto, no es gaucho. El tercero y cuarto versos, son ripios para acomodar el consonante en *oche*. Los dos siguientes, expresan una vulgaridad literaria.

O cuando dice de las mujeres:

Alabo al Eterno Padre,
no porque las hizo bellas,
sino porque a todas ellas
les dio corazón de madre.

Rima y concepto son de la mayor pobreza, como el sentimentalismo cursi que lo inspira.

Quandoque bonus, dormitat Homerus...

Las tentativas de índole más literaria, como el *Lázaro* de Ricardo Gutiérrez y *La cautiva* de Esteban Echeverría, pecan por el lado de su tendencia romántica. Son meros ensayos de «color local», en los cuales brilla por su ausencia el alma gaucha. El primero adoptó para expresarse la octava real, enteramente inadecuada, al ser una artificiosa y pesada combinación de gabinete; el segundo, una décima de su invención, tan destartalada como ingrata al oído. Recuérdese la primera, verdadero párrafo de prosa forzada a amoldarse en forma octosílaba, sin contar la violenta inversión de sus tres primeros versos.[55] El asunto de ambos poemas, es, asimismo, falso. Los dos

---

55   Era la tarde y la hora
     en que el Sol la cresta dora
     de los Andes. El Desierto
     inconmensurable, abierto

expresan pasiones de hombres urbanos emigrados a la campaña. Hasta los nombres de sus respectivos protagonistas, *Lázaro y Brián*, pertenecen al romanticismo...

Como todo poema épico, el nuestro expresa la vida heroica de la raza: su lucha por la libertad, contra las adversidades y la injusticia.

Martín Fierro es un campeón del derecho que le han arrebatado: el campeador del ciclo heroico que las leyendas españolas inmortalizaron siete u ocho siglos antes: un paladín al cual no falta ni el bello episodio de la mujer afligida cuya salvación efectúa peleando con el indio bravo y haciendo gala del más noble desinterés. Su emigración a las tierras del enemigo, cuando en la suya le persiguen, es otro rasgo fundamental. Y esto no por imitación, siquiera lejana; sino porque así sucedía en efecto, siendo muchos los gauchos que iban a buscar el amparo de las tribus, contra la iniquidad de las autoridades campesinas.

De ahí procede por inclinación de raza, por índole de idioma y por estructura mental. Su mismo lenguaje representa para el futuro castellano de los argentinos, lo que el del *Romancero* para el actual idioma de España. Es la corrupción fecunda de una lengua clásica, la germinación que empieza desorganizando la simiente.

Ese es uno de sus orígenes. El otro, está en la novela picaresca, aquella creación española que constituye, junto con los romances de caballería, la doble fuente genuina de la lengua. El viejo Vizcacha y Picardía caracterizan

---

y misterioso, a sus pies
se extiende, etc.

Imposible decir peor las cosas. En esa sola estrofa, el desierto está calificado por seis adjetivos igualmente pobres: inconmensurable, abierto, misterioso, triste, solitario y taciturno. La siguiente empieza con cuatro versos tan mal dispuestos, que cambiándolos de posición resultan mucho más soportables:

Gira en vano, reconcentra
su inmensidad (?) y no encuentra
la vista, en su vivo anhelo,
do fijar su fugaz vuelo.

Habría que hacer del tercer verso el primero, del primero el segundo y del segundo el tercero, para que resultara menos malo. Y todo el poema adolece de igual miseria. Es sencillamente lamentable.

las mañas y la filosofía del pícaro. Son el Sancho y el Pablillos de nuestra campaña, bien que su originalidad resulte tan grande; y así como el Quijote refundió los dos gérmenes, hasta convertirse en la expresión sintética de idealismo y de realidad que define todo el proceso de la vida humana, nuestro *Martín Fierro* hizo lo propio con sus tipos, ganando todavía en naturalidad puesto que suprimió el recurso literario de la oposición simétrica. Como no se propuso sino describir la vida con sujeción a la sola norma de la verdad y del bien, aquélla dióle su fórmula sin esfuerzo. Tomado el camino de belleza, tales éxitos fueron episodios naturales de su marcha. Saliéronle al paso, como la aurora y la noche, la alimaña y el árbol al pasajero de la llanura. Y allá donde los otros habían hecho gracejo falso, situando arbitraria o aisladamente su gaucho en un medio discordante, que es decir, produciendo con artificio la comedia, él encontró la fuente espontánea de la risa, a título de expansión sana y natural, no de cosquilla: forzada, y con aquella utilidad magistral de la sátira que corrige riendo.

Por otra parte, esa reunión de elementos que hasta entonces formaban dos miembros distintos de la épica, tipificados bajo la faz burlesca por la *Batracomiomaquia* y el *Orlando Furioso*, dio a su creación una originalidad sin precedentes. La malicia y el entusiasmo, el llanto y la risa mezclados en ella, constitúyenla el más acabado modelo de vida integral. También bajo este concepto, resulta una cosa definitiva. Y es que ese juego despreciativo con la suerte infausta, ese comentario irónico de los propios dolores, forman el pudor de la pena viril. El rictus del llanto, transfórmase en sonrisa; el sollozo prefiere estallar en carcajada. Esto es de suyo una obra de arte, puesto que convierte en filosofía amable y placentera el elemento deprimente y vil. Así es como el fuerte ahorra a sus semejantes la mortificación del dolor que le roe, y en tal procedimiento consiste aquel arte de la vida practicado por los griegos antiguos y por los japoneses modernos. Precepto fundamental de esa filosofía estoica que instituyó el heroísmo en deber cotidiano, es la fibra excelente, revelada por el pulimento artístico en la madera del héroe.

Todavía este mismo personaje, resulta enteramente peculiar en nuestro poema. No es el caballero insigne, ni el jefe de alta alcurnia que figuran en el *Romancero* o en la *Ilíada*; sino un valiente oscuro, exaltado a la vida superior por su resistencia heroica contra la injusticia. Con ello, tórnase más simpático y más influyente sobre el alma popular a la cual lleva el estímulo de la acción viril en el bien de la esperanza.

La originalidad de la ejecución, es asimismo completa dentro del lenguaje habitual de la épica; pues aquella cualidad, como ya lo tengo dicho, no consiste en la invención *ex-nihilo*, absurda de suyo como pretensión discorde con toda ley de vida, sino en la creación de nuevas formas vitales que resultan de un orden, nuevo también, impuesto por la inteligencia a los elementos preexistentes. El júbilo de los tiempos futuros, proviene según el famoso concepto virgiliano, del nuevo orden que va a nacer: *novum nascitur ordo*.

Por esto, son precisamente los grandes épicos quienes han señalado con mayor franqueza su filiación.

Homero empezó su *Ilíada* con un verso de Orfeo («Canta oh Musa, la cólera de Ceres») apenas modificado. Nevio y Enio, los padres de la poesía latina. inspiráronse casi exclusivamente en los escritores alejandrinos. Virgilio imitó a Homero en la *Eneida*, y de tal modo, que dicho poema es en muchas partes una rapsodia. Las *Metamorfosis* de Ovidio, que constituyen, quizá el mejor poema épico de la poesía latina, son imitaciones de los sendos poemas epónimos de Partenio y Nicandro. Contienen muchas leyendas de poetas más antiguos, hasta en detalles característicos como el cabello purpúreo del rey Niso. Suidas lo atribuye a un griego más antiguo cuyos versos transcribe. El Dante, a su vez, es un hijo espiritual de Virgilio:

> Tu se' lo mio maestro e il mio autore:
> Tu se' solo colui da cui lo tolse
> Lo bello stilo che m' ha fatto onore.
> (Inf. I. 85 87.)

Y luego, en el Purgatorio, atribuye a Estacio, con elogio, la misma filiación, puesto que ella había salvado al poeta pagano de la condenación eterna:

> Per te poeta fui, per te cristiano
> (XXII-73.)

El Tasso, en su prólogo a las dos *Jerusalenes*, se vanagloria de la filiación homérica, enumerando los caracteres que ha imitado de la *Ilíada*, y que son los de todos los héroes principales. En cuanto a lo patético, añade, me he aproximado a Homero y a Virgilio. El comienzo del canto tercero, imita, en efecto, al primero de la *Eneida*. El ataque de la flota cristiana por los sarracenos en Jafa (cantos XVII y XVIII) es una rapsodia del que los troyanos llevan a los griegos en la *Ilíada*. Lo cual nada quita, por cierto, a la originalidad de la expresión, que constituye el principal elemento.

Venganza de agravios es el móvil inicial en nuestro poema como en el *Romancero*, y aquéllos provienen, en uno y otro, de la iniquidad autoritaria. Obligados ambos héroes a buscarse la propia libertad con el acero, sus hazañas constituyen el resultado de esta decisión; y justificándola, con belleza, forman la trama de las sendas creaciones. Los dos son dechado de esposos, padres excelentes, castos como buenos paladines, hasta no tener en sus vidas un solo amor irregular; fieles con ello; reposados en el consejo, prontos en el ingenio, leales a la amistad, fanáticos por la justicia cual todos los hambrientos de ella; grandes de alma hasta darse patria por doquier, con la tierra que, de pisar, ya poseen:

> En el peligro ¡qué Cristo!
> el corazón se me enancha,
> pues toda la tierra es cancha
> y de esto nadies se asombre:
> El que se tiene por hombre
> ande quiera hace pata ancha.

Y el otro:

> Desterraisme de mi tierra,
> desto non me finca saña,
> Ca el hombre bueno fidalgo
> de tierra ajena hace patria.

Más lejos en los tiempos, otro desterrado, el sapiente de los Fastos, había expresado en un concepto lapidario esa fórmula del heroísmo:

Omne solum forti patria est.

Fuerte y solo: he ahí la situación del caballero andante. Así aquellas palabras, fueron divisa en varios blasones.

Verdad es que ambos héroes son vengativos; pero la venganza es la única forma posible de justicia para el paladín, puesto que se halla obligado a ser tribunal y ejecutor. Solo ante los agravios, con el padre abofeteado o las hijas ultrajadas, el uno; con la familia deshecha y deshonrada, la casa en ruinas, los bienes robados, el otro: ¿habrá quien no sienta en su corazón de hombre la justificación del rencor que los posee? Lejos de ser antisociales sus actos, restablecen el imperio de la justicia que es el fundamento de toda constitución social. Y como el estado de libertad y de justicia resulta del trabajo interno que todo hombre debe efectuar en su conciencia, no del imperio de las leyes que lo formulan, su reintegración en el alma del ofendido es, por excelencia, un acto de dignidad humana. La plenitud de la libertad y de la justicia, es el resultado de una doctrina personal que da reglas a la conducta, al constituir por definición el docto de la vida; y ese sistema viene a resultar el mejor, cuando basado en la norma de justicia que todo hombre lleva en sí, y que estriba en considerar inevitables las consecuencias de sus actos, prescribe la práctica del bien como el mejor de los ejercicios humanos.

Veinte siglos ha retardado el cristianismo la victoria de este principio moral, que con el imperio de la filosofía estoica, su código sublime, había llegado a producir en el mundo antiguo, cuando dicha religión vino a trastornarlo todo, fenómenos tan significativos como la paz romana, la supresión del militarismo, la abolición de la esclavitud, la absoluta tolerancia religiosa y las instituciones socialistas de la pensión a los ancianos, de la adopción de los huérfanos por el estado, de la enfiteusis, de las aguas y los graneros públicos y gratuitos...

El autogobierno de cada uno, que ha de suprimir la obediencia al poder autoritario, tenía por corifeos a los emperadores filósofos. Y entonces, cuando uno de esos héroes de la épica personifica aquel supremo ideal humano de la libertad por cuenta propia, reivindicando con esto el imperio de la razón que no tiene límites como el progreso por ella encaminado, su caso viene a constituir el prototipo de vida superior cuya construcción es el objeto de la obra de arte.

Llevamos en nuestro ser el germen de ese prototipo, como el de todas las bellezas que aquélla sensibiliza en nosotros, mejorándonos con tal operación, puesto que así nos hace vivir una vida más amable. Cuando el artista consigue realizarlo, su obra ha alcanzado el ápice ya divino, donde la verdad, la belleza y el bien confunden su triple rayo en una sola luz que es la vida eterna.

Fue una obra benéfica lo que el poeta de *Martín Fierro* propúsose realizar. Paladín él también, quiso que su poema empezara la redención de la raza perseguida. Y este móvil, que es el inspirador de toda grandeza humana, abrióle, *a pesar suyo*, la vía de perfección. A pesar suyo, porque en ninguna obra es más perceptible el fenómeno de la creación inconsciente.

Él ignoró siempre su importancia, y no tuvo genio sino en aquella ocasión. Sus escritos anteriores y sucesivos, son páginas sensatas e incoloras de fábulas baladíes, o artículos de economía rural. El poema compone toda su vida; y fuera de él, no queda sino el hombre enteramente común, con las ideas medianas de su época: aquel criollo de cabeza serena y fuerte, de barba abierta sobre el tórax formidable, de andar básculo y de estar despacio con el peso de su vasto corpanchón.

Hay que ver sus respuestas a los críticos de lance que comentaron el poema. Ignora tanto como ellos la trascendencia de su obra. Pídeles disculpa, el infeliz, para su deficiente literatura. Y fuera cosa de sublevarse con toda el alma ante aquella miseria, si la misma ignorancia del autor no justificara la extrema inopia de sus protectores.

Porque se dieron a protegerlo, los menguados, desde su cátedra magistral. Todo lo que le elogiaban, era lo efectista y lo cursi, como las estrofas antes mencionadas sobre la frente del negro y sobre la maternidad; o la filosofía de cargazón que inspira los consejos finales de *Martín Fierro*; o el aburrido y pobre cuadro de la Penitenciaria, donde, por moralizar, descuidaba sencillamente su empresa.

Quien tenga la paciencia de leer esos juicios, coleccionados a guisa de prólogo para mengua de nuestra literatura, hallará citadas como bellezas todas las trivialidades de la composición. No falta una. Hay quien ve en ella, y por esto la elogia, «un pequeño curso de moral administrativa para los comandantes militares y comisarios pagadores» (!). Otro se extasía ante la igualdad de la ley, como un borrico electoral. Otro encuentra que *Martín Fierro* es «el Prometeo de la campaña» (!!). Otro le descubre «primo hermano (no se atreve a decir hermano) de Celiar», aquella luenga pamplina romántica con que el doctor Magariños Cervantes, poeta del Uruguay, dio pareja a nuestra gemebunda *Cautiva*. Otro aún, y este es el más delicioso, encuentra imposible hacer el juicio crítico de *Martín Fierro*, porque no siendo, dice, una obra de arte, no podrá aplicarle las reglas literarias. He aquí el Finibusterre de la crítica, diremos así, nacional. Y el pobre hombre, amilanado sin duda con su propio genio, que éste no es carga de flores, sino tronco potísimo al hombro de Hércules laborioso, dejábase prologar así, todavía agradecido, y que le colgaran sus editores indoctos tamaño fárrago; y hasta explicaba contrito su buena intención, su inferioridad para él indiscutible ante tamaños literatos, en una carta infeliz, dedicada casi por entero al estímulo de la ganadería. Solo por un momento, la conciencia profunda de su genio se le impone, magüer ellos los sabios, y entonces, humilde, hace decir con sus editores: «El señor Hernández persiste en no hacer alteraciones a su trabajo». La crítica habíale tachado de versificador incorrecto, aunque él dijera con toda verdad y razón, que así construye el gaucho sus coplas, demostrando, por lo demás, gran desembarazo en su idioma poético.

Existe, sobre este particular, un documento interesante: en el autógrafo de la segunda parte del poema, la primera estrofa dice como sigue, sin ninguna enmienda:

> Atención pido al silencio
> y silencio a la atención,
> que voy en esta ocasión,
> si me ayuda la memoria,
> a contarles de mi historia
> la triste continuación.

La rima perfecta de los dos últimos versos, está incorrectamente modificada en el texto impreso, donde se lee:

A mostrarles que a mi historia
le faltaba lo mejor.

Y esto demuestra, una vez por todas, que la incorrección criticada era voluntaria, cuando así lo pedían la precisión del concepto y la verdad de la expresión. Los versos imperfectos, son, efectivamente, más vigorosos que los otros, por su construcción más directa y natural, así como por su mayor conformidad con la índole del lenguaje gaucho. Pero la crítica no entenderá nunca, que en la vida, como en el arroyo inquieto, la belleza resulta de la irregularidad, engendrada por el ejercicio de la libertad en el sentido de la índole o de la pendiente. La preceptiva de los retóricos y las leyes de los políticos, han suprimido aquel bien, pretendiendo reglamentarlo. Y de eso andan padeciendo los hombres, fealdad, iniquidad, necedad, miseria.

¡La crítica! ¿Cómo dijo la muy estulta, y trafalmeja, y amiga del bien ajeno? ¿Que eso no era obra de arte? ¿Pero, ignoraba, entonces, su preceptiva, y no sabía lo que era un verso octosílabo, o en qué, si no en descripciones y pintura de caracteres, consiste la poesía épica?

No, pues. Lo que extrañaba eran sus habituales perendengues, sus «licencias» ineptas, su dialecto académico, su policía de las buenas costumbres literarias. Aquella creación arrancada a las entrañas vivas del idioma, aquella poesía nueva, y sin embargo habitual como el alba de cada día, aquellos caracteres tan vigorosos y exactos, aquel sentimiento tan profundo de la naturaleza y del alma humana, resultaban incomprensibles a esos contadores de sílabas y acomodadores de clichés preceptuados: Procustos de la cuarteta —para devolverles su mitología cursi— no habían de entender a buen seguro aquella libertad del gran jinete pampeano, rimada en octosílabos naturales como el trote dos veces cuádruple del corcel.

En la modestia de los grandes, finca el entono de los necios; y cuando aquéllos se disimulan en la afabilidad o en llaneza, padeciendo el pudor de sentirse demasiado evidentes con la luz que llevan, cuando su bondad se aflige de ver desiguales a los demás en la irradiación de la propia gloria, cuando las alas replegadas manifiestan la timidez de la tierra, pues para abandonarla han nacido, los mentecatos se engríen haciendo favor con la miseria que les disimulan y pretendiendo que el astro brilla porque ellos lo ven con sus ojos importantes.

Hay que decirlo sin contemplaciones, no solamente por ser esto un acto de justicia, sino para sacar la obra magnífica de la penumbra vergonzante donde permanece a pesar de su inmensa popularidad; porque de creerla, así, deficiente o inferior, los mismos que se regocijan con ella aparentan desdeñarla, y ahogan el impulso de sus almas en el respeto de la literatura convencional. Tanto valdría hacerlo con el *Romancero* congénere, porque su castellano es torpe y se halla mal versificado.

En nuestro poema, ello proviene especialmente de la contracción silábica; peculiar al gaucho, así como de la mezcla de asonantes y consonantes que él empleaba en sus coplas y que era necesario reproducir, al ser un gaucho quien narraba.

¿Pero, acaso el mismo poema español no nos presenta versos como éste en la versión de Sepúlveda en el II romance de la 2.ª parte:

Ruy Díaz volveos en Paz?

¿No encontramos en el Dante endecasílabos contraídos hasta la dureza, a semejanza del siguiente que nos da once palabras en once sílabas:

Piú ch'io fo per lo suo, tutti i miei prieghi?[56]

---

56 Los trovadores, maestros y antecesores inmediatos del Dante, habían usado con gran desembarazo de esta libertad, que provenía, a su vez, de la poesía clásica. He aquí un verso que contiene doce palabras en once sílabas:

Que per cinc sols n'a hom la pessa e'l pan,

El trovador Sordel, autor de este endecasílabo, fue todavía sobrepasado por Bernardo de Vantadour, quien hizo caber trece palabras en once sílabas:

Que m bat e m fier, per qu' ai razón que m duelha.
(Raynouard - Lexique Roman, I. 331-474).

Y en cuanto a la rima, si es verdad que a veces resulta pobre y mezclada como en Lope y en Calderón,[57] también su fácil riqueza nos sorprende con estrofas no superadas en nuestra lengua.

Los indios diezmados por la viruela, buscan entre los cristianos cautivos la causa de la epidemia y las víctimas propiciatorias al genio maléfico cuyo azote creen padecer:

> Había un gringuito cautivo
> que siempre hablaba del barco,
> y lo ahogaron en un charco
> por causante de la peste,
> Tenía los ojos celestes
> como potrillito zarco.

Rimas en *arco*, no posee el idioma sino siete de buena ley. Las otras son palabras desusadas, nombres propios, verbos o términos compuestos. En *este*, nueve tan solo, y todas ellas resultan de aproximación muy difícil. La estrofa es, sin embargo, de una perfecta fluidez, y en su nítida sobriedad, condensa un poema: la criatura que recuerda el barco donde vino con sus padres en busca de mejor suerte; su bárbaro martirio; la imagen original y pintoresca de los ojos, tan conmovedores en el ahogado; la dulzura infantil del potrillito que revela con tan tierna compasión la inocencia del niño y el alma del héroe. Así se enternece el hombre valeroso, y así brota natural la poesía en esa comparación de verdadero gaucho. Lo que más debía llamar su atención, y con ella la imagen, eran los ojos celestes del europeo.

El tono heroico y la onomatopeya que es don excelso de poeta cuando le sale natural, como a Homero y como a Virgilio, resaltan en esta otra estrofa la rima difícil, aun cuando sea defectuosa por la mezcla de asonantes y consonantes:

---

57 Conocido es el rigor de la rima francesa. He aquí, no obstante, al mismo Lamartine, raudal prodigioso y espontáneo como ninguno, cometiendo en *La chûte d'un Ange* una rima imperfecta:

Quelques-uns d'eux, errant dans ces demi-«ténèbres»,
Etaient venus planer sur les cimes des «cèdres».
(Première Vision).

Yo me le senté al del pampa,
era un escuro tapao.
Cuando me veo bien montao,
de mis casillas me salgo;
y era un pingo como galgo,
que sabía correr boliao.

Las palabras *pingo* y *galgo* sugieren el salto elástico del arranque. El cambio de acentuación del último verso, todavía reforzado por la virulenta diptongación de su primer verbo, recuerda el galope a remezones del animal trabado. Adviértase, también, que sin la terminación defectuosa de la última voz —*boliao*— el efecto no se produciría. Y de esta suerte, también resulta ennoblecido el lenguaje gaucho.

Otra veces, la metáfora es tan natural y al propio tiempo tan novedosa, que el desconcierto causado por aquellas dos cualidades, nos induce a apreciarla como un ripio. Así, en cierta pelea con la partida policial, el gaucho acaba de echar tierra a los ojos de uno de los enemigos, para atacarle indefenso:

Y mientras se sacudía
refregandosé la vista,
yo me le juí como lista
y ahi no más me le afirmé
diciendolé —Dios te asista,
y de un revés lo voltié.

La comparación describe el acto de tenderse a fondo, en una sola línea; es decir, como la lista de una tela; y así explicada, ya no nos resta sino que admirar la agilidad descriptiva, el vigor magnífico de la estrofa.

Veamos reunidos en esta otra los dos elementos.

El gaucho Cruz, provocado por cierto burlón en una pulpería donde se bailaba, pelea con él y le hiere gravemente:

Para prestar un socorro
las mujeres no son lerdas;
antes que la sangre pierda,
lo arrimaron a unas pipas.
Ahi lo dejé con las tripas
como pa que hiciera cuerdas.

De la primera rima, no hay sino seis sustantivos en castellano. De la segunda, dos solamente; los mismos que usa el autor con perfecta naturalidad.
El sitio de las pipas, es efectivamente, el único donde resulta posible impro-
visar sobre ellas mismas un lecho, separado del suelo y apartado del trajín
habitual; pues se trata de

Un rancho de mala muerte;

es decir, sumamente estrecho. He visto más de una vez heridos acomo-
dados en esa forma.

El defecto del prosaísmo ofrece analogías y corroboraciones no menos
evidentes. Como todo verdadero artista, el autor de *Martín Fierro* no rehuyó
el detalle verdadero, aunque fuese ingrato, cuando llegó a encontrarlo en el
desarrollo de su plan. Comprendió que en la belleza del conjunto, así sea
éste un carácter o un paisaje, la verdad artística no es siempre bella. Que
si la frente del hombre se alza en la luz, es porque la planta humana le da
cimiento en el polvo. Únicamente la retórica con sus recetas, ha prescrito
que el arte, como el trabajo de los confiteros, consiste en maniobrar azúcar.
Cuando se hace obra de vida, es otra cosa. Y el prodigio de crear estriba,
precisamente, en la inferioridad de los elementos que, ordenados por la
inteligencia, producen un resultado superior.

Prosaísmo y grosería, hermosura y delicadeza, todo concurre al resultado
eficaz, como en la hebra de seda el zumo de la flor y la baba del gusano. El
capullo es mortaja donde la adipocira de la oruga tórnase ala de colores; y
así nosotros mismos somos, según el símil inmortal del poeta, larvas y ma-
riposas:

...noi siam vermi
Nati a formar l'angelica farfalla.

Propóngome tomar a este propósito algunos ejemplos del Dante, porque
éste es, en mi opinión, el épico más grande que haya producido la civilización cristiana.

Imágenes y conceptos de esos que llama prosaicos la retórica, abundan
en su poema. Los condenados que veían pasar a los dos poetas.

...ver noi aguzzavan le ciglia
come vecchio sartor fa nella cruna.
(Inf. XV-20, 21.)

Después, aquella comparación con la rana que croa en el charco:

E come a grecidar si sta la rana
col muso fuor dell'acqua...
(Inf. XXXII-31, 32.)

O bien:

E mangia e bee e dorme e veste panni.
(Inf. XXXIII-141.)

Ch'ogni erba si conosce per lo seme.
(Purg. XVI-114.)

Com'uscir puó di dolce seme amaro.
(Par. VIII-93.)

Che le cappe fornisce poco panno.
(Par. XI-132.)

...si che giustamente

155

Ci si risponde dall'anello al dito.
(Par. XXXII-56, 57.)

O estos versos formados por enunciaciones de cantidades:

Mille dugento con sessanta sei.
(Inf. XXI-113.)

Nel quale un cinquecento dieci e cinque.
(Purg. XXXIII-43.)

Che gli assegnó sette cinque per diece.
(Par. VI-138.)

Al suo Lion cinquecento cinquanta
e trenta fiate...
(Par. XVI-37, 38.)

Quattromila trecento e due volumi.
(Par. XXVI-119.)

Si come diece da mezzo e da quinto.
(Par. XXVII-117.)

E questo era d'un altro circumcinto,
e qual dal terzo, e'l terzo poi dal quarto,
dal quinto il quarto, e poi dal sesto il quinto.
(Par. XXVIII-28 al 30.)

O la inmundicia de los castigos infernales: la moscas y los gusanos de la sangre corrompida en el canto III del Infierno; los excrementos en el XVIII; el famoso verso final del XXI; el verso 129 del canto XVII del Paraíso...

O las frases sin sentido:

Papè Satan, papè Satan aleppe.
(Inf. VII-1.)

Rafel mai amech izahi almi
(Inf. XXXI-67.)

O todavía, al revés de Boileau que no fue sino un retórico, esta fórmula de la poesía cuyas creaciones quiméricas anuncian la verdad no siempre creíble:

lo diró cosa incredibile e vera.
(Par. XVI-124.)

He aquí cómo debe comprenderse el espíritu de los poemas épicos, que no son obra lírica, vale decir, de mera delectación, sino narraciones de la vida heroica, muchas veces ásperas como ella y también amargas y misteriosas. Una vez más me acuerdo de nuestro padre el Dante:

O voi ch' avete gl' intelletti sani,
mirate la dottrina che s'asconde
sotto il velame degli versi strani!

Pero véase algo más característico aún, porque demuestra cómo los símiles de nuestro gaucho, no por ser tomados de la vida rural, resultan menos compatibles con la poesía del inmenso florentino. Las coplas, dice Cruz, se me salen «como ovejas del corral».
Y añade:

Que en puertiando la primera,
ya la siguen las demás,
y empujando las de atrás,
contra los palos se estrellan,
y saltan y se atropellan

sin que se corten jamás.

Comparación prosaica para versos, dirá la retórica. El otro presentará así las almas de los excomulgados, aun cuando entre ellos figuran personajes tan eminentes como el blondo, bello y gentil Manfredo de la ceja partida:

Come le pecorelle escon del chiuso
ad una, a due, a tre, e l'altre stanno
timidette atterando l'occhio e' l muso;
e ció che fa la prima, e l'altre fanno,
addossandosi a lei, s'ella s'arresta,
semplicie e quite...
(Purg. III.)

Y ciertamente, no es mi intención comparar; pero la *Divina Comedia* fue también escrita en un lenguaje de formación reciente, y bajo el mismo concepto de vida integral, que a mi ver constituye su excelencia insuperable.

Con ello el detalle realista es a veces excesivo y brutal; pero no olvidemos que se trata de rudos pastores con quienes la vida fue ingrata hasta la crueldad; y sobre todo, no incurramos en el abuso crítico de olvidar el conjunto, pues no todo en el fuego es claridad, sino también leña bruta, y ceniza, y humo...

Así el retrato del viejo *Vizcacha*:

Viejo lleno de camándulas
con un empaque a lo toro;
andaba siempre en un moro,
metido no sé en qué enriedos,
con las patas como loro
de estribar entre los dedos.

Este último rasgo es absolutamente característico, y viene por lógica sugestión ante un auditorio de jinetes, no bien se ha mencionado el caballo. Este debía ser, dado su dueño, uno de esos bichocos que los estancieros regalan a individuos así, porque tienen la crin arremolinada, o son maulas de suyo, o babosos de que los enfrenaron por primera vez en día nublado y frío. Entonces los defectos característicos se relacionan.

La avería de los dedos, es también peculiar en los domadores, y el viejo lo había sido:

> De mozo jué muy jinete,
> no lo bajaba un bagual;
> pa ensillar un animal
> sin necesitar de otro,
> se encerraba en el corral
> y allí galopiaba el potro.

La característica por el pie, es bien conocida de los elegantes; y en los dominios de la patología sexual, constituye un caso asaz común de fetichismo.

Narrando el gaucho Cruz su ya mencionada trapatiesta en el baile de la pulpería, recuerda este detalle de apariencia trivial:

> Yo tenía unas medias botas
> con tamaños verdugones;
> me pusieron los talones
> con crestas como los gallos;
> si viera mis afliciones
> pensando yo que eran callos.

La bota era una prenda cara y difícil de obtener, puesto que solo podían apararla obreros muy escasos. Ya he dicho que en la época colonial, no los había; por lo cual los gauchos hubieron de calzarse con el cuero crudo del jarrete caballar, o con los retales transformados en sandalias. Después, aquella mortificación del pie, particularmente desagradable para hombres acostumbrados a una cuasi descalcez, iba poniendo al protagonista en un estado poco apto para bromas. El freno de plata y las botas, constituían el lujo por excelencia. Era habitual llevarlas a la grupa, para no ponérselas sino a la entrada de la población o de los sitios respetables.

Por último, los ternos tan abundantes en lengua española, saltan una que otra vez, a título de complementos interjectivos, bien que sean muy escasos, y siempre disimulados con palabras de análoga eufonía:

> Ahi empezaba el afán,
> se entiende, de puro vicio,
> de enseñarle el ejercicio
> a tanto gaucho recluta,
> con un estrutor... ¡qué bruta!
> Que nunca sabía su oficio.

Don Quijote era menos escrupuloso, y el Dante usó más de una vez la mala palabra.

Si el poeta alarga por ahí sus versos, o mezcla estrofas de metro diferente, como cuando *Picardía*, turbado, decía *Artículos de Santa Fe*, por artículos de la fe, o cuando el guitarrero provocador de Cruz canta dos coplas de seguidilla entre las sextinas octosilábicas, no es por impotencia, sino por rectitud lógica con el tema. Así procedían también los romanceros con sus estribillos e interpolaciones; siendo de notar que casi todas estas libertades, pertenecieron a los anónimos populares. El verso es para el pueblo y para los grandes poetas, un lenguaje de hablar, no de hacer literatura.[58]

---

58 Entre los clásicos, basta citar a Góngora con sus letrillas y romances: verdadero origen de nuestras estrofas en versos de metro libre. Unos y otros subordinan el ritmo de cada verso al del conjunto de la estrofa. Así:

No son todos ruiseñores,
los que cantan entre flores,
sino campanitas de plata
que tocan al alba,
sino trompeticas de oro,
que hacen la salva
a los soles que adoro.
El indio
(Letrillas Líricas. IV).

Alma niña, quieres, di,

El lector necesita, aquí, una advertencia.

Muchas estrofas del poema, causan a primera vista la impresión de la rima forzada:

> Y menudiando los tragos,
> aquel viejo como cerro,
> no olvidés, me decía, Fierro,
> que el hombre no debe crer,
> en lágrimas de mujer
> ni en la renguera del perro.

La composición refiérese al vientre hipertrofiado del alcoholista, y es de gran propiedad en el lenguaje gaucho. Si ello constituye un ripio, demuéstranlo las estrofas finales del mismo canto y del subsiguiente, donde la rima en *erro* está empleada con la habitual fluidez.

Otro ejemplo de impotencia aparente en la más ajustada propiedad:

> Y aunque a las aves les dio,
> con otras cosas que inoro,
> esos piquitos como oro
> y un plumaje como tabla,
> le dio al hombre más tesoro
> al darle una lengua que habla.

«Como tabla», es decir, parejito. Un rústico no podía comparar de otro modo, y la lisura del plumaje es la primera belleza del ave libre.

Cuando nuestros gauchos se regocijan con el poema que a los cultos también nos encanta, es porque unos y otros oímos pensar y decir cosas bellas, interesantes, pintorescas, exactas, a un verdadero gaucho. Pero sea-

---

parte de aquel, y no poca,
blanco Maná que está allí?
    Sí, sí, sí.
Cierra los ojos y abre la boca.
    Ay Dios, qué comí.
    Que me sabe así?
(Letrillas Sacras. XXI).

mos justos con el pueblo rural. Él fue quien comprendió primero, correspondiendo a la intención del poeta, con uno de esos éxitos cuya solidez es otra grandeza épica. Naturalmente exento de trabas preceptistas, sabía por instinto que la descripción de una existencia humana, no es un puro recreo lírico; que las miserias, las asperezas, la prosa de la vida, en fin, forman parte de la obra, porque el héroe es un hombre y solo a causa de esto nos resulta admirable. De tal modo, el gaucho *Martín Fierro* tomó pronto existencia real. He oído decir a un hombre de la campaña, que cierto amigo suyo lo había conocido; muchos otros creíanlo así; y no sé que haya sobre la tierra gloria más grande para un artista. Es esa la verdadera creación, el concepto fundamental de los tipos clásicos. Así vivían los héroes homéricos cuyas hazañas cantaba el aeda en el palacio de los reyes y en la cabaña de los pastores. Todos los entendían, a causa de que representaban la vida integral.

Más de una vez he leído el poema ante el fogón que congregaba a los jornaleros después de la faena. La soledad circunstante de los campos, la dulzura del descanso que sucedía a las sanas duras tareas, el fuego doméstico cuya farpas de llama iluminaban como bruscos pincelazos los rostros barbudos, componían la justa decoración. Y las interjecciones pintorescas, los breves comentarios, la hilaridad dilatada en aquellas grandes risas que el griego elogia, recordábanme los vivaques de Jenofonte. Otras veces, teniente eventual de compañía en la Guardia Nacional cuya convocatoria exigieron las revoluciones, aquella impresión precisábase todavía. Las partes tristes del relato suscitaban pensativas compasiones, nostalgias análogas; entonces el oficial adolescente evocaba también a Ulises conmovido de oír cantar sus propios trabajos en el vestíbulo de Alcinoo. El vínculo de la raza fortalecíase en él como la cuerda en la tabla del instrumento rústico, y penetrado por aquella emoción que exaltaba su sangre con un sabor de lealtad y de ternura, proponíase como un deber de justicia el elogio del poema, cuando algún día llegase a considerar digna de él su mezquina prosa. Y así ha esperado veinte años.

¿Qué valen, efectivamente, todos nuestros libros juntos ante esa creación? ¿Qué nuestras míseras vanidades de jardineros ante la excelsitud de aquel árbol de la selva? Cuando ellas no existan ya, sino acaso como flores de herbario en las vanas antologías, el tronco robusto estará ahí, trabada su raigambre con el alma del pueblo, multiplicado en la madera de las guitarras cuyos brazos señalan el camino del corazón, cuando ellas ocupan en nuestras rodillas el sitio de la mujer amada; llenos de brisa y de follaje aquellos gajos que parecen enarbolar el cielo de la patria, y beber en su azul, lejano, ay de mí, como el agua venturosa de los oasis...

Ah, esa no es popularidad de un día, ganada con discursos engañosos o falacias electorales. Cuarenta años lleva de crecer, con tiradas que cuentan por cientos los millares de humildes cuadernos. Y esto en un país de población iletrada, donde los cultos no compran libros nacionales. Para honra de nuestra población rural, no hay un rancho argentino donde falten la guitarra y el *Martín Fierro*. Los que no saben leer, apréndenlo al oído; los que apenas silabean trabajosamente, hacen del poema su primera lectura.

Conozco el caso de un gaucho viejo que vivía solo con su mujer, también anciana, en cierto paraje muy solitario de las sierras cordobesas. Ninguno de los dos sabía leer. Pero tenían el cuaderno bien guardado en el antiguo almofrez o «petaca» de cuero crudo, para que cuando llegase algún pasajero leído, los deleitara con la habitual recitación. Tal fenómeno de sensibilidad, autorizaría el orgullo de cualquier gran pueblo. Ya he dicho que constituye también un resultado épico de la mayor importancia para la apreciación del poema.

Por otra parte, ello demuestra la eficacia del verso como elemento de cultura. La clase gobernante que suele desdeñarlo, envilecida por el utilitarismo comercial, tiene una prueba concluyente en aquel éxito. La única obra permanente y popular de nuestra literatura, es una obra en verso. La verdadera gloria intelectual pertenece, entre nosotros a un poeta. Porque la gloria es el fenómeno de sobrevivir en la admiración de los hombres.

La ley de la vida tiene que ser una ley de proporción, o sea la condición fundamental de existir para todo cuanto es complejo. El don del poeta, consiste en percibirla por observación directa de las cosas; y de aquí que su expresión la formule y sensibilice en el verso, o sea en aquella estructura verbal compuesta por la música y por la rima: dos elementos de rigurosa proporción. Por esto, el verso es el lenguaje natural de la poesía. La armonía, que es un resultado de la proporción entre elementos desemejantes —valores musicales, metáforas, órganos biológicos— manifiesta en el verso aquella ley con mayor elocuencia que en todo otro conjunto.

Tan profunda fue aquella compenetración del poeta con su raza y con su tipo, que el nombre de éste se le pegó. *Martín Fierro*, era él mismo. Claro instinto de las multitudes, que así reconocía en el poeta su encarnación efectiva y genial.

Hernández adoptó, asimismo, la estrofa popular de los payadores, aquella fácil y bien redondeada sextina, que no es sino una amplificación de la cuarteta, demasiado corta y con ello monótona para la narración. Pero también manejó con desembarazo la redondilla y el romance, a manera de interludios que evitaban la monotonía. Esto, sobre todo en la segunda parte, considerablemente más larga que la primera, pues cuenta casi el triple de versos: 4.800 contra 1.700 en números redondos.

Lo singular es que en tan pocas líneas, apenas equivalentes a cien páginas *in octavo* común, haya podido describir toda la campaña, mover cuarenta y dos personajes, sin contar los grupos en acción, narrar una aventura interesantísima, constituida casi toda por episodios de grande actividad pasional y física, poner en escena tres vidas enteras —las de Fierro, Cruz y el viejo Vizcacha— evocar paisajes y filosofar a pasto.

La vida manifiesta con tamaña eficacia de belleza y de verdad en esos personajes, dimana de que todos ellos proceden y hablan como deben obrar y decir. La materia es tosca; mas, precisamente, el mérito capital del arte consiste en que la ennoblece espiritualizándola. Esto es lo que quiere decir la fórmula del arte por la vida. El principio opuesto del arte por el arte, o sea el fundamento de la retórica, pretende que la vida sea un pretexto para aplicar las reglas de construir con habilidad, cuando la rectitud y la buena fe, inspiran lo contrario: las reglas al servicio del objeto superior que aquella misma vida es. De tal manera, todo cuanto exprese claramente la verdad y produzca nobles emociones, sea ocurrencia de rústico o invención de artista, está bien dicho, aunque viole las reglas. *Debe*, todavía, violarlas para decirlo, si encuentra en ellas obstáculos. Pues no existe, a este respecto, sino una regla permanente: todo aquello que engendra emociones nobles y que se hace entender bien, es obra bella.

El lector va a apreciar en nuestro poema, con qué vigor, con qué precisión, está ello expresado; con qué abundancia pintoresca, con qué riqueza de imágenes y conceptos.

Maravilloso descriptor, aun le sobra material para ser difuso y redundante. Porque es espontáneo está lleno de defectos. Su propósito moralizador, vuélvele, a ratos, cargoso. El poema no es, muchas veces, sino una abundante paremiología, pues entiendo que gran parte de sus lecturas consistía en los refraneros donde creía hallar condensada la sabiduría de las naciones. Así lo dice en el prólogo de la segunda parte, y el único libro que cita, es uno de esta especie. Otras veces, el estilo epilogal, inherente al género, convierte el poema en una especie de centón rimado, bien que la narrativa gaucha suele estar siempre sembrada de reflexiones filosóficas:

> Era la casa del baile,
> un rancho de mala muerte;
> y se enllenó de tal suerte,
> que andábamos a empujones.

Esta es la descripción, enteramente fiel, de esos jolgorios de campaña. El gaucho añade, con toda naturalidad, la consabida reflexión:

> Nunca faltan encontrones
> cuando un pobre se divierte.

Pero esto no es siempre oportuno en el poema, y a veces las consideraciones de orden filosófico interrumpen la narración con redundancias impertinentes.

Sea dicho, no obstante, en su descargo: la poesía homérica adolece de igual defecto. En el propio momento del combate, sus héroes pronuncian máximas y sentencias que, por lo menos, sorprenden con su anacronismo. Y los romances caballerescos presentan, no poco, este rasgo de familia. Muchas de las anteriores citas dantescas tienen análogo carácter.

He aquí, pues, el defecto capital. En cambio, el ejemplo de vida heroica formada alternativamente de valor y de estoicismo, es constante. El ideal de justicia anima la obra. El amor a la patria palpita en todas sus bellezas, puesto que todas ellas son nativas de sus costumbres y de su suelo. Y con ello, es completa la verdad de los detalles y del conjunto. No hay cosa más nuestra que ese poema, y tampoco hay nada más humano. Todas las pasiones, todas las ideas fundamentales están en él. Las nobles y superiores, exaltadas como función simpática de la vida en acción, que representa el ejemplo eficaz; las indignas y bajas, castigadas por la verdad y por la sátira. Tal es el concepto de la salud moral. Cuando el pueblo exige que en los cuentos y las novelas triunfe el bueno injustamente oprimido, aquella pretensión formula uno de los grandes fines del arte. La victoria de la justicia es un espectáculo de belleza. En ello, como en el amor, el deleite proviene de una exaltación de vida. Solamente los pervertidos, que son enfermos, gozan con los actos y las teorías que niegan o defraudan, generalizando, así, el estado de su propia enfermedad. Ellos son producto pasajero de las civilizaciones en decadencia. El tipo permanente de la vida progresiva, el que representa su éxito como entidad espiritual y como especie, es el héroe, el campeón de la libertad y la justicia.

Y por eso, porque personifica la vida heroica de la raza con su lenguaje y sus sentimientos más genuinos, encarnándola en un paladín, o sea el tipo más perfecto del justiciero y del libertador; porque su poesía constituye bajo esos aspectos una obra de vida integral, *Martín Fierro* es un poema épico.

VIII. El telar de sus desdichas

La primera parte de *Martín Fierro* cuenta las desgracias que determinaron la vida errante del héroe.

Es este un gaucho cualquiera, que vive trabajando en su rancho con sus hijos y su mujer. Cierta vez que se halla en la pulpería, donde un gringo habilidoso divierte al auditorio con un organillo y una mona amaestrada, preséntase la partida policial que anda recogiendo gente para el servicio de los fortines de frontera. Aquellas levas temidas como un azote, eran una especie de conscripción ilegal, que servía ante todo para ejercer venganzas políticas contra los renitentes de las elecciones oficializadas. El protagonista tiene tranquila la conciencia y no resiste. Así lo envían con otros al fortín o cantón cuyo objeto es defender la frontera contra las incursiones de los indios.

Allá en el aislamiento, impera a su guisa el militarismo de una oficialidad corrompida por ese destierro en plena barbarie, donde la falta de control autoriza todos los abusos. Los sueldos escasos e inseguros, sugiérenles la idea de compensarse enriqueciéndose con los ganados que llegan a rescatar y con los míseros haberes de la tropa. No hay más diversiones que el juego y la limeta cuya influencia traduce las cóleras inherentes, en una disciplina bárbara, con la cual es menester reprimir, por otra parte, el ansia constante de la deserción. La vigilancia es insuficiente con tales elementos; aquella misma frontera dentro del país, resulta una capitulación con la barbarie. Esta influye sobre los propios defensores así desmoralizados. Y sin embargo, dicha oficialidad de frontera, está realizando un trabajo heroico. Los fortines son verdaderas cartujas en el desierto, como aquellas de los templarios en Palestina. La existencia bravía, lejos de toda comunicación, la aventura anónima con los salvajes, tiene por desenlace la muerte oscura apenas citada como una trivialidad en las órdenes del día. Los hombres vuélvense malos en semejante aislamiento. La intemperie parece curtir en adusto cuero de indio sus almas y sus rostros. Bajo la greña inculta que desborda de los kepis estrafalarios, ladeados sobre la ceja con aire temerón, germinan ideas de bandolero. El sable choca amenazador contra las botas destalonadas. Algunos le han puesto por dragona, la manea. La baraja es su breviario y el pichel su vinajera. En torno, una soldadesca de salteo, obedece a palos, con la malhumorada sumisión de las jaurías entecas. Cuando aprieta el hambre, le dan ración de lombrices para que vaya a pescar en el cercano arroyo. Los más hábiles bolean avestruces por los campos, si no hay peligro de indios. El jefe es socio de la cantina que los explota. No llega un eco de la vida civilizada hasta aquel desamparo, donde aun los pájaros, rarísimos, son mudos. No oyen sino la voz desolada del clarín, el rebuzno de la mula ética, el alarido siniestro de las tribus que invaden. Su palabra toma una aspereza brutal, todavía herrumbrada de borrachera. El coraje es la única dignidad humana que no han perdido. El coraje y la tristeza, deshilada en monótonas lágrimas de música sobre la guitarra de la cantina. La muerte forma parte de sus juegos de azar: es el culo de la taba que se da vuelta. A falta de entorchados, llevan cada galón en el cuero, bordado a punta de lanza. El degüello es su crátera festival. Al toque de *calacuerda* que lo entabla, con qué profundo espolazo se han ido a fondo, de estampía. Dilatadas por el olor de la sangre, sus narices parecen hundirse ya en aquella ardiente rosa de la muerte. Diríase que sus corazones empujan la pelea como una puerta de bronce. Embellecidos de peligro, andrajos y jamelgos, vicios y mugres, desaparecen en el mismo remonte de coraje como las basuras en la punta del remolino, y ya no hay más que los soberbios jinetes con su hazaña firmada en púrpura a estilo de emperador.

A los tres años de padecer en ese presidio semisalvaje, hecho un mendigo, harto de iniquidad, el gaucho deserta. Era la historia de todos los enérgicos, el comienzo de las vidas trágicas que *Martín Fierro* sintetiza en la suya. Cuando llega a su antiguo rancho, todo ha desaparecido. La cabaña está en ruinas. La mujer y los hijos se han ido quién sabe dónde. Él mismo es un desertor, obligado a la fuga. Entonces se echa a vagar, solitario y rencoroso por los campos, evitando las casas para no comprometer, durmiendo entre los matorrales como una fiera. Esto descompone su carácter manso y tórnale provocativo. En las fiestas y pulperías donde busca a ratos un poco de arrimo, el trago de alcohol convival inspírale ideas de muerte. Una noche, la partida policial que le persigue, llega a las inmediaciones de su guarida. Siéntela acercarse, pero no quiere huir. Él también tiene cuentas que cobrarle. Solo contra todos, pelea magnífico. De pronto, en el instante de mayor premura, entre las sombras que empiezan a disiparse, el sargento, gaucho perseguido como él en otra ocasión, siéntese conquistado por su coraje y le presta ayuda. Pronto derrotan entre los dos a los acobardados gendarmes, y dejando allá el tendal de muertos, marchan a campo traviesa, contándose sus mutuas desgracias. Cruz, el compañero, es también una víctima de la autoridad. El comandante de campaña sedújole la mujer, intentó matarle, una vez descubierto en adulterio, y desde entonces el gaucho tuvo que emprender la vida errante con sus habituales episodios. Un amigo bienquístale después con la autoridad, nómbranle sargento, y así anda a disgusto de aquella función poco honrosa, hasta que la actitud de Fierro en la pelea contra la partida, provoca su bello arranque. Esto no es raro, como fácilmente se recordará, en las leyendas caballerescas. Después de combatirse tres días, Oliveros y Roldán, mutuamente admirados, conviértense en amigos; y para sellar la fraternidad de las armas, el primero ofrece su hermana en matrimonio al segundo.

Los dos gauchos deciden emigrar a tierra de indios, puesto que no tienen cabida en la propia; y así desaparecen en el desierto, empujados por la suerte adversa, al azar de la barbarie desconocida. Este desenlace era también habitual. Aliados como aquéllos, tenían muchos los indios.

No puede darse, como se ve, argumento más sencillo, más dramático y más rigurosamente natural en su desarrollo psicológico. La poesía gaucha producía un fruto completo.

Es evidente, y ello confirma la espontaneidad del poema, que Hernández propúsose, tan solo, relatar un episodio. La idea habíale venido como un esparcimiento natural a la vida forastera de la posada donde se hallaba en Buenos Aires, reuniendo elementos para la próxima rebelión entrerriana de López Jordán, la última, precisamente, de nuestras guerras gauchas.

La civilización hostil al gaucho, representada por el gobierno de Sarmiento contra el cual se alzó el caudillo entrerriano, actualizaba la crítica que Hernández propúsose realizar. Así el poema asumía caracteres de panfleto político, tal como sucedió con la *Comedia* del Dante y el *Paraíso* de Milton. Pero el hombre tenía, además, el genio que se ignoraba, y la enseñanza de la vida, que es la ciencia suprema. Los episodios fueron encadenándose, el raudal, una vez alumbrado, no pudo ya dejar de correr:

Yo no soy cantor letrao,

mas si me pongo a cantar,
no tengo cuando acabar
y me envejezco cantando:
las coplas me van brotando
como agua de manantial.

Así fue también una improvisación el *Facundo*, congénere, aunque antagonista.

Dice Hernández en una carta prólogo a la primera parte del poema (su destinatario es el señor don Zoilo Miguens) que *Martín Fierro* le ha «ayudado algunos momentos a alejar el fastidio de la vida del hotel»; porque, en efecto, allá entre sus bártulos de conspirador, lo improvisó en ocho días.[59]

Don Antonio Lussich, que acababa de escribir un libro felicitado por Hernández, *Los tres gauchos orientales y el matrero Luciano Santos* poniendo en escena tipos gauchos de la revolución uruguaya llamada *campaña de Aparicio*, dióle, a lo que parece, el oportuno estímulo. De haberle enviado esa obra, resultó que Hernández tuviera la feliz ocurrencia.

La obra del señor Lussich, apareció editada en Buenos Aires por la imprenta de *La Tribuna* el 14 de junio de 1872. La carta con que Hernández felicitó a Lussich, agradeciéndole el envío del libro, es del 20 del mismo mes y año. *Martín Fierro* apareció en diciembre.

Gallardos y generalmente apropiados al lenguaje y peculiaridades del campesino, los versos del señor Lussich formaban cuartetas, redondillas, décimas y también aquellas sextinas de payador que Hernández debía adoptar como las más típicas. El señor Lussich, testigo presencial de la producción, refiere, lo cual es por otra parte visible con la simple lectura, que aquélla salió de un tirón, sin enmiendas y sin esfuerzo. De ahí provienen los defectos, entre otros el habitual de la redundancia, que ha producido varias docenas de versos inútiles. Hernández resulta a su vez un payador, y hasta el primero de los payadores:

---

59   Precisemos el detalle topográfico. Hernández paraba en el Hotel Argentino, esquina formada por las calles 25 de mayo y Rivadavia. Dicho edificio consérvase tal como era; y resulta curioso que el fundador de nuestra épica, iniciara su obra en el mismo casco histórico donde los conquistadores echaron los cimientos de Buenos Aires.

Aquí me pongo a cantar
al compás de la vigüela,
que al hombre que lo desvela
una pena estrordinaria,
como l'ave solitaria
con el cantar se consuela.

Este es el objeto de la composición. El gaucho va a contarnos sus penas extraordinarias (sin esta advertencia, su pretensión fuera baladí) y la estrofa en su sencilla fluidez, de un tirón, nos abre desde luego su alma.

La invocación a los númenes propicios, que es una costumbre épica, está en las dos siguientes:

Vengan santos milagrosos,
vengan todos en mi ayuda,
que la lengua se me añuda
y se me turba la vista.
Pido a mi Dios que me asista
en una ocasión tan ruda.

Después, la condición de payador se precisa como en los prólogos de los trovadores. A semejanza del ave mencionada, el don del canto es la fuente de su lenguaje:

Cantando me he de morir,
cantando me han de enterrar.

Es lo mismo que la copla popular dice de Santos Vega:

Santos Vega el payador,
aquel de la larga fama,
murió cantando su amor
como el pájaro en la rama.

Luego, en la octava estrofa, la situación del cantor, la intensidad de su poesía, la divagación musical con que introduce el tema como en ciertas composiciones beethovenianas, surgen de estos seis octosílabos que bastan para anunciarnos un gran poeta:

> Me siento en el plan de un bajo
> a cantar un argumento.
> Como si soplara un viento
> hago tiritar los pastos.
> Con oros, copas y bastos
> juega allí mi pensamiento.

Examinemos al detalle esta estrofa, pues ello nos revelará de una vez por todas el secreto de aquella poesía, en la cual la música y la sugestión, la fuerza y la originalidad, hállanse refundidas en síntesis perfecta, con maestría pocas veces alcanzada por los mejores poetas de nuestra lengua. La estrofa, musicalmente hablando, presenta la misma forma de los recitados gauchos.

Una rotunda combinación de *enes* y de *tes*, recuerda en los dos primeros versos el bordoneo inicial. El tercero, acelera el compás. En el cuarto, entra ya la prima con la estridencia, y la sequedad restallante de los vocablos tiritar y pastos; el silabeo claro y corrido del quinto, indica que ya se está punteando la frase culminante, en estrecha simultaneidad con el concepto de las palabras; por último, el sexto verso resume en el bordoneo, al cual vuelve, la entonación sentimental característica de las cuerdas gruesas.

Las palabras siento, *plan*, *cantar*, *argumento*, *viento*, *pensamiento*, son pulsaciones de bordona. *Bajo* y *juega*, sonidos mates de la misma cuerda. *Tiritar, pastos, oros, bastos*, trinos y pellizcos de los nervios menores.

Ahora bien, seis versos tiene la estrofa en cuestión, y seis cuerdas la guitarra. En los acompañamientos criollos, una de ellas, generalmente la sexta, suena libre como el primer octosílabo sin rima en aquélla. Esto es un verdadero hallazgo que revela el producto genuino de una inspiración naturalmente acorde con sus medios expresivos. Inventada por los payadores, aquella estrofa no existe en la poética oficial. Su instinto de poetas, hubo de sugerirles como a los trovadores del ciclo provenzal, grandes inventores de ritmos, por idéntica razón, esa simetría en cuya virtud cada cuerda habla en cada verso como acabamos de advertirlo.

A este ajuste musical, reúne la estrofa una consumada eficacia sugestiva y psicológica. Dos versos bastan al poeta para caracterizar la adecuación del protagonista al paisaje:

> Me siento en el plan de un bajo
> a cantar un argumento.

El plan del bajo, o cañada, es el sitio poético de la pampa, pues asegura al caminante la sombra benéfica, y mantiene, con su mayor humedad, las hierbas más lozanas. Por su frescura y su agradable vista, es como un pequeño vergel que llama al descanso, y por esto lo prefieren los pasajeros. Allá en el silencio murmurado de brisa, al buen olor del trébol que la cabalgadura ramonea con pausa, es dulce platicar y cantar.

Parece que el corazón pusiérase acorde con el grato silencio, que la hierba humilde entendiera la copla sencilla del hijo de la tierra:

> Como si soplara un viento
> hago tiritar los pastos.

Imposible expresar con mayor elocuencia la intensidad de aquel dolor. Cuando en el desamparo de nuestra pena, olvidados de los hombres, experimentamos la simpatía de la naturaleza, parece que la tierra natal nos ayuda a padecer.

Y la estrofa concluye con este rasgo de completa originalidad, acaso sin precedentes en la literatura, tanto por el símil gaucho de la baraja habitual, cuanto por lo inesperado de la aproximación metafórica —aun cuando ella sea tan natural a la vez, dado el protagonista—, y lo exacto de la divagación psicológica así expresada:

> Con oros, copas y bastos
> juega allí mi pensamiento.

Así comienza, en efecto, la actividad intelectual de producir. Despiertas como los pájaros en el bosque, las potencias de la mente van ordenándose con la propia sensibilidad de su armonía. El gaucho quiere decir, la cual es una promesa de máximo esfuerzo, que va a jugar con todas sus cartas; pero la imagen, llena de correspondencia como siempre que es exacta, evoca con los colores de la baraja sobre el césped; una brillante materialización de las ideas numerosas.

Oportuno es recordar, por último, que en la miseria semisalvaje de aquellas Campañas, los naipes eran casi la única pintura al alcance del paisano. Este indignábase, naturalmente, a ilustrar con dichas láminas sus narraciones; que por ello, no por pasión de tahúr, lo hacía. En más de un rancho vi, siendo niño, usar como adornos para decorar la pared, sotas y reyes de baraja.

Claro es que el poeta no realizó esas operaciones críticas para producir los dichos efectos musicales y psicológicos, del propio modo que el manantial no necesita la fórmula química del agua ni el estudio de la hidráulica para existir y correr. Aquello estaba en él, era su ser mismo así exteriorizado, y por esto el don de la poesía es una fuerza de la naturaleza.

La facultad de evocar paisajes y estados de alma por medio de dos versos, o sea el misterio de la sugestión verbal, que es el alma de la poesía así como el lenguaje musical es su materia, manifiéstese en Hernández con singular amplitud. He aquí otra estrofa cuya riqueza de rima corre parejas, a la vez, con la gallardía del verso. *Martín Fierro* enumera a Cruz las probabilidades con que cuentan, como experimentados gauchos que son, para la cruzada del desierto:

> No hemos de perder el rumbo,
> los dos somos güena yunta;
> el que es gaucho va ande apunta,
> aunque inore ande se encuentra.
> Pa el lao en que el Sol se dentra
> dueblan los pastos la punta.

Lo incierto del rumbo, sugiere ya la inmensidad vaga de la llanura; pero el detalle de las hierbas inclinadas hacia el Sol poniente, precisa la emoción crepuscular en todo su desamparo silencioso y quieto. Nada más exacto como sugestión y como fenómeno. En aquella soledad absoluta, dicha impresión caracteriza efectivamente todo el paisaje.

Y aquí una observación respecto a esos rasgos de maestría: su fuerza sugestiva dimana, principalmente, de que todos son verdaderos. La fidelidad es la virtud por excelencia de ese cantor de la llanura, en quien resulta sobre todo elocuente la sinonimia latina entre las expresiones cuerda y fe que los antiguos expresaban con la misma palabra: *fides*. Es que su escuela fue el dolor, padre de la verdad:

> Ninguno me hable penas
> porque yo penando vivo...

Así prosigue su canto, enderezado, por lógica natural, al recuerdo del bien perdido:

> Yo he conocido esta tierra
> en que el paisano vivía
> y su ranchito tenía
> y sus hijos y mujer...
> Era una delicia el ver
> cómo pasaba sus días.
>
> Entonces, cuando el lucero
> brillaba en el cielo santo,
> y los gallos con su canto
> decían que el día llegaba,
> a la cocina rumbiaba
> el gaucho, que era un encanto.
>
> Y sentao junto al jogón
> a esperar que venga el día,

al cimarrón le prendía
hasta ponerse rechoncho,
mientras su china dormía
tapadita con su poncho.

Y apenas la madrugada
empezaba a coloriar,
los pájaros a cantar
y las gallinas a apiarse,
era cosa de largarse
cada cual a trabajar.

La tercera estrofa es todo un cuadro familiar. El hombre laborioso toma su mate (el *cimarrón*, así denominado cuando era amargo) satisfecho del nuevo día cuyo Sol le anticipan las llamas del fogón alegre, mientras al abrigo de la choza su mujer está todavía adormilada por gurrumina bajo el poncho conyugal. Ese rasgo de ternura viril; es sencillamente homérico. Héctor y Ulises, los mejores héroes de la epopeya antigua, son también los mejores esposos; y precisamente, la evocación del lecho conyugal, formado como el catre de nuestros gauchos, con correas tendidas sobre un bastidor, constituye el más bello trozo de la *Odisea*.

Una sola estrofa sintética, según el método característico de nuestro autor, presenta, enseguida, todo el movimiento de los trabajos rurales:

Este se ata las espuelas,
se sale el otro cantando,
uno busca un pellón blando,
éste un lazo, otro un rebenque,
y los pingos, relinchando,
los llaman desde el palenque.

Otra nos da, con expresión no menos breve, el movimiento y la brutalidad intensa de la doma:

El que era pion domador
enderezaba al corral,
ande estaba el animal
bufidos que se las pela...
Y más malo que su agüela
se hacía astillas el bagual.

Y luego, el incidente más grave de la operación, pues nada olvida:

Ah tiempo!.. si era un orgullo
ver jinetear un paisano.
Cuando era gaucho baquiano,
aunque el potro se boliase,
no había uno que no parase
con el cabresto en la mano.

Bolearse, era caer como si tuviese las manos trabadas por las bolas, es decir, volteándose sobre aquéllas, en golpe tremendo, para aplastar al jinete.

El gaucho más infeliz
tenía tropilla de un pelo.
No le faltaba un consuelo,
y andaba la gente lista.
Tendiendo al campo la vista,
solo vía hacienda y cielo.

Cuando llegaban las yerras,
¡Cosa que daba calor!
Tanto gaucho pialador
y tironiador sin yel!
¡Ah tiempos... pero si en él
se ha visto tanto primor!

Aquello no era trabajo,

más bien era una junción;
y después de un güen tirón
en que uno se daba maña,
pa darle un trago de caña
solía llamarlo el patrón.

La sencillez democrática de aquellas costumbres y aquellos trabajos agradables, expresa en la sentida naturalidad de estos versos, el sano vigor de las repúblicas agrícolas y pastoras. La abundancia respectiva, acentúa esa impresión, y los cuatro primeros versos (treinta y dos sílabas tan solo) de la siguiente estrofa, describen completamente el fundamental almuerzo criollo.

Venía la carne con cuero,
la sabrosa carbonada,
mazamorra bien pisada,
los pasteles y el güen vino...
Pero ha querido el destino,
que todo aquello acabara.

Este cuadro de la vida feliz, antecede a la narración de las desgracias consabidas:

Cantando estaba una vez
en una gran diversión,
y aprovechó la ocasión
como quiso, el Juez de Paz.
Se presentó, y ahi no más
hizo una arriada en montón.

Juyeron los más matreros
y lograron escapar.
Yo no quise disparar,
soy manso y no había por qué.
Muy tranquilo me quedé,

y ansí me dejé agarrar.

Allí un gringo con un órgano
y una mona que bailaba,
haciéndonos rair estaba
cuando le tocó el arreo.
¡Tan grande el gringo y tan feo,
lo viera como lloraba!

Hasta un inglés zanjiador
que decía en la última guerra,
que él era de Inca-la-Perra
y que no quería servir,
tuvo también que juir
a guarecerse en la sierra.

Ni los mirones salvaron
de esa arriada de mi flor.
Jué acoyarao el cantor
con el gringo de la mona.
A uno solo, por favor,
logró salvar la patrona.

La patrona era influyente como persona rica, y solía salvar, así, algún ahijado o peón de estima. Pues aquellos atentados para ajorar gente, revestían una violencia implacable. Ni los extranjeros de cierta importancia, como el inglés, cuyo oficio de abridor de zanjas, comportaba, seguramente, algunos conocimientos de agrimensura, escapaban de la leva. Tenía, pues, razón para llorar el gringo organista, aunque con ello pusiérase en ridículo ante la bravura socarrona y estoica de los gauchos.

Para éstos, el atentado era en gran parte una venganza política:

A mí el juez me tomó entre ojos
en la última votación;

me le había hecho el remolón
y no me arrimé ese día,
y él dijo que yo servía
a los de la esposición.

Y ansí sufrí ese castigo
tal vez por culpas agenas.
Que sean malas o sean güenas
las listas, siempre me escondo.
Yo soy un gaucho redondo
y esas cosas no me enllenan.

¡La política! He aquí el azote nacional. Todo lo que en el país representa atraso, miseria, iniquidad, proviene de ella o ella lo explota, salvando su responsabilidad con la falacia del sufragio. La situación del gaucho ante esa libertad de pura forma cuyo fruto es la opresión legalizada del que la ejerce, *Martín Fierro* va a formularla:

Él nada gana en la paz
y es el primero en la guerra.
No le perdonan si yerra,
que no saben perdonar.
Porque el gaucho en esta tierra
solo sirve pa votar.

En esta y en todas las tierras del mundo, para eso sirve el pueblo engañado por la política. Pobre siervo, a quien como al dormido despierto de las *Mil y una noches*, le dan por algunas horas la ilusión de la soberanía: ésta no le representa en el mejor caso, sino la libertad de forjar sus cadenas; y una vez encadenado, ya se encargan los amos de probarle lo que vale ante ellos. En todos los casos, el resultado es siempre idéntico; que el gobierno, al tener como función específica la imposición de reglas de conducta por medio de la fuerza, niega a la razón humana su única cualidad positiva, o sea la dirección de esa misma conducta. La ley que formula aquellas reglas, es siempre un acto de opresión, así provenga de un monarca absoluto o de una mayoría; pues el origen de la opresión poco importa, cuando lo esencial es no estar oprimido. Siempre es la fuerza lo que obliga a obedecer; y mientras ello subsista, basado en la ignorancia y en el miedo, que son los fundamentos del principio de autoridad, la libertad seguirá constituyendo un fenómeno puramente privado de la conciencia individual, o una empresa de salteadores. Si no nos abstenemos, si realizamos la actividad posible, porque el deber primordial consiste en que cada hombre viva su vida tal como le ha tocado, esto no debe comportar una aceptación de semejante destino; antes ha de estimularnos a la lucha por la libertad, que constituye de suyo la vida heroica. La democracia no es un fin, sino un medio transitorio de llegar a la libertad. Su utilidad consiste en que es un sistema absurdo ante el dogma de obediencia, fundamento de todo gobierno; y esto nos interesa esclarecerlo sin cesar, dadas las consecuencias que comporta. Tal es el sentido recto de la filosofía, que desde los estoicos hasta los enciclopedistas, nos enseñan los amigos de la humanidad.

Ya veremos cómo en el poeta, vidente y sabio aun a pesar suyo, puesto que encarnaba la vida superior de su raza, la misma lógica determina la vida de su héroe. Sigamos observando el desarrollo de este fenómeno.

Martín Fierro marcha a la frontera con sus compañeros de infortunio. Decidido a tomar las cosas por el buen lado, pues goza el optimismo de la salud, lleva su mejor caballo y sus prendas más valiosas.

> Yo llevé un moro de número,[60]
> ¡Sobresaliente el matucho!
> Con él gané en Ayacucho[61]
> más plata que agua bendita.
> Siempre el gaucho necesita
> un pingo pa fiarle un pucho.

---

60 Calificación referente a la frase «es el número uno entre los mejores». Un moro de número, quiere decir, pues, un caballo de primer orden.
61 Pueblo de la Provincia de Buenos Aires. El comentario de esta estrofa, una de las más típicas, se hará en las notas del poema.

La enumeración de las prendas de ensillar, ofrece el habitual resumen sintético. Todo en una estrofa:

No me faltaba una guasca,
esa ocasión eché el resto:
Bozal, maniador, cabresto,
lazo, bolas, y manea...
El que hoy tan pobre me vea
tal vez no crerá todo esto.

Ansi en mi moro, escarciando,
enderecé a la frontera.
Aparcero, si usté viera
lo que se llama cantón...
Ni envidia tengo al ratón
en aquella ratonera.

De los pobres que allí había
a ninguno lo largaron;
los más viejos rezongaron,
pero a uno que se quejó,
enseguida lo estaquiaron
y la cosa se acabó.

En la lista de la tarde
el Jefe nos cantó el punto,
diciendo «quinientos juntos[62]
llevará el que se resiente;
lo haremos pitar del juerte,
más bien dése por dijunto».

La vida no puede ser peor, dados la miseria y los duros trabajos en que los superiores emplean a la soldadesca para su beneficio personal. Las tri-

---

62 Quinientos azotes en una remesa. Castigo que era casi una sentencia de muerte.

bus encorajadas por la incapacidad de semejante tropa, invadían a su gusto, con saña feroz, cabalgando a vigor desde sus aduares aquellos guerreros cuyo tipo revive en dos estrofas con épica grandeza:

> Tiemblan las carnes al verlo,
> volando al viento la cerda;
> la rienda en la mano izquierda
> y la lanza en la derecha;
> ande enderieza abre brecha
> pues no hay lanzaso que pierda.

> Hace trotiadas tremendas
> dende el fondo del disierto;
> ansí llega medio muerto
> de hambre, de sé y de fatiga;
> pero el indio es una hormiga
> que día y noche está dispierto.

El miedo al indio, era el demonio de la pampa. Osamentas y ruinas formaban su siniestro cuadro, señalando con toda suerte de horrores el paso de la horda. Untados con enjundia de ñandú o de potro, para mejor resistir la intemperie y el hambre, venían clamoreando su alarido aterrador, fétidos y cerdudos los guerreros salvajes. No llevaban más provisiones que la raíz sialagosa del *Nim-Nim*[63] para templar la sed de sus marchas forzadas y colgado por ahí, algún hueso rico en tuétano. Los más valerosos tatuábanse para hacerse cara feroz o blasonar linaje, con listas rojas, negras y azules, a veces ribeteadas de blanco. Aunque el taparrabo solía ser su único traje de guerra, algunos llevaban casco y chaquetón de cuero crudo: procedían de Chile, siendo los más renombrados para herir de lanza. Esta, larga hasta de seis varas como la pica de Ayax; la bola perdida, terrible proyectil despedido por revoleo, y el facón o machete, constituían su armamento. Su olor y su grito, espantaban a los caballos del cristiano. Los suyos dejábanse montar por la derecha solamente; pues a semejanza de la tropa romana, así subían

---

63 *Spilanthes uliginosa Sw.* Compuesta, tribu de las radiadas.

aquellos indios, obligados por la lanza en la cual apoyábanse para saltar. De ahí procedía la leyenda en cuya virtud dichos animales solo al indio obedecían. Famosos eran esos corceles del desierto, con sus narices sajadas para que absorbiesen más aire en la carrera, sus corvejones hechos al fatigoso desmenuzamiento del médano, su docilidad al grito y a la pernada. En el regreso triunfal, sus ancas lucían por gualdrapa la casulla del cura o el mantón de espumilla de las mozas reservadas para los serrallos, donde imperaba, lascivo y brutal, el cacique de la lanza formidable. La arandela de plumas que esta arma solía tener, hallábase sustituida en ocasiones por rizos de pelo rubio...

¿Y qué hacía el bárbaro, por último, con las cautivas cuya escapatoria recelaba, sino descarnarles las plantas de los pies, tornando la llaga en cepo? Durante la paz, vivía borracho con el aguardiente de las pulperías saqueadas. Todo su trabajo reducíase a ejercitar el caballo de combate, bolear por esparcimiento tal cual guanaco o ñandú, y ejecutar al amanecer, ante la puerta del toldo, su dura esgrima de lanza. Después, mandaba degollar una yegua; y en la misma herida caudal, desayunábanse con largo trago de sangre.

Un episodio de guerra anima aquellos recuerdos en página magnífica. Toda ella, así como el lance singular que la termina, está llena de naturalidad, de viveza, de movimiento, revelando con desusado interés, la verdadera estructura del combate, que el individuo solo percibe en conjunto al comienzo, para no recordar, después, más que su propio caso. Como todos los valientes, nuestro gaucho experimenta la impresión del miedo y no la oculta, pues sabe que esto es inaceptable fanfarronada. Así el Héctor homérico, prototipo de bravos. El enemigo es, por otra parte, digno de él, y no le ahorra alabanzas.

> Una vez entre otras muchas,
> tanto salir al botón,
> nos pegaron un malón
> los indios, y una lanciada,
> que la gente acobardada
> quedó dende esa ocasión.

184

Habían estao escondidos,
aguaitando atrás de un cerro.
¡Lo viera a su amigo Fierro
aflojar como un blandito!
Salieron como maiz frito
en cuanto sonó un cencerro.

Al punto nos dispusimos,
aunque ellos eran bastantes;
la formamos al instante
nuestra gente que era poca,
y golpiándose en la boca
hicieron fila delante.

Se vinieron en tropel,
haciendo temblar la tierra.
No soy manco pa la guerra,
pero tuve mi jabón,
pues iba en un redomón
que había boliao en la sierra.

¡Qué vocerío, qué barullo.
Qué apurar esa carrera!
La indiada todita entera
dando alaridos cargó.
¡Jué pucha!... y ya nos sacó
como yeguada matrera.

Es de almirar la baquía
con que la lanza manejan;
de perseguir nunca dejan
y nos traiban apretaos.
Si queríamos de apuraos

salirnos por las orejas.

Y para mejor de la fiesta,
en esa aflición tan suma,
vino un indio echando espuma
y con la lanza en la mano,
gritando «Acabau cristiano,
metau el lanza hasta el pluma».

Tendido en el costillar,
cimbrando por sobre el brazo
una lanza como un lazo,
me atropelló dando gritos;
si me descuido... el maldito
me levanta de un lanzazo.

Si me atribulo o me encojo,
siguro que no me escapo;
siempre he sido medio guapo,
pero en aquella ocasión,
me hacía bulla el corazón
como la garganta al sapo.

Dios le perdone al salvaje
las ganas que me tenía...
Desaté las tres marías
y lo engatusé a cabriolas.
¡Pucha!... si no traigo bolas,
me achura el indio ese día.

Era el hijo de un cacique
sigún yo lo avirigüié;
la verdá del caso jué
que me tuvo apuradazo,

hasta que al fin de un bolazo
del caballo lo bajé.

Ahi no más me tiré al suelo
y lo pisé en las paletas;
empezó a hacer morisquetas
y a mezquinar la garganta...
Pero yo hice la obra santa
de hacerlo estirar la jeta.

Allí quedó de mojón
y en su caballo salté;
de la indiada disparé,
pues si me alcanza me mata,
y al fin me les escapé
con el hilo de una pata.

La miseria continúa haciendo estragos, hasta que un doble episodio de
iniquidad, decide la fuga del protagonista. El cantinero del fortín, asociado
con el coronel, explotaba vilmente a la soldadesca. Véase con qué malicia
socarrona, con qué viril menosprecio de la trapacería, refiere el gaucho su
percance. Reír de la mala suerte, vengándose de los enemigos desprecia-
bles con la ironía, es también una condición de los bravos.

Nos tenía apuntaos a todos,
con más cuentas que un rosario,
cuando se anunció un salario
que iban a dar, o un socorro;
pero sabe Dios qué zorro
se lo comió al comisario.

Pues nunca lo vi llegar;
y al cabo de muchos días,
en la mesma pulpería

dieron una buena cuenta,
que la gente muy contenta,
de tan pobre recebía.

Sacaron unos sus prendas
que las tenían empeñadas;
por sus diudas atrasadas
dieron otros el dinero;
al fin de fiesta el pulpero
se quedó con la mascada.

Yo me arrecosté a un horcón,
dando tiempo a que pagaran;
y poniendo güena cara
estuve haciéndome el pollo,
a esperar que me llamaran
para recebir mi bollo.

Pero ahí me pude quedar
pegao pa siempre al horcón;
ya era casi la oración
y ninguno me llamaba;
la cosa se me ñublaba
y me dentró comezón.

Pa sacarme el entripao,
vi al Mayor y lo fi a hablar;
yo me le empecé a atracar,
y como con poca gana,
le dije —Tal vez mañana
acabarán de pagar...

—Qué mañana ni otro día,
al punto me contestó;

la paga ya se acabó.
Siempre has de ser animal.
Me raí, y le dije —Yo...
no hi recebido ni un rial.

Se le pusieron los ojos
que se le querían salir;
y ahi nomás volvió a decir
comiéndome con la vista:
—¿Y que querés recebir
si no has dentrao en la lista?

Después de un sumario perfectamente inútil, las cosas quedan así:

Yo andaba desesperao,
aguardando una ocasión
que los indios un malón
nos dieran, y entre el estrago,
hacérmeles cimarrón
y volverme pa mi pago.
...
Y pa mejor, una noche
¡qué estaquiada me pegaron!
Casi me descoyuntaron
por motivo de una gresca;
¡ahijuna... si me estiraron
lo mesmo que guasca fresca!

Jamás me puedo olvidar
lo que esa vez me pasó:
Dentrando una noche yo
al fortín, un enganchao
que estaba medio mamao,
allí me desconoció.

Era un gringo tan bozal,
que nada se le entendía;
¡quién sabe de ande sería!
Tal vez no juera cristiano;
pues lo único que decía
es que era pa-po-litano.

Estaba de centinela,
y por causa del peludo,
verme más claro no pudo
y esa jué la culpa toda;
el bruto se asustó al ñudo,
y fí el pavo de la boda.

Cuando me vido acercar,
«¿quen vívore? —preguntó.
«Qué víboras» dije yo;
«¡haga arto!» me pegó el grito:
Y yo dije despacito
«Más lagarto serás vos».

Ahi no más, Cristo me valga,
rastrillar el jusil siento;
me agaché, y en el momento
el bruto me largó un chumbo;
mamao, me tiró sin rumbo,
que si no, no cuento el cuento.

Por de contao, con el tiro
se alborotó el avispero;
los oficiales salieron
y se empezó la junción;
quedó en su puesto el nación

y yo fí al estaquiadero.

Entre cuatro bayonetas
me tendieron en el suelo;
vino el Mayor medio en pedo,
y allí se puso a gritar:
—Pícaro, te he de enseñar
a andar reclamando sueldos.

De las manos y las patas
me ataron cuatro cinchones;
les aguanté los tirones,
sin que ni un ay se me oyera,
y al gringo, la noche entera
lo harté con mis maldiciones.

Yo no sé pa qué el gobierno
nos mandan aquí a la frontera,
gringada que ni siquiera
se sabe atracar a un pingo;
¡si crerá al mandar un gringo
que nos manda alguna fiera!

No hacen más que dar trabajo,
pues no saben ni ensillar;
no sirven ni pa carniar,
y yo he visto muchas veces,
que ni voltiadas las reses
se les querían arrimar.

Y lo pasan sus mercedes
lengüetiando pico a pico,
hasta que viene un milico
a servirles el asao;

y, eso sí, en lo delicaos
parecen hijos de rico.

La caricatura es de mano maestra; y así en este desahogo natural del resentimiento, como en la alusión a los sueldos que constituye el réspice del Mayor, la sorna gauchesca caracteriza sus tipos con estupenda eficacia. Son ellos mismos quienes se ponen en ridículo, según el procedimiento cómico que el cuento picaresco enseñó con verdadera gracia artística a la novela y a la comedia de costumbres.

Hemos visto alternar hasta ahora la lírica con la sátira, el drama con el sainete. La tragedia va a presentarse, pues este cuadro de la vida integral resume todos los aspectos de la naturaleza y del espíritu:

Una noche que riunidos
estaban en la carpeta,
empinando una limeta
el Jefe y el Juez de Paz,
yo no quise aguardar más,
y me hice humo en un sotreta.
...
Volvía al cabo de tres años
de tanto sufrir al ñudo,
resertor, pobre y desnudo,
a procurar suerte nueva,
y lo mesmo que el peludo
enderecé pa mi cueva.

No hallé ni rastro del rancho,
solo estaba la tapera;
por Cristo, si aquello era
pa enlutar el corazón:
yo juré en esa ocasión
ser más malo que una fiera.

¡Quién no sentirá lo mesmo
cuando ansí padece tanto!
Puedo asigurar que el llanto
como una mujer largué.
¡Ay mi Dios, si me quedé
más triste que Jueves Santo!

Solo se oiban los aullidos
de un gato que se salvó;
el pobre se guareció
cerca, en una vizcachera;
venía como si supiera
que estaba de güelta yo.

No tiene el dolor acentos más sinceros. Aquel valiente que llora como una mujer ante las ruinas de su rancho, mientras silba el viento entre el pajonal que invadió los caballones de la chacra abandonada; aquel gato, el animal fiel a la casa, que viene maullando bajito, como todos lo hemos oído en la tristeza de las taperas, son otros tantos rasgos supremos de artista. ¡Y cuánta verdad al mismo tiempo! El gato es el animal casero por excelencia. Cuando la gente abandona el hogar, él se queda. Para no separarse de las ruinas, comparte con las alimañas del campo, la cueva o el matorral. No bien siente que alguno llegó, acude quejumbroso y macilento, como a pedir limosna. Y así representa la desolación del hogar perdido, la aproximación de miserias que el dolor humano busca como una humilde fraternidad. Pero ningún poeta habíale cantado hasta entonces, y este es el mérito absolutamente original del nuestro.

Poeta más que nunca, él, tan sobrio en sus expresiones, dedica una estrofa entera a ese pobre gato. Es que éste debe sugerir al abandonado todas las dichas del hogar destruido: el chico que solía mimarlo; tal vez la madrina que se lo regaló; la esposa que se fastidiaba cuando revolvía, jugando, los ovillos del telar; el rescoldo casero ante el cual ronroneaba a compás con la olla...

El don de la poesía consiste en descubrir la relación de belleza que constituye la armonía de las cosas. Así nos da la comprensión del mundo; y tal como la ciencia infiere por una vértebra petrificada las especies extintas y el medio donde se desarrollaron, ella descubre las relaciones trascendentales de nuestro ser, que son estados de belleza y de verdad, en el encanto de una flor o en el apego del animal desvalido. Este es otro procedimiento de Hernández que me precisaba describir. Como gran poeta que es, él no sabe de recursos literarios ni de lenguaje preceptivo. Su originalidad proviene de la sinceridad con que siente y comunica la belleza.

Véase, para continuar con nuestro asunto, esta expresión tan genuina del dolor paterno, que, naturalmente, nada sabe de literatura:

> Los pobrecitos muchachos,
> entre tantas afliciones,
> se conchabaron de piones;
> mas que iban a trabajar,
> si eran como los pichones
> sin acabar de emplumar.

Así lamentamos, en efecto, la suerte de los hijos, tendiendo a considerarlos en nuestro afecto, criaturas siempre incapaces de vivir sin nosotros.

El símil de los pichones implumes, es la expresión más tierna y delicada de aquel corazón, ablandado por el dolor, como un nido.

> Y la pobre mi mujer
> Dios sabe cuánto sufrió.
> Me dicen que se voló
> con no sé qué gavilán,
> sin duda a buscar el pan
> que no podía darle yo.

De tal modo es clara su noción de justicia. El mismo golpe rudísimo de aquel adulterio que ni la deshonra le merma, no alcanza a suprimirla. Hombre ante todo, y por ello héroe más perfecto, no se le ocurre exigir, como a

194

los apasionados de la tragedia preceptista, una fidelidad atroz. Compadece, por el contrario, a la infeliz, y ni siquiera le perdona, porque, en su miseria, no ha podido ofenderlo.

> Qué más iba a hacer la pobre
> para no morirse de hambre

añade luego en ese lenguaje vulgar del dolor, que salido directamente del corazón, constituye la suprema elocuencia. Esquilo en *Los persas,* tiene dos soliloquios formados de puros ayes.[64] El estribillo del baile criollo denominado *El Llanto* canta a su vez:

> ¡Ay, ayayay, ay!
> Dejame llorar,
> que solo llorando
> remedio, mi mal.

Entonces, cuando ese hombre tan generoso, tan bueno, tan valiente, tan justo que ni el máximo dolor altera su juicio, ni las peores miserias su buen humor, jura la venganza de tamaña iniquidad, comprendemos que tiene razón. La venganza confúndese con la justicia, y el protagonista, así engrandecido, va a ser el héroe que puesto de cara al destino, emprenderá por cuenta propia la tarea de asegurarse aquel bien, tomando por palestra el vasto mundo:

> Mas tamién en este juego
> voy a pedir mi bolada;
> a naides le debo nada,
> ni pido cuartel ni doy;
> y ninguno dende hoy
> ha de llevarme en la armada[65]
> ...

---

64 Cada uno consta de cinco quejas, con las cuales se llora la destrucción de los navíos.
65 La lazada con que se arma o prepara el lazo para operar con él. Llevar en la armada es tener cogido ya al animal dentro de ella, antes de ceñirla.

Vamos suerte, vamos juntos
dende que juntos nacimos;
y ya que juntos vivimos
sin podernos dividir,
yo abriré con mi cuchillo
el camino pa seguir.

La vagancia, a solas con el dolor, descomponen su carácter. Una noche que ha caído a cierta diversión campestre, la embriaguez resultante de los muchos brindis, le da, «como nunca», por la provocación y la gresca. Las frases chocarreras viénenle una tras otra con la insistencia característica del ebrio. Pero oigamos de sus propios labios la relación de aquel duelo criollo:

Supe una vez por desgracia
que había un baile por allí,
y medio desesperao
a ver la milonga juí.

Riunidos al pericón
tantos amigos hallé,
que alegre de verme entre ellos
esa noche me apedé.

Como nunca en la ocasión,
por peliar me dio la tranca,
y la emprendí con un negro
que trujo una negra en ancas.

Al ver llegar la morena
que no hacía caso de naides,
le dije con la mamúa
—Vaca... yendo gente al baile.

La negra entendió la cosa,

y no tardó en contestarme
mirándome como a perro,
más vaca será su madre.

Y dentró al baile muy tiesa,
con más cola que una zorra,
haciendo blanquiar los dientes
lo mesmo que mazamorra.

—Negra linda, dije yo,
me gusta... pa la carona.
Y me puse a champurriar
esta coplita fregona:

A los blancos hizo Dios,
a los mulatos San Pedro,
y a los negros hizo el diablo
para tizón del infierno.

Había estao juntando rabia
el moreno dende ajuera;
en lo escuro le brillaban
los ojos como linterna.

Lo conocí retobao,
me acerqué y le dije presto:
—Po... r... rudo que un hombre sea,
nunca se enoja por esto.

Corcobió el de los tamangos,
y creyéndose muy fijo,
—Más porrudo serás vos,
gaucho rotoso, me dijo.

Y ya se me vino al humo,
como a buscarme la hebra,
y un golpe le acomodé
con el porrón de ginebra.

Ahi no más pegó el de hollín
más gruñidos que un chanchito,
y pelando un envenao
me atropelló dando gritos.

Pegué un brinco y abrí cancha
diciéndoles: Caballeros
dejen venir ese toro,
solo nací... solo muero.

El negro, después del golpe,
se había el poncho refalao,
y dijo: Vas a saber
si es solo o acompañao.

Y mientras se arremangó,
yo me saqué las espuelas,
pues malicié que aquel tío
no era de arriar con las riendas.

No hay cosa como el peligro
pa refrescar un mamao;
hasta la vista se aclara
por mucho que haiga chupao.

El negro me atropelló
como a quererme comer;
me hizo dos tiros seguidos
y los dos le abarajé.

Yo tenía un facón con S[66]
que era de lima de acero;
le hice un tiro, lo quitó,
y vino ciego el moreno.

Y en el medio de las aspas[67]
un planazo le asenté,
que lo largué culebriando
lo mesmo que buscapié.

Le coloriaron las motas
con la sangre de la herida,
y volvió a venir jurioso
como una tigra parida.

Y ya me hizo relumbrar
por los ojos el cuchillo,
alcanzando con la punta
a cortarme en un carrillo.

Me hirvió la sangre en las venas,
y me le afirmé al moreno,
dándole de punta y hacha
pa dejar un diablo menos.

Por fin, en una topada,
en el cuchillo lo alcé,
y como un saco de güesos
contra un cerco lo largué.

Tiró unas cuantas patadas

66   Con guarda en forma de Ese.
67   Sobre la frente.

199

y ya cantó pa el carnero.
Nunca me puedo olvidar
de la agonía de aquel negro.

En esto la negra vino,
con los ojos como ají;
y empezó la pobre, allí,
a bramar como una loba;
yo quise dar le una soba
a ver si la hacía callar;
mas pude reflexionar
que era malo en aquel punto,
y por respeto al dijunto
no la quise castigar,

Limpié el facón en los pastos,
desaté mi redomón,
monté despacio, y salí
al tranco pa el cañadón.

Después supe que al finao
ni siquiera lo velaron
y retobao en un cuero,
sin resarle lo enterraron.

Y dicen que dende entonces,
cuando es la noche serena,
suele verse una luz mala
como de alma que anda en pena.

Yo tengo intención a veces,
para que no pene tanto,
de sacar de allí los güesos
y echarlos al campo santo.

El cuadro es completo, sin una sola vacilación, a pesar de que ciertas expresiones parecen, desde luego, trivialidades de la impotencia o groserías procaces.

> Negra linda, dije yo,
> me gusta pa la carona.

Este voto comenta la preferencia que los gauchos daban al cuero negro de vaca o de caballo, para hacer caronas; resultando, así, una ocurrencia tan graciosa como pintoresca en su género.

> Ahi no más pegó el de hollin
> más gruñidos que un chanchito.

Los negros son gritones en la pelea, y su voz estridente parece guañir cuando se irritan; por esto, no por cargazón inútil, está citado el detalle; pues insisto en que todas las menciones del poema son exactas.

> Corcobió el de los tamangos.

Este calzado rústico, hecho con los retales y sobras de los cueros, usábanlo, sobre todo, los negros, que eran los más pobres entre la gente de campaña.

He dicho ya que la caracterización por el pie es bien conocida de los elegantes. El conde Berenguer en el *Romancero*, califica de «mal calzados» a sus enemigos:

> Pues que tales malcalzados me vencieron, etc.[68]

Verdad es que nuestro poeta no lo había dicho antes; pero él escribe para hombres enterados de las cosas, a quienes una simple mención —el negro— ha evocado la figura habitual.

---

68   Las sandalias de oro de los dioses suministran un epíteto habitual a la poesía homérica.

201

Y con cuánta viveza de acción, con cuánta verdad de colorido, con qué abundancia de rasgos típicos, el lector acaba de verlo.

> Yo tenía un facón con S,
> que era de lima de acero;
> le hice un tiro, lo quitó,
> y vino ciego el moreno.

Parece que se viera la finta, y se oyera el breve choque del quite que hizo chispear los recazos. El tercer verso, o sea el que describe la acción, es instantáneo como un pestañeo.

La brutalidad del ebrio, está patente, porque es verdad, aun cuando resulte desfavorable al héroe, en ese intento de azotar a la negra para que dejase de llorar. Refrescado ya, es decir, cuando narra, él mismo la compadece, llamándola «la pobre». En aquel momento de rabia sanguinaria, predominaba el salvaje ancestral, para quien la mujer es solamente una hembra inferior.

El inmediato lance con un provocador entonado por la protección oficial, revela con qué arte se halla esto escrito en su aparente desgaire.

La descripción anterior, había adoptado la cuarteta, más breve y vivaz, a la vez que oportuna para evitar la monotonía.[69] Ahora, el poeta vuelve a su estrofa; mas, para no repetirse en un cuadro forzosamente análogo, solo empleará dieciocho versos:

> Se tiró al suelo al dentrar,
> le dio un empellón a un vasco[70]
> y me alargó un medio frasco
> diciendo —Beba, cuñao.
> —Por su hermana, contesté,

---

69 Salvo la especie de décima en que narra la desesperación de la negra. Los primeros cinco versos parecen volvernos a la sextina habitual. El resto adopta la estructura de la décima. Estas irregularidades eran frecuentes en los payadores a quienes arrastraba el raudal de la improvisación; y la que nos ocupa en el caso, resulta, pues, una propiedad más, en vez de constituir defecto. Solo hemos de verla reproducirse en el canto IX de la segunda parte, donde ya es inexplicable falla,

70 Vasco no es, aquí, un consonante forzado. Los dueños de las pulperías eran casi siempre vascos.

que por la mía no hay cuidao.

—¡Ah, gaucho!, me respondió,
¿de qué pago será criollo?
Lo andará buscando el hoyo,
deberá tener güen cuero,
pero ande bala este toro
no bala ningún ternero.

Y ya salimos trensaos,
porque el hombre no era lerdo;
mas, como el tino no pierdo,
y soy medio ligerón,
lo dejé mostrando el sebo,[71]
de un revés con el facón.

Hemos presenciado el peculiar combate con los indios y el duelo campestre. La pelea decisiva con los gendarmes de campaña, ofrece mayor interés, quizás; pues lo curioso es que las situaciones semejantes, en vez de agotarlo, enriquecen el ingenio de este hombre. La vida del paladín es una sucesión de combates; y aquí está su enorme dificultad descriptiva. No conozco sino Cervantes que la haya vencido con desembarazo igual.

Con aquel nuevo delito, el gaucho aíslase más todavía. Solo de tarde en tarde llega a las casas de su amistad. Durante la noche, duerme a medias en pleno campo, buscando las vizcacheras para abrigarse los pies en su hueco, mientras con el resto del cuerpo afuera, la playita circundante, despejada por los roedores, da campo a su visión y tabla sonora a su oído.

Me encontraba, como digo,
en aquella soledá,
entre tanta escuridá,
echando al viento mis quejas,
cuando el grito del chajá

---

71 Es decir, las tripas, donde hay sebo y no grasa.

me hizo parar las orejas.

Obsérvese la sugestión de noche en el desierto, de congoja insomne y de triste desamparo que inspiran los cuatro primeros versos:

> Me encontraba...
> En aquella soledá,
> entre tanta escuridá,
> echando al viento mis quejas...

Esos momentos de purificación al rigor de la propia amargura, son, como la música triste, predisponentes de heroísmo.

Así atento, como el caballo con las orejas empinadas, según su exacto símil, el gaucho pronto conoce que vienen en su busca. El apronte para combatir, está narrado en una sola estrofa que describe con admirable precisión todos los movimientos del caso. Su vivacidad es tal, que recuerda la expresión de una pantomima:

> Me refalé las espuelas
> para no peliar con grillos;
> me arremangué el calzoncillo
> y me ajusté bien la faja,
> y en una mata de paja
> probé el filo del cuchillo.

Y luego, la lucha, de cuya descripción tomaré estos episodios.:

> Me juí reculando en falso
> y el poncho adelante eché,
> y cuanto le puso el pie
> uno medio chapetón,
> de pronto le di el tirón
> y de espaldas lo largué.
> ...

Pegué un brinco y entre todos
sin miedo me entreveré;
hecho ovillo me quedé
Y ya me cargó una yunta,
y por el suelo la punta
de mi facón les jugué.

El más engolosinao
se me apió con un hachazo;
se lo quité con el brazo,
de no, me mata los piojos;
y antes de que diera un paso
le eché tierra en los dos ojos.

Y mientras se sacudía
refregandosé la vista,
yo me le juí como lista
y ahí no más me lo afirmé,
diciendolé ¡Dios te asista!
Y de un revés lo voltié.

Por lo mismo que es valeroso, no oculta su miedo:

Por suerte, en aquel momento
venía coloriando l'alba;
y yo dije, si me salva
la Virgen en este apuro,
en adelante le juro
ser más güeno que una malva.

Entonces interviene Cruz, como dije más arriba. La amistad que sellan
con numerosos tragos al porrón confortante, inspira a aquél la narración de
su vida. La introducción de esta historia es un soberbio reto al destino:

Amigazo, pa sufrir
han nacido los varones;
estas son las ocasiones
de mostrarse el hombre juerte,
hasta que venga la muerte
y lo agarre a coscorrones.
...
A mí no me matan penas,
mientras tenga el cuero sano;
venga el Sol en el verano,
y la escarcha en el invierno.
Si este mundo es un infierno
¿Por qué aflijirse el cristiano?

La narración de la pelea, ha concluido, entretanto, con un rasgo épico que podríamos llamar de familia, tan característico es él en la epopeya caballeresca.

Yo junté las osamentas,
me hinqué y les recé un Bendito,
hice una cruz de un palito
y pedí a mi Dios clemente,
me perdonara el delito
de haber muerto tanta gente.

En el antiquísimo poema *Gualterio de Aquitania*, que remonta probablemente al siglo IX, el héroe procede lo mismo con los cadáveres de diez campeones que lo atacaron. Después de reunirlos y llorar sobre su triste suerte, agradece a Dios la protección que le ha prestado, y le ruega que un día le haga encontrar aquellos héroes en el cielo.

Ignoro si Hernández conocía este poema, aunque supongo que no. No eran estas sus lecturas habituales, ni solían ellas figurar en la erudición de sus contemporáneos; pero, aunque así hubiera sucedido, el hecho de cuadrar tan bien aquel rasgo a su protagonista, demuestra la naturaleza épica de la composición, así como el espíritu caballeresco del gaucho. Esté era, como he dicho, un paladín, hasta en sus detalles más típicos. Así, el ya mencionado relato de Cruz, formula los habituales conceptos caballerescos, en aquel su altivo menosprecio a la adversidad.

El estoicismo de ese otro empecatado, anima todo el poema. Tal vemos en la segunda parte:

> La junción de los abrazos,
> de los llantos y los besos,
> se deja pa las mujeres
> como que entienden el juego.
> Pero el hombre que compriende
> que todos hacen lo mesmo,
> en público canta y baila,
> abraza y llora en secreto.

He aquí el fundamento heroico de la urbanidad, que el bushido japonés, el más perfecto código del honor, ha corporificado en esa discreta florecilla de la sonrisa, ante la cual retraen sus garras todas las fieras interiores: supremo resultado de aquel arte de la vida que los griegos practicaron a su vez, y que impone a todos los actos el deber de belleza, como una delicada consideración hacia nuestros semejantes.

Al mismo tiempo, el buen humor inagotable de aquella poesía que nunca deja prolongarse las miserias y los dolores, como en natural reacción de salud, anima todo el relato salpicándolo de incidentes cómicos. Su naturalidad es tal, que el narrador se contradice en sus apreciaciones, según la diversa índole de sus recuerdos, exactamente como en la conversación habitual.

Comentando su felicidad perdida, al lado de la mujer que amaba, hace Cruz estas reflexiones:

> ¡Quién es de una alma tan dura
> que no quiera una mujer!
> Lo alivia en su padecer
> si no sale calavera;

es la mejor compañera
que el hombre puede tener.

Si es güena, no lo abandona
cuando lo ve disgraciao;
lo asiste con su cuidao
y con afán cariñoso,
y usté tal vez ni un rebozo
ni una pollera le ha dao.

Y cien versos más allá, cuando ha concluido de narrar su infiel desvío:

Cuando la mula recula,
señal que quiere cociar;
ansí se suele portar,
aunque ella lo disimula:
recula como la mula
la mujer para olvidar.
...
Las mujeres, dende entonces,
conocí a todas en una.
Ya no he de probar fortuna
con carta tan conocida:
Mujer y perra parida,
no se me atraca ninguna.

El proyecto de emigrar a tierra de indios y la ejecución consiguiente, cierra esta primera parte del poema con rasgos épicos de la mejor ley.

Las penurias que pasarán ambos gauchos en el desierto, son, para sus almas decididas, pretexto de viriles jactancias.

Si hemos de salvar o no,
de esto naide nos responde.
Derecho ande el Sol se esconde,

tierra adentro hay que tirar;
algún día hemos de llegar...
Después sabremos a donde.

...

Cuando se anda en el desierto
se come uno hasta las colas,[72]
Lo han cruzao mujeres solas
llegando al fin con salú,
y ha de ser gaucho el ñandú
que se escape de mis bolas.

...

Y cuando sin trapo alguno
nos haiga el tiempo dejao,
yo le pediré emprestao
el cuero a cualquiera lobo,
y hago un poncho, si lo sobo,
mejor que poncho engomao.

Estas gallardas estrofas cuya desembarazada entereza conforta como un trago de vino, no excluyen la desolación inherente a tan desesperada aventura. La despedida a la civilización que esos dos perseguidos abandonan, está impregnada de tristeza viril.

Cruz y Fierro, de una estancia
una tropilla se arriaron;
por delante se la echaron
como criollos entendidos,
y pronto, sin ser sentidos
por la frontera cruzaron.

Y cuando la habían pasao,
una madrugada clara,
le dijo Cruz que mirara

---

72   El trozo más despreciable de la res.

las últimas poblaciones,
y a Fierro dos lagrimones
le rodaron por la cara.

Un literato, habría elegido la hora crepuscular de la tarde; pero como se trataba de prófugos que iban arreando caballos ajenos, el viaje debía ser nocturno, determinando esto su entrada matinal a las tierras libres. Por otra parte, nada más triste y más poético a la vez que esas albas claras en el desierto; así como nada más acertado que ese adjetivo de apariencia trivial. El fenómeno de la claridad en la llanura solitaria... es, sin duda, lo único preciso; y dada la estrofa, resulta naturalmente el contraste necesario y sugestivo con aquel llanto que la abruma como una fárfara titilante sobre los ojos del cantor. Si en esa madrugada serena, cuando todavía no hay un alma viviente en los ranchos que así sugieren ausencia y abandono, encapuchados de paja como mendigos bajo su poncho viejo; si entonces digo, cantó, como es seguro, el gallo matinal, fácilmente se infiere la desolación del cuadro. Quién no lo ha experimentado durante alguna trágica noche de vela, en la calma como submarina de la Luna, o en esas albas donde parece suspirar aún la agonía de la sombra. El canto del gallo es, entonces, la expresión misma de la angustia y de la soledad.

Pero el desdén del efectismo, siquiera aprovechado cuando se presenta con naturalidad, está patente en la terminación del poema. Este pudo concluir con mayor eficacia artística, en la estrofa citada; pero no. El poeta no olvida su móvil benéfico; y prefiere rematarlo con tres sextinas más, que lo recuerdan sin mayor eficacia.

Este detalle, que subordina el éxito de la obra poética a su efecto útil, y la ausencia del amor, que solo figura como elemento secundario, constituyen al poema en un vínculo actual con los primeros romances del ciclo caballeresco, o sea sus composiciones épicas por excelencia; determinando, además, la filiación directa de la nuestra con las análogas que florecieron en España.

La poesía castellana prefirió siempre, entre los diversos géneros de los trovadores, el romance religioso y guerrero, o sea la forma primitiva de las leyendas caballerescas, destinadas a exaltar las hazañas de los paladines. Aquellos hijos del Hércules progenitor, que en tiempo del paganismo, precisamente, fue un paladín de España, hallábanse todavía guerreando contra los infieles, cuando ya la amenaza que éstos comportaban, había desaparecido en el resto de la Europa meridional, dejando, así, el campo libre a una civilización más amable, en la cual predominó, naturalmente, la poesía del amor. Los temas heroicos siguieron, pues, siéndoles habituales; y solo cuando el triunfo dióles la necesaria quietud, la poesía amatoria inspiró sus cantos. Pero, entonces, fue una importación italiana que únicamente los poetas eruditos cultivaron, y que no tuvo influencia alguna sobre el espíritu popular. Nuestro poema siguió el mismo camino. Su urdimbre fundamental, es también la guerra contra infieles. El amor, repito, comporta en él un detalle de expresión austera y trágica, como que no resulta sino una fuente de dolor. El encanto de la vida consiste para el paladín nacional, como para el Campeador de España, en el goce de la libertad.

Paladín, afirmo, porque este gaucho, a semejanza de las viejas espadas laboriosas, Belmung, Tizona y Durandal, lleva relumbrando bajo el rudo cuero que lo envuelve, aquel acero de su alma, donde lucen el aseo y la integridad, el temple y la firmeza, la intrepidez y la lealtad, alegremente relampagueados por el reflejo de su desnudez viril; pues con tales prendas formado, su carácter dio a la raza aquella perfecta encarnación de la poesía y de la equidad, que sobreponiéndose al destino en sublime paradoja, es decir, realizando otra hazaña romancesca, nos proporciona el encanto de vivir en la familiaridad del postrer caballero andante.

IX. La vuelta de Martín Fierro

En su prólogo a la segunda parte del poema, dice Hernández que ella se llamaba *La vuelta de Martín Fierro*, porque este nombre le dio el público mucho antes de haber él pensado en escribirla. Es la historia de muchas segundas partes en los libros de aventuras que alcanzan la gran popularidad. Y la de *Martín Fierro* había sido enorme: once ediciones en seis años, con cuarenta y ocho mil ejemplares. Ningún libro argentino obtuvo antes ni después un éxito parecido; y ya he dicho que, al presente, solo pueden comparársele las grandes tiradas de Europa donde se cuenta con millones de lectores.

Semejante revelación, a buen seguro inesperada, influyó por suerte nuestra en el ánimo del autor, y *La vuelta de Martín Fierro* completó de una manera definitiva su empresa.

La verdad es que él mismo no se había conformado con las despedidas eternas, diciendo al final de la primera parte:

Y siguiendo el fiel del rumbo
se entraron en el disierto;
no sé si los habrán muerto,
en alguna correría;
mas espero que algún día
sabré de ellos algo cierto.

Y *Martín Fierro* volvió, pero ya viejo y aleccionado por aventuras terribles. El poema iba a ser, ahora, una descripción en grandes cuadros, efectuada por diversos protagonistas, bien que con la misma vivacidad pintoresca y abundancia de poesía natural. Esto requería, desde luego, mayor extensión; pero como el interés y la variedad de dichos relatos son mucho mayores, apenas se nota aquella circunstancia.

Entretanto, el favor del público ha robustecido en el poeta la conciencia de su genio. El preludio revela, con estrofas que son vaticinios, este nuevo estado de ánimo:

Lo que pinta este pincel

ni el tiempo lo ha de borrar;
ninguno se ha de animar
a corregirme la plana;
no pinta quien tiene gana
sino quien sabe pintar.

...

Pero voy en mi camino
y nada me ladiará;
he de decir la verdá,
de naides soy adulón;
aquí no hay inmitación,
esto es pura realidá.

Y el que me quiera enmendar
mucho tiene que saber.
Tiene mucho que aprender
el que me sepa escuchar.
Tiene mucho que rumiar
el que me quiera entender.

Más que yo y cuantos me oigan,
más que las cosas que tratan,
más que lo que ellos relatan,
mis cantos han de durar.
Mucho ha habido que mascar
para echar esta bravata.

Sabe que el dolor es la suprema garantía de eternidad en el corazón de los hombres, porque el hilo de lágrimas con el cual fecundamos para la vida superior nuestro mísero polvo, jamás se corta:

Brotan quejas de mi pecho,
brota un lamento sentido;
y es tanto lo que he sufrido

y males de tal tamaño,
que reto a todos los años
a que traigan el olvido.

Esta solidaridad cordial, es la fuente de su poesía, y así lo resume diciendo con original ocurrencia poética:

Y empriestenmé su atención
si ansí me quieren honrar,
de no, tendré que callar,
pues el pájaro cantor
jamás se para a cantar
en árbol que no da flor.

La nota picaresca termina el preludio con estos otros versos, en los cuales reconocemos aquel lenguaje que tan bien sabe aparejar la belleza del sentimiento a la intencionada burla del filósofo amable. Así, en la guitarra, la profundidad sorda de las cuerdas viriles, con el numeroso trino de los nervios delgados:

Dejenmé tomar un trago,
estas son otras cuarenta;[73]
mi garganta está sedienta,
y de esto no me abochorno,
pues el viejo, como el horno,
por la boca se calienta.

El argumento es, como siempre, sencillo: la lógica natural de la vida narrada.

Cruz ha muerto entre los indios, de una peste que los diezmó, encomendando a su amigo un hijo cuyo paradero ignora; pero, aun con esto, y no obstante la existencia horrible que la barbarie y la desconfianza de las tribus

---

73 Otras cuarenta como las cartas de la baraja usual entre los gauchos que desechan los ochos y los nueves. En el preludio de la primera parte había dicho, precisamente, que su pensamiento jugaba «con oros, copas y bastos».

impuso a ambos gauchos, empezando por tenerlos separados durante dos años, la inercia del desierto, verdadera parálisis moral conocida de todos cuantos en él vivieron, retiene al protagonista. Solo tres años después, obligado a matar un indio para salvar una cautiva, el peligro lo impulsa a huir con ésta. Así vuelve a su pago, donde en unas carreras a las que acudió por tomar lenguas, encuentra sus hijos. Estos cuentan sus vidas de padecimiento y de miseria, y cuando han concluido, un mozo guitarrero que anda por ahí, pide a su vez autorización para narrar la suya. Resulta ser el hijo de Cruz, *Picardía* por sobrenombre. En esto, un negro payador interviene para lanzar el desafío característico. *Martín Fierro* acepta, y vence a su contrincante; pero éste no ha buscado aquel lance, sino como una ocasión. Es el hermano menor de aquel negro a quien el gaucho mató en un jolgorio, y anda buscando venganza. Prontos ya para el combate ambos cantores, los demás consiguen separarlos. Entonces Fierro con sus hijos y Picardía, dirígense a la costa de un arroyo, donde pasarán la noche. Allá deciden mudar de nombre para borrar el pasado, y el poema concluye con una serie de consejos cantados a la luz de las estrellas por el gaucho ya anciano.

Hay más variedad de estructura en esta parte, conforme lo requería su mayor extensión; los episodios son también más abundantes, y ya he dicho que la verba poética conserva todo su encanto; pero los defectos son también más notables. La lección directa de moral, agrega su trivialidad inherente, al fastidio de largas series de estrofas sin colorido ni sabor. Así todo el canto XII destinado a narrar las penas del hijo mayor en la cárcel; así los ya citados consejos de *Martín Fierro*. Además de esto, Picardía repite con demasiada minuciosidad la descripción del fortín, que nada agrega al trozo análogo de la primera parte. Por el contrario, los detalles de la malversación de raciones que efectuaba la oficialidad, son excesivos y cargosos.

Después, los reparos literarios de la crítica, habían causado su habitual efecto. Hernández tuvo a ratos la preocupación de la belleza reglamentada que le predicaron. Hizo literatura de precepto y de epíteto, falseando la propiedad de expresión que es el mérito fundamental de sus personajes. Inútil agregar que esos resultan siempre sus peores versos. Afortunadamente, aquellas lástimas no abundan; y el manantial genuino es tan abundoso, que arrebata todos los ripios en su corriente.

La tranquilidad de situación, la dicha del encuentro que es causa del cuádruple relato, dan predominio a la alegría. El elemento picaresco forma dos terceras partes de la narración.

Ello no quita que, al comienzo, la nota patética, alcanzando por momentos el tono de la más noble expresión, inspire el resumen prologal de las tristezas sufridas:

> En la orilla de un arroyo,
> solitario lo pasaba;
> en mil cosas cavilaba,
> y a una güelta repentina,
> se me hacía ver a mi china
> o escuchar que me llamaba.
>
> Y las aguas serenitas
> bebe el pingo trago a trago;
> mientras sin ningún halago,
> pasa uno hasta sin comer,
> por pensar en su mujer,
> en sus hijos y en su pago.

Hay, efectivamente, una sugestión melancólica en ese curso del agua serena que parece ir deshilando nuestros pensamientos; en tanto el caballo acompasa con sus orejas los sorbos que vemos pasar uno a uno por el cuello tendido. Al lado suyo, con una pierna cruzada por descanso, el brazo izquierdo apoyado en la montura, las riendas flojas en la diestra, el caminante medita sus cosas tristes. En el claro silencio, algún pájaro que se detuvo a la brusca, blandeando el junco próximo, parece romperse en un grito, como si fuera de cristal. Y las improntas de los rastros, al ir llenándose de agua, recuerdan las copas inútiles que uno dejó sin apurar en el camino de la vida...

El poeta ha cantado así aquellas cosas de la tristeza:

> Y al que le toca la herencia
> donde quiera halla su ruina;

lo que la suerte destina
no puede el hombre evitar,
porque el cardo ha de pinchar:
Es que nace con espina.
...
Mas quien manda los pesares
manda también el consuelo.
la luz que baja del cielo
alumbra al más encumbrao,
y hasta el pelo más delgao
hace su sombra en el suelo.

Pero por más que uno sufra
un rigor que lo atormente,
no debe bajar la frente
nunca, por ningún motivo:
El álamo es más altivo
y gime constantemente.

Dos cuadros de salvaje grandeza componen la narración del protagonista, resumiendo la vida de los bárbaros. El primero es la proclama que termina el parlamento donde se ha decidido una invasión:

Volvieron al parlamento
a tratar de sus alianzas,
o tal vez de las matanzas,
y conforme les detallo,
hicieron cerco a caballo
rescostandosé en las lanzas.

Dentra al centro un indio viejo
y alli a lengüetiar se larga;
quién sabe qué les encarga,
pero toda la riunión

lo escuchó con atención
lo menos tres horas largas.

Pegó al fin tres alaridos
y ya principia otra danza;
para mostrar su pujanza
y dar pruebas de jinete,
da riendas rayando el flete
y revoliando la lanza.

Recorre luego la fila,
frente a cada indio se para,
lo amenaza cara a cara,
y en su juria aquel maldito,
acompaña con su grito
el cimbrar de la tacuara,[74]

Siguen luego los preparativos del malón:

Primero entierran las prendas
en cuevas, como peludos;
y aquellos indios cerdudos
siempre llenos de recelos,
en los caballos en pelos
se vienen medio desnudos.

Para pegar el malón
el mejor flete procuran;
y como es su arma segura
vienen con la lanza sola,
y varios pares de bolas
atados a la centura.

---

74   Nombre de la caña que solía ser el asta de la lanza: la lanza misma por antonomasia.

218

De ese modo anda liviano,
no fatiga el mancarrón;
es su espuela en el malón,
despúes de bien afilao,
un cuernito de venao
que se amarra en el garrón.

...

Caminan entre tiñeblas
con un cerco bien formao;
lo estrechan con gran cuidao,
y agarran, al aclarar,
ñanduces, gamas, venaos,
cuanto ha podido dentrar.

El baile de las chinas con que se festeja el regreso de la expedición, el relato de la peste, son también cosas épicas; pero veamos el episodio que motiva la fuga del protagonista.

Un día que se halla meditando como era su costumbre ante la tumba de Cruz, oye lamentos de mujer a lo lejos. Era una cautiva a quien maltrataba el amo feroz, atribuyéndole el hechizo de una cuñada. Ennoblecido por su propio dolor, el paladín no podía vacilar. Ante la mujer azotada y cubierta con la sangre de su hijito degollado por el salvaje para mayor tortura, el corazón del bravo recobra todo su brío. La narración de esta pelea, es sencillamente magnífica. Por su movimiento, sus incidentes, su grandeza trágica, las tres figuras de la mártir, del gaucho y del salvaje lacertoso y astuto, puede figurar entre los más bellos episodios de la épica. Aunque es el tercer combate singular del poema, resulta completamente distinto de los otros. Es también el más duro, dada la ferocidad del adversario:

Porque el indio era valiente:
usaba un collar de dientes
de cristianos que él mató.

Obsérvese esta variante que evita la monotonía del episodio: en el combate análogo de la primera parte, Fierro se defiende con las bolas. Ahora es el indio quien maneja aquella arma cuya esgrima conocía, pues, el gaucho, hijo del desierto a su vez. Así, la descripción del tipo es completa hasta en sus menores detalles, sin que éstos resulten nunca excesivos. El ingenio del poeta corre parejas con su gallardía.

> Se debe ser precavido
> cuando el indio se agazape.
> En esa postura el tape[75]
> vale por cuatro o por cinco.
> Como tigre es para el brinco,
> y fácil que a uno lo atrape.
>
> Peligro era atropellar
> y era peligro juir;
> y más peligro seguir
> esperando de este modo,
> pues otros podían venir
> y carniarme allí entre todos.
> ...
> Y como el tiempo pasaba
> y aquel asunto me urgía,
> viendo que él no se movía,
> me juí medio de soslayo
> como a agarrarle el caballo
> a ver si se me venía.
> ...
> A la primera puñalada
> el pampa se hizo un ovillo;
> era el salvaje más pillo
> que he visto en mis correrías
> y a más de las picardías

---

75   Indio. Ver el Tomo II.

arisco para el cuchillo.

Me sucedió una desgracia
en aquel percance amargo:
En momentos que lo cargo
y que él reculando va,
me enredé en el chiripá
y cai tirao largo a largo.

Ni por respeto al cuchillo
dejó el indio de apretarme;
allí pretende ultimarme
sin dejarme levantar,
y no me daba lugar
ni siquiera a enderezarme.
...
Bendito Dios poderoso,
quién te puede comprender,
cuando a una débil mujer
le diste en esa ocasión
la juerza que en un varón
tal vez no pudiera haber.

Esa infeliz tan llorosa,
viendo el peligro se anima,
como una flecha se arrima
y olvidando su aflicción,
le pegó al indio un tirón
que me lo sacó de encima.

Semejante episodio era común en las peleas campesinas. La intervención
de la mujer acentuaba la índole caballeresca del combate. Este continúa con
mayor encarnizamiento cada vez. Mas, ahora, llega su turno al indio avieso:

Me hizo sonar las costillas
de un bolazo aquel maldito;
y al tiempo que le dí un grito
y le dentro como bala,
pisa el indio y se refala
en el cuerpo del chiquito

...

En cuanto trastabilló,
más de firme lo cargué;
y aunque de nuevo hizo pie,
lo perdió aquella pisada,
pues en esa atropellada
en dos partes lo corté.

Aquella esgrima de las bolas era desconcertante y terrible. Las tres piedras y las tres sogas servían a la vez, cubriendo ventajosamente la guardia. La bola más pequeña, o manija, asíala el guerrero con los dedos de su pie izquierdo desnudo. Una de las dos mayores, tensa en su cordel, manteníala con la mano izquierda a la altura de la cabeza. La tercera quedaba floja y colgando en la mano derecha, con lo que venía a ser el elemento activo del combate. Obligado a retreparse para aumentar la tensión de aquella cuerda, el indio acentuaba en su fiero talante la impresión del peligro. Ambas las manos combinan sus movimientos para disparar el doble proyectil; y todavía, si se descuidaba el adversario, bastábale aflojar de golpe la manija, que, con la tensión, iba a dar en la pierna de aquél, descomponiendo su firmeza. Así era difícil entrarle con el cuchillo, mientras no se lograra cortarle una de las sogas.

Era, precisamente, lo que había pasado antes del oportuno resbalón. Y el desenlace de la lucha se precipita en estas estrofas cruzadas ya por el soplo de la agonía sangrienta y de la fatiga mortal, expresadas con vigor tremendo:

Lastimao en la cabeza
la sangre lo enceguecía;

de otra herida le salía
haciendo un charco ande estaba;
con los pies la chapaliaba
sin aflojar todavía.

Tres figuras imponentes
formábamos aquel terno:
Ella en su dolor materno,
yo con la lengua de juera,
y el salvaje como fiera
disparada del infierno.

Iba conociendo el indio
que tocaban a degüello;
se le erizaba el cabello
y los ojos revolvía,
los labios se le perdían
cuando iba a tomar resuello.

Esa respiración anhelosa, que absorbe los labios como en un rictus de agonía, era el detalle más imponente de semejantes luchas. Quien ha presenciado el fenómeno, difícilmente lo olvidará: la expresión de la boca determina toda la fisonomía de la fiera.

Muerto el salvaje, era forzoso evitar con la fuga la venganza inexorable. El gaucho ofrece a la cautiva su cabalgadura; él se acomoda en la del enemigo, y entonces, como un himno de victoria, el elogio del caballo levanta el ánimo con soberbia digresión. A semejanza del árabe antepasado, la libertad que recobra parece corporificarse en un canto al primero de sus bienes y al mejor de sus cariños:

Yo me le senté al del pampa,
era un escuro tapao;
cuando me veo bien montao,
de mis casillas me salgo,

y era un pingo como galgo
que sabía correr boliao.

Para correr en el campo
no hallaba ningún tropiezo;
los ejercitan en eso,
y los ponen como luz:
De dentrarle a un avestruz
y boliar bajo el pescuezo.

El pampa educa el caballo
como para un entrevero.
Como rayo es de ligero
en cuanto el indio lo toca,
y como trompo en la boca,
dá güeltas sobre de un cuero.[76]

Lo varea en la madrugada,
jamás falta a este deber;
luego lo enseña a correr
entre fangos y guadales;
ansina esos animales
es cuánto se puede ver.

En el caballo de un pampa
no hay peligro de rodar;
jué pucha... y pa disparar
es pingo que no se cansa;
con proligidá lo amansa
sin dejarlo corcobiar.

Pa quitarle las cosquillas,

---

76 Girar en las patas sobre un cuero, sin salir de él, es la prueba más completa de buena
rienda que puede dar un caballo. La expresión «como trompo en la boca», significa que
siendo de boca tan blanda, gira como un trompo.

con cuidao lo manosea;
horas enteras emplea,
y por fin, solo lo deja,
cuando agacha las orejas
y ya el potro ni cocea.

...

El animal yeguarizo,
Perdonenmé esta alvertencia,
es de mucha conocencia
y tiene mucho sentido:
es animal consentido,
lo cautiva la pacencia.

Atraviesan el desierto, entre mil penurias, hasta alcanzar la seguridad en tierra de cristianos. Y aquí, bajo la trivialidad aparente de la narración, despunta uno de los rasgos más nobles de aquella poesía tan llena de puro sentimiento y de salud moral:

Ahí mesmo me despedí
de mi infeliz compañera:
«Me voy, le dije, ande quiera
aunque me agarre el gobierno,
pues infierno por infierno,
prefiero el de la frontera.»

Cualquier romántico vulgar habría aprovechado el percance para una aventura amorosa, después de todo natural en aquel hombre afligido por un celibato de cinco años. Por pasividad gaucha y por gratitud, la mujer tampoco habría resistido. Pero la generosidad del paladín, ignora estas complicaciones pasionales. Ni una sombra de egoísmo empañará su buena acción. Ni siquiera en ósculos dolorosos sabría cobrar al débil el precio de su hazaña. Modelo de varón, su castidad, como el aseo de la espada, es la belleza de su fuerza.

Pasemos el canto XI, mero eslabón narrativo del encuentro con los hijos, así como el XII que narra los dolores del primero de aquéllos en la cárcel, para llegar cuanto antes a los siete siguientes, obra maestra de picardía gaucha en la cual es difícil decidir lo mejor, tal resulta de completa.

Pero, aun cuando el citado canto XII sea tan débil, ofrece una vez más la prueba, que no quiero desdeñar, de la propiedad perfecta, casi digo de la moralidad con la cual Hernández trató su tema. Obsérvase, efectivamente, mayor corrección, o mejor dicho, cultura que la habitual, así en el lenguaje como en las reflexiones del narrador. A primera vista, eso parece falso y desagrada. Después se nota que es una influencia del ambiente urbano, aun cuando haya sido en el presidio. Así puede comprobarlo cualquiera con los gauchos que salen de la cárcel: son, a no dudarlo, más ladinos. Sin contar lo que debe contribuir al indicado efecto, la concentración del alma en su triste soledad.

Volvamos al chisporroteo de la verba picaresca, en lo que sigue.

Trátase ante todo, de la tutela ejercida sobre el segundo hijo de *Martín Fierro* por el famoso viejo *Vizcacha*, nuestro tipo proverbial por excelencia.

No es el caso de transcribir su retrato y sus consejos que todos sabemos de memoria, su enfermedad y su acción corruptora sobre el joven pupilo, a quien un juez bribón ha colocado bajo la férula de semejante zorrocloco, para usurpar a mansalva su mezquino haber.

Insistiré, apenas, sobre un detalle que demuestra la veracidad del poema, como resultado de una observación genial, equivalente, en el caso, a la más exacta conclusión científica.

La enfermedad del viejo empezó por un tubérculo axilar, para transformarse luego en la fiebre delirante que ocasionó la bondad de precisar el diagnóstico que yo me sospechaba.

Es evidente que se trata de un tumor golondrino cuya infección hubo de convertirse en septicemia, propagada por el desaseo del sujeto y por el alcoholismo predisponente. Esta última circunstancia es la que determina el delirio típico, caracterizado por el acto de arañar las paredes y por las visiones terroríficas.

Mi fe inquebrantable en que todo cuanto dice el poema es verdad, habíame indicado el buen camino; pues el poeta verdaderamente digno de este nombre, todo lo sabe, desde que nace poseyendo el secreto de la vida. Una observación, para otros insignificante, enséñale las recónditas analogías que forman la trama oculta de los fenómenos; y así es como se adelanta a los resultados idénticos del análisis, más allá de su propia conciencia. Mientras los demás saben porque han estudiado, él siente, como un resultado de armonía, la ley trascendental en cuya virtud la vida obra.

La divertida descripción del inventario que practica el alcalde, patentiza una vez más el poder asombroso de aquel verbo, capaz de producir el más alto interés cómico con la enumeración de semejante congerie. Están todos los rasgos típicos del paisano ratero que corta las argollas de las cinchas y entierra las cabezas de los carneros robados, para ocultar, así, las señales denunciadoras de las orejas. El consabido episodio de vida rural anima aquella descripción, no bien puede resultar monótona. Véase cómo sobreviene esta digresión tan oportuna entre los comentarios sobre las trapacerías del viejo:

Se llevaba mal con todos,
era su costumbre vieja
el mesturar las ovejas;
pues al hacer el aparte,
sacaba la mejor parte
y después venía con quejas.

Dios lo ampare al pobrecito,
dijo en seguida un tercero;
siempre robaba carneros,
en eso tenía destreza:
Enterraba las cabezas,
y después vendía los cueros.

Y qué costumbre tenía
cuando en el jogón, estaba;
con el mate se agarraba
estando los piones juntos:

yo tallo, decía, y apunto,[77]
y a ninguno convidaba.

Si ensartaba algún asao,[78]
pobre, como si lo viese:
Poco antes de que estuviese,
primero lo maldecía,
luego después lo escupía
para que naides comiese.

Quien lo quitó esa costumbre
de escupir el asador,
jué un mulato resertor
que andaba de amigo suyo;
un diablo muy peliador
que le llamaban Barullo.

Una noche que les hizo
como estaba acostumbrao,
se alzó el mulato, enojao,
y le gritó, viejo indino,
yo te he de enseñar, cochino,
a echar saliva al asao.

Lo saltó por sobre el juego
con el cuchillo en la mano.
¡La pucha el pardo liviano!
En la mesma atropellada
le largó una puñalada
que la quitó otro paisano.

Y ya caliente, Barullo,

---

77 Como si estuviera jugando solo al juego del monte.
78 Para asar la carne, ensartábanla los gauchos en un palo o en un espeque de fierro.

quiso seguir la chacota;
se le había erizao la mota
lo que empezó la reyerta.
El viejo ganó la puerta
y apeló a las de gaviota.[79]

Los tres versos finales de la penúltima estrofa, describen el movimiento vivísimo de tres personajes. La propia mímica de esa acción; sería menos expresiva. Por esto, la lectura del poema en los fogones rurales, causa el efecto de una representación teatral. Es de oír las interjecciones, las carcajadas que lo comentan. Y este solo efecto de la lectura sobre aquellos iletrados, es ya una obra de civilización. Así, por medio de la filosofía y del arte, enseñó la lira antigua a los pastores bravíos el encanto del hogar y, consecutivamente, el bien de la patria.

Aquella verba cómica encuentra acto continuo nuevo pretexto en las penas de amor del muchacho abandonado que se prenda de una viuda desdeñosa, para entretenernos con inagotable gracia.

Es común en nuestras campañas que los gauchos jóvenes se casen con viudas ya provectas. El hijo de Martín Fierro adolece de la misma inclinación, y para libertarse de la ingrata, recurre a las brujerías de un adivino. La consabida farmacopea que ha de curar el cojijo amoroso, es otra obra maestra de ironía gaucha. Trátase de un verdadero esbozo de comedia moral, enderezada contra las supersticiones populares; pues los más grandes épicos jamás desdeñaron la oportunidad de criticar malas costumbres, si ella les salía al paso, al ser sus poemas síntesis prácticas de los tres principios cardinales: belleza, bien y verdad. Así el Dante, entre muchos pasajes análogos:

...

Tempo futuro...

...

Nel qual sarà in pergamo interdetto
Alle sfacciate donne fiorentine
L'andar mostrando con le poppe il petto.

---

79   Las piernas; por lo mucho que se destacan las del animal, siendo rojas, cuando corre.

Con profunda lógica de conjunto, que a la vez completa el esbozo cómico, el cura, uno de esos divertidos clérigos de campaña para quienes son diezmo pascual las gallinas gordas y las viudas de buen pellizcadero, interviene con decisiva eficacia.

Ansí me dejaba andar,
hasta que en una ocasión,
el cura me echó un sermón
para curarme sin duda,
diciendo que aquella viuda
era hija de confisión.

Y me dijo estas palabras
que nunca las he olvidao:
Has de saber que el finao
ordenó en su testamento
que naides de casamiento
le hablara en lo sucesivo,
y ella prestó juramento
mientras él estaba vivo.

Y es preciso que lo cumpla
porque ansí lo manda Dios;
es necesario que vos
no la vuelvas a buscar,
porque si llega a faltar
se condenarán los dos.

Con semejante alvertencia
se completó mi redota;
le vi los pies a la sota,
y me le alejé a la viuda,
más curao que con la ruda

con los grillos y las motas.

Después me contó un amigo,
que al Juez le había dicho el cura,
que yo era un cabeza dura
y que era un mozo perdido;
que me echara del partido
que no tenía compostura.

Y así anduvo vagando el infeliz, hasta que la casualidad le ocasionó el encuentro con su padre.

Análoga es la historia de *Picardía*, el hijo huérfano de Cruz.

Explotado por un patrón sin conciencia, fúgase con una compañía de volatines; en Santa Fe, encuentra unas tías que lo protegen; mas son tan beatas, que no tardan en acobardarlo con sus rezos; entonces vuélvese jugador, despoja de su pacotilla a cierto napolitano chamarilero y la intervención policial ocasionada por este episodio, inicia sus desventuras. Persíguenlo, mándanlo a la frontera, y de allá ha vuelto más desvalido que nunca.

Esta narración es, sobre todo, abundante en personajes típicos. Primero, el protagonista, muchachón despejado y crápula que conoce al dedillo todas las malas artes de vivir, desde la maroma hasta el naipe floreado, si bien conserva un fondo intacto de moral en la salud de su propia alegría. De este modo, apenas la existencia le ofrece coyuntura favorable, arrepiéntese para hacer honor al nombre que sin saberlo llevaba. Después, la habitual caracterización en dos rasgos:

Un nápoles mercachifle,
que andaba con un arpista,
cayó también en la lista
sin dificultá ninguna:
Lo agarré a la treinta y una
y le daba bola vista.

Los gringos buhoneros, solían acompañarse con uno de esos músicos ambulantes, para atraer clientela y jugar a medias en las pulperías. Ya dije, al tratar de la poesía gaucha, que ambos personajes, adecuados naturalmente a nuestro medio y nuestras costumbres, reproducían la clásica pareja provenzal y arábiga del trovador con su juglar. El arpista, generalmente santiagueño, era también un poco brujo: condición de juglar a su vez; soliendo contribuir no poco al prestigio de su profesión, la lengua quíchua que en sus ensalmos usaba. El despojo del malaventurado comerciante, chispea de malicia gaucha:

> Lo hubieran visto afligido
> llorar por las chucherías:
> «Ma gañao con picardía»,
> decía el gringo y lagrimíaba,
> mientras yo en un poncho alzaba
> todita su merchería.

Ahí se presenta la policía, y esto forma un trozo que es necesario citar completo para gozar debidamente su refocilo:

> Pero poco aproveché
> de fatura tan lucida:
> el diablo no se descuida,
> y a mí me seguía la pista
> un ñato muy enredista
> que era oficial de partida.

> Se me presentó a esigir
> la multa en que había incurrido:
> Que el juego esta prohibido,
> que iba a llevarme al cuartel...
> Tuve que partir con él
> todo lo que habla alquirido.

Empecé a tomarlo entre ojos
por esa albitrariedá.
Yo había ganao, es verdá,
con recursos, eso sí;
pero él me ganaba a mí
fundao en su autoridá.

Decían que por un delito
mucho tiempo anduvo mal;
un amigo servicial
lo compuso con el juez.,
y poco tiempo después
lo pusieron de oficial.

En recorrer el partido
continuamente se empleaba;
ningún malevo agarraba,
pero traiba en un carguero,
gallinas, pavos, corderos,
que por ahi recoletaba.

No se debía permitir
el abuso a tal extremo.
Mes a mes hacía lo mesmo,
y ansí decía el vecinario,
«este ñata perdulario
ha resucitao el diezmo».

La echaba de guitarrero
y hasta de concertador;
sentao en el mostrador
lo hallé una noche cantando,
y le dije, co...mo quiando
con ganas de oír un cantor...

Me echó el ñata una mirada
que me quiso devorar;
mas no dejó de cantar
y se hizo el desentendido,
pero ya había conocido
que no lo podía pasar.

Una tarde que me hallaba
de visita, vino el ñato,
y para darle un mal rato
dije juerte: Ñato... ribia
no cebe con la agua tibia...
y me la entendió el mulato.

Era el todo en el jujao,
y como que se achacó,
ahi no más me contestó:
—Cuando el caso se presiente,
te he de hacer tomar caliente,
y has de saber quen soy yo.

Por causa de una mujer
se enredó más la cuestión;
le tenía el ñato afición,
ella era mujer de ley,
moza con cuerpo de güey
muy blanda de corazón.

La hallé una vez de amasijo,
estaba hecha un embeleso;
y le dije —Me intereso
en aliviar sus quehaceres,
y ansí, señora, si quiere,

y le arrimaré los güesos,[80]

Estaba el ñato presente
sentado como de adorno.
Por evitar un trastorno
ella, al ver que se dijusta,
me contestó —si usté gusta
arrimelós junto al horno.

Ahi se enredó la madeja
y su enemistá conmigo;
se declaró mi enemigo,
y por aquel cumplimiento,
ya solo buscó el momento
de hacerme dar un castigo.
...
Me le escapé con trabajo
en diversas ocasiones;
era de los adulones,
me puso mal con el juez,
hasta que, al fin, una vez
me agarró en las elecciones.

Ricuerdo que esa ocasión
andaban listas diversas;
las opiniones dispersas
no se podían arreglar;
decían que el juez, por triunfar
hacía cosas muy perversas.

Cuando se riunió la gente,
vino a ploclamarla el ñato,

---

80 Equívoco entre «arrimarle los huesos» o sea acostarse con ella, y poner huesos en la puerta
    del horno, para que allá encendidos, preserven con su lento calor la entrada del aire. De
    ahí la respuesta que da la moza.

diciendo con aparato
que todo andaría muy mal,
si pretendía cada cual
votar por un candilato.

Y quiso al punto quitarme
la lista que yo llevé;
mas yo se la mezquiné,
Y ya me gritó —¡Anarquista!
has de votar por la lista
que ha mandado el Comiqué.

Me dio vergüenza de verme
tratado de esa manera;
y como si uno se altera,
ya no es fácil de que ablande,
le dije —Mande el que mande,
yo he de votar por quien quiera.

En las carpetas de juego
y en la mesa electoral,
a todo hombre soy igual,
respeto al que me respeta;
pero el naipe y la boleta
naides me lo ha de tocar.

Ahi no más ya me cayó
a sable la polecía;
aunque era una picardía,
me decidí a soportar,
y no los quise peliar
por no perderme ese día.

Estos ñatos representan todo un sistema en nuestra política rural. Mulatos leguleyos, con cuatro cerdas alazanas por bigote, pringado de cacarañas sudorosas el rostro donde la avería nasal estampa por definición el sello repugnante del calavera, quién no los ha visto hamacándose en sus tordillos de paso, o con un gallo de pelea bajo la manga del guardapolvo, mientras la oreja baya provoca deslices con el señuelo de su clavel querendón.

Así también se pinta solo el comandante que va encontrando en la renitencia política de los gauchos prendidos por su malandrín, pretexto para mandarlos a la frontera. Oficialote brutal, peludo, con los ojos abotagados de siesta borracha, su voz aguardentosa parece resoplar el calor de la mala entraña.

—Cuadrate, le dijo a un negro,
te estás haciendo el chiquito,
cuando sos el más maldito
que se encuentra en todo el pago.
Un servicio es el que te hago
y por eso te remito.

A OTRO
Vos no cuidás tu familia
ni le das los menesteres;
visitás otras mujeres,
y es preciso, calavera,
que aprendás en la frontera
a cumplir con tus deberes.

A OTRO
Vos también sos trabajoso;
cuando es preciso votar
hay que mandarte llamar
y siempre andás medio alzao;
sos un desubordinao
y yo te voy a filiar.

A OTRO
¿Cuánto tiempo hace que vos
andás en este partido?
¿Cuántas veces has venido
a la citación del juez?
No te he visto ni una vez,
has de ser algún perdido.

A OTRO
Este es otro barullero
que pasa en la pulpería
predicando noche y día
y anarquizando a la gente.
Irás en el contingente
por tamaña picardía.

A OTRO
Dende la anterior remesa
vos andás medio perdido;
la autoridá no ha podido
jamás hacerte votar.
Cuando te mandan llamar
te pasás a otro partido.

A OTRO
Vos siempre andás de florcita,
no tenés renta ni oficio;
no has hecho ningún servicio,
no has votao ninguna vez,
Marchá... para que dejés
De andar haciendo perjuicio.

A OTRO

Dame vos tu papeleta[81]
yo te la voy a tener;
esta queda en mi poder,
después la recogerás,
y ansí si te resertás
todos te pueden prender.

A OTRO
Vos porque sos ecetuao
ya te querés sulevar;
no vinistes a votar
cuando hubieron eleciones,
no te valdrán eseciones,
yo te voy a enderezar.

He dicho ya que la descripción del fortín donde fue a dar Picardía, es una mera redundancia; no obstante, hay en ella una silueta de oficial bribón que merece los honores de la cita:

De entonces en adelante,
algo logré mejorar,
pues supe hacerme lugar
al lado del ayudante.

Él se daba muchos aires,
pasaba siempre leyendo,
decían que estaba aprendiendo
pa recebirse de flaire.

Aunque lo pifiaban tanto,
jamás lo vi dijustao.
tenía los ojos paraos
como los ojos de un santo.

---

81   La libreta del enrolamiento militar.

Muy delicao, dormía en cuja[82]
y no sé por qué sería,
la gente lo aborrecía
y le llamaban LA BRUJA.

Jamás hizo otro servicio
ni tuvo otras comisiones,
que recibir las raciones
de víveres y de vicios.

Parientes del coronel o de algún personaje notorio, aquellos favoritos, temporalmente sustraídos a la protesta social por alguna sonada trapacería, eran los regalones del cuerpo donde procuraban restaurar, con la fama perdida, su agotamiento de calaveras. Mezcla de truhán y de seminarista, el tipo aquél parece salirse, literalmente, de las escasas redondillas donde la mano maestra lo ha clavado como un insecto, sin necesitar más que esos cuatro alfileres para revelarnos completa su anatomía.

Un breve romance sirve luego de introducción a la payada entre *Martín Fierro* y el negro. Obsérvese cómo sin perder nada de su estructura local, el idioma adquiere, naturalmente, la manera narrativa del antepasado español:

Esto cantó Picardía
Y después guardó silencio,
mientras todos celebraban
con placer aquel encuentro,
Mas una casualidá,
como que nunca anda lejos,
entre tanta gente blanca
llevó también a un moreno
presumido de cantor
y que se tenía por güeno.

---

82 Cama de madera. Es una generalización a esta clase de lechos, del cabezal que recibe aquel nombre en castellano.

Y como quien no hace nada,
o se descuida de intento,
pues siempre es muy conocido
todo aquel que busca pleito,
se sentó con toda calma,
echó mano al estrumento,
y ya le pegó un rajido[83]
—era fantástico el negro—
y para no dejar dudas
medio se compuso el pecho.
Todo el mundo conoció
la intención de aquel moreno:
era claro el desafío
dirigido a *Martín Fierro*,
hecho con toda arrogancia,
de un modo muy altanero.
Tomó Fierro la guitarra,
pues siempre se halla dispuesto,
y ansí cantaron los dos
en medio de un gran silencio.

La payada es una composición muy desigual: dijérasela un resumen de todas las buenas y malas cualidades de nuestro poeta. Como lance filosófico, resulta en muchas partes forzado y lleno de violentas pretensiones literarias. Aunque el negro afirma que fue educado por un fraile, como suele, efectivamente, suceder, pues el servicio del cura es ocupación de negritos, su sabiduría no resulta desplazada. En cambio, cuando los payadores hacen gala de sus conocimientos campestres, el asunto recobra todo su interés; las réplicas son oportunas y originales. Así el negro en su exordio:

Mi madre tuvo diez hijos,
los nueve muy rigulares;
tal vez por eso me ampare

---

83 Rasgueo.

la Providencia divina:
En los güevos de gallina
el décimo es el más grande.

Y Fierro en su réplica final:

La madre echó diez al mundo,
lo que cualquiera no hace,
y tal vez de los diez pase
con iguales condiciones:
La mulita pare nones
todos de la mesma clase.

O en otra parte:

Moreno, alvierto que tráis
bien dispuesta la garganta;
sos varón, y no me espanta
verte hacer esos primores:
En los pájaros cantores
solo el macho es el que canta.

A lo cual el negro contesta:

A los pájaros cantores
ninguno imitar pretiende;
de un don que de otro depende
naides se debe alabar,
pues la urraca apriende a hablar,
pero solo la hembra apriende.

Los temas propuestos, hállanse asimismo, llenos de grandeza épica; el canto del cielo, el canto de la tierra, el canto del mar. Adviértese que el poeta se ha engrandecido con su propio asunto; y aunque, dados los protagonistas, era sumamente difícil no incurrir en vulgaridad o amaneramiento, ideas y expresiones alcanzan con frecuencia el tono debido, sin dejar de ser enteramente gauchas. Para salvar esta dificultad, quizá la más grande en todo el poema, le basta con ser natural y veraz como de costumbre. Así evidencia, lo cual es un timbre de honor para nuestra raza, que el alma gaucha era capaz de concebir en los grandes fenómenos naturales una trascendencia filosófica, y conserva al género, directamente derivado de los trovadores, su inclinación característica.

Mas el estilo va desmayando a la par del asunto, como sucede en casi todas las composiciones análogas. Los consejos finales del cantor, recuerdan con desventaja aquellos otros del viejo Vizcacha, tan llenos de observación pintoresca y de gracia proverbial. La moraleja es la debilidad de la fábula; y cuando nuestro poeta hace moral con palabras, no con actos, renuncia a la eficacia práctica del ejemplo que constituye todo el sistema docente en la materia, así como al don más característico de su estética. Pero este mismo defecto revela su sinceridad. Es que no se trata de una obra preceptuada, sino de un manantial que ha corrido a despecho de su propio creador. Sus sinuosidades, sus estancamientos, sus vueltas sobre sí mismo, su lodo y sus guijarros, su turbulencia y su claridad, hay que apreciarlos en conjunto, puesto que así constituyen su ser. La vida heroica de la raza, sintetizada en una grande empresa de justicia y de libertad, constituye su mérito y determina su excelsa clasificación. Pero ella no transcurre, naturalmente, sin dolores y sin miserias; es decir, sin los episodios ingratos que constituyen las piedras brutas sobre las cuales, arrastrándose, talla el arroyo su cristal. La limpieza del establo famoso, es también uno de los trabajos de Hércules. Los mismos númenes creadores coronan su obra primordial, construyendo un hombre de barro. Y nosotros somos ese limo, y nuestras lágrimas son aquella agua que se le escapa por los poros en divina clarificación. No achaquemos al arquitecto la vileza del material con que está obligado a construir. Él es, por el contrario, quien lo exalta, amoldándolo a la belleza prototípica que está en él, como están en el seno maternal la forma y el destino de la primera copa; ordenándolo con su ciencia nativa, elevándolo con el ímpetu de sus alas, del propio modo que la golondrina lleva un poco del barrizal a la cornisa de la torre.

X. El linaje de Hércules

Monumento, ya se lo erigió el poeta en esa perpetuidad de la fama con que el verso del otro dio parangón al metal.[84] Mas el pueblo le debe todavía aquella prenda de su gratitud. *Martín Fierro* necesita su bronce. Este será la carne heroica en la cual hemos de encerrar su espíritu para que así rehabite entre nosotros una materia, al fin, análoga. Porque, efectivamente, él mismo habíasela formado. De tierra pampeana y de Sol nuestro, de trabajo y de dolor que ríos pertenecen, estaba construido aquel antecesor. Como en la aleación donde se combinan la rojura y la palidez de los sendos metales, el furor de la llama original ennoblecía su raza. Y de arder así, habíase puesto moreno. Mas la substancia de ese Sol y de esa pena refundidos en su ser, comunicábanle aquella sensibilidad musical que da el oro al timbre de la campana. Adentro estaba el gran corazón, expandiéndose a badajadas que dolían de golpear el propio pecho, para resollar en palabras armoniosas el lenguaje del alma. Y éste era, a su vez, la anunciación de la aurora. El metal aún denso de terráquea pesadumbre parece que va dilatando el cielo en vibraciones de luminosa sonoridad, como el busto del nadador sobre las aguas concéntricas; su canto de gloria promueve las innúmeras voces del aire, que con alegría infantil, parece reír, granizado en perlas; pero la gravedad de su tenor, comunícale al mismo tiempo elocuencia de vocablo rotundo; la índole mineral estalla en resonancias de combate; el tono heroico emana de su fortaleza, bien que pronto conmovido en voces de canción o exaltado en alegre intrepidez de gorjeo; allá muy lejos, sobre las montañas y las arboledas, que son las costas del aire, desmenúzase el son en cristales de agua esplayada; y de este modo la tierra y el cielo unen sus voces en la vibración de aquel pedazo de materia cuya facultad maravillosa es; sin embargo, la más elemental de las propiedades.

Así la poesía en el alma de ese gaucho; la poesía de la raza, que bien merece, a mi ver, una caracterización monumental. Inconsciente de su mérito, como la pampa cantada de su belleza, esta ingenuidad nativa es otra razón para decretarle el triunfo póstumo que ni siquiera sospechó. El hombre del

---

84   Horacio, lib. HI, od. XXX.

Exeji monumentum aere perennius.
He alzado un monumento durable como el bronce.

campo encontrará en ello una enseñanza. Cuando colgó de un horcón de su rancho el cuaderno ordinario junto con la guitarra compañera, hizo como aquellas aves que adornan con flores sus nidos. Y entonces la estatua de la ciudad, realzará la delicadeza de sus sentimientos como un certificado ilustre. Por ella sabrá que el autor de los versos amados, si habla como él, es también un grande entre los hombres. Vinculado a la vida superior del espíritu con los habitantes de la ciudad, esta unión de todos en el mismo noble culto, un concepto superior al sentimiento fraternal de la ciudadanía. No solo con símbolos generales del trabajo campestre, hemos de realzar dicho esfuerzo. Poca es la influencia que ellos tienen sobre el alma del pueblo, escasamente inclinado a generalizar. La individualización de la estatua con que celebramos al poeta y al héroe, ofrécele, en cambio, una prolongación objetiva de aquellas vidas excelentes, con las cuales siéntese contemporáneo, o sea naturalmente inclinado a concebir la idea de la inmortalidad. No es lo mismo decir a un labriego, «este monumento representa el trabajo de la agricultura o de la ganadería», que llevarlo ante la estatua de un hombre y hacerle ver en ella al general San Martín que nos dio libertad, o al poeta Hernández que compuso los versos de *Martín Fierro*. Mejor todavía si la efigie es sencilla y su actitud natural; si no está el personaje encaramado en esos decorativos corceles, o envuelto en esos mantos teatrales con que la impotencia retórica disimula una irremediable incapacidad de grandeza. Mejor, porque en vez de un ídolo habremos representado un hombre, es decir, el elemento que necesitamos valorar. Así procedía el arte ejemplar de los griegos; pues aquellos sus dioses de mármol proponían a la raza modelos superiores de su propio tipo, en la plenitud de una vida superior que ennoblecía la materia por medio del espíritu. Las estatuas dispuestas en actitud extraordinaria, que es decir, sugestiva de seres originariamente superiores a los mortales, fueron creaciones del despotismo oriental introducidas por su congénere romano, cuando la expansión de la conquista comunicó aquel vicio, por contacto, a los jefes de las legiones. Ellas representaban el derecho divino, la naturaleza predestinada de los reyes que lo encarnan, resultando, así, distintos de sus súbditos por razón de calidad. La estatua fue símbolo de aquella pretensión que sujeta la condición humana a la fatalidad del nacimiento, y con ello organiza el mundo en un sistema inconmovible de servidumbre: arriba los amos; abajo los siervos. Y esto, sin esperanza de cambio, desde que ambas posiciones son, para unos y otros, resultados de sus distintas naturalezas.

El cristianismo, religión oriental a su vez, robusteció aquel principio, no bien su alianza con los emperadores indújole a renegar el helenismo en el cual primero habíase injertado para poder prosperar. Y los pontífices cubiertos de mitras asiáticas, envueltos en oro hasta disimular completamente la forma humana como las momias de los faraones, sometidos al rigor de movimientos hieráticos que repetían las actitudes sobrehumanas de los dioses —tanto más temibles cuanto eran más diversos de la triste humanidad, más lejanos en su misterio— encarnaron el dogma de obediencia con terrible perfección. Para mejor dominar los espíritus, impusieron, so pena de condenación irrevocable, creencias que ellos mismos declaraban absurdas, como lo es la naturaleza distinta atribuida a los reyes; pues solo cuando el hombre abdica su razón, que es el móvil de la libertad, resulta perfecta la obediencia. Y así quedó interrumpido en el mundo el desarrollo normal de la civilización helénica.

Pero ésta era un producto natural de cierta región y de cierta raza, predestinadas por causas que ignoramos, a realizarla sobre la tierra; y seguro que no bien se hallara en condiciones de reaccionar, tomaría otra vez la dirección interrumpida.

Esto sucedió cuando la Iglesia, creyendo poseer el Occidente como dominio propio en el cual eran feudatarios los reyes, empezó a maniobrar para apoderarse del Oriente cuya infidelidad contrariaba sus pretensiones al imperio universal. Empeñada en este propósito, descuidó por cerca de tres siglos su dominio europeo, al paso que ocupaba y empobrecía en lejanas guerras sus más fieles campeones. Al mismo tiempo, su unidad tradicional con el cesarismo habíase roto por la base, al volvérseles enemigas los emperadores germánicos. Por último, una corrupción sin precedentes, hacía del pontificado la corte más disoluta de Europa. Grecia no existía por entonces en la antigua península, ni en las tierras del Asia Menor, ni en aquella Sicilia de los filósofos, pues las tres eran posesiones musulmanas. Solo quedaba la antigua zona de Provenza, donde los últimos herejes conservaban a ocultas la protesta viva del helenismo. Maniqueos y carpocracianos, seguían representando allá la expansión extrema de aquel fenómeno, o sea el ideal racionalista y comunista de la sociedad sin gobierno político, adaptado a las formas cristianas: el mismo que los gnósticos del siglo II habían formulado en Egipto para conciliar la nueva religión con el paganismo expirante, en un común propósito de civilización progresiva. Y tan poderosa era aquella raíz, que apenas Sicilia cayó en poder de Federico II de Hohenstaufen, volvieron a florecer en ella la cultura y el racionalismo paganos, bajo el estímulo de aquel emperador enemigo de los papas cuya figura fue el prototipo precoz de los grandes soberanos del Renacimiento.

La Provenza empezó a restaurar aquella civilización helénica, tipificándola a su vez en dos personajes de ralea hercúlea: el trovador y el paladín. Ambos representaron el ideal de justicia reasumida como un bien personal, inherente a la condición humana, o sea lo contrario de la gracia bajo cuyo concepto el dios del papa formulaba dicha justicia en mandamientos penales emanados de su divina superioridad; y el culto de la mujer, a quien la Iglesia consideraba como la representación de uno de los enemigos del alma.

Los mismos soberanos pusiéronse a la cabeza de aquel vasto movimiento. Jaime II de Aragón reconoció a la sombra de la mujer el mismo derecho de asilo inviolable que a las iglesias; y con la sola excepción de los asesinos, sus leyes prohibían prender bajo ningún otro pretexto a todo el que fuese acompañando una dama.

El trovador fue el consejero de los reyes y hasta el rival afortunado, como aquel Beltrán de Born que arrebató al conde de Tolosa, a Alfonso de Aragón y a Guillermo de Bretaña, los tres príncipes más poderosos de la región, el amor de Matilde de Montañac. Fue también el crítico a quien todo se permitía, el postulante de nobleza que ganaba con sus versos; el fundador de una democracia intelectual donde todos los esfuerzos, sin excluir los del artesano y el comerciante, abrían campo a los más ilustres destinos.

Al mismo tiempo, la ciencia florecía en la persona de sabios tan eminentes como Raymundo Lulio. El latín transformábase en idiomas de genuina vitalidad como aquella fabla catalana, la más antigua de todas sus congéneres, que ya era corriente en Aries allá por el siglo IX. Toda la costa del Mediterráneo, desde el Portugal hasta la Liguria, experimentaba su influencia; y aquellos trovadores que habían suscitado con las cruzadas, cuyos agentes los más activos fueron, la primera expansión intercontinental de la Europa cristiana, resultaron los antecesores de los grandes navegantes, cuya fama culminaría en la empresa del ligur Cristóbal Colón.

Los juegos florales y los tribunales de honor, instituciones civilizadoras, si las hay, estableciéronse en toda Europa. Bajo aquel impulso de cultura, la Universidad de París llegó a contar cuarenta mil alumnos. En la caballeresca y poética Borgoña, que era uno de los focos civilizadores, la famosa abadía de Cluny alcanzó esplendor sin igual en la ciencia y en el arte. Y como los trovadores eran cumplidísimos caballeros que abonaban en el combate la doctrina heroica elogiada por sus canciones, la caballería resultó fruto natural de aquel magnífico florecimiento. El torneo fue el tribunal del honor, correspondiente a la corte de amor donde sentenciaba la gracia. Aquellas dos formas superiores de la vida exaltada en belleza, restablecieron la palestra antigua, escuela de análogas costumbres. El mundo entero reconoció su influencia. Hasta los sarracenos enemigos contra los cuales guerreaba en Palestina la Cristiandad, apreciaban como era debido semejantes instituciones; y así, Saladino pidió al rey de Inglaterra, su digno rival, que lo armase caballero.

Pues aquel célebre paladín del corazón de león, contemporáneo por cierto, sintetizó en su persona los dones epónimos, siendo el representante invencible de la caballería y el poeta de las coplas durante varios siglos populares.

Los poemas épicos de la Cristiandad, nacieron entonces, como debía suceder, al tratarse de la época heroica por excelencia. Su poesía que formulaba, a la vez, el ideal dominante y los dechados de las costumbres, establece de una manera palmaria la vinculación con el helenismo: Pues no fue sino la adaptación cumplida de la *Ilíada* y de la *Odisea*, que todavía en el siglo XIV engendraba la *Crónica Troyana* conservada por el códice gallego de la Biblioteca de Madrid.

Así, los conceptos fundamentales de la civilización resultan ser supervivencia griega conservada por aquella poesía, y no principios cristianos; desde que las costumbres más influyentes, no estaban determinadas por los tales principios sino por aquellos conceptos: *verbi gratia*, el culto de la mujer libertada de la tiranía matrimonial; el gobierno laico; la caballería; el desafío judicial; la tolerancia; la despreocupación religiosa...

Dichos poemas, que resultan los principales de la civilización cristiana, fueron La *Canción de Rolando*, *Los nibelungos*, el *Romancero*, y hasta aquella *Divina Comedia* cuyo autor rimaba en lengua provenzal con acabada maestría.[85]

Dos o quizá tres siglos antes que el resto de Europa, aquella comarca tuvo un idioma propio: vale decir, el fundamento de una civilización original, procedente, como este mismo fenómeno, del injerto latino en los antiguos vivaces troncos locales de origen especialmente céltico. Fue aquella la lengua llamada romana, catalana, provenzal, lemocina u occitánica (lengua de *oc*) según las regiones donde la hablaban; pero siempre el elemento común, o agente práctico de fraternidad, que congregaba en una misma civilización aquellas comarcas después enemigas. El común origen pagano, estaba, además, patente, en la otra institución congénere del desafío judicial que la Iglesia no había podido suprimir. Civilización de paladines, su éxito estuvo patente en el triunfo de las primeras cruzadas. El Cid murió el mismo año de la conquista de Jerusalén.

Aquella democracia hizo también la felicidad del pueblo. Honradas las artes, que como la pedagogía bajo el reinado de don Alfonso el Sabio, tuvieron por premio el título de nobleza, trabajo y dinero abundaron con profusión inusitada desde los más felices tiempos de la antigüedad. Entonces fue cuando se organizaron las corporaciones obreras, bajo un carácter análogo al de las *collegia* romanas, con el fin de resistir, como hoy, por medio de la huelga y del *boycot*, la imposición de gravámenes excesivos o la depreciación perjudicial de los jornales. El paganismo iba resucitando, como se ve, en aquellas justicieras instituciones. La misma protección a los herejes albigenses, causa de la guerra con el papado, era un acto de independencia laica y de amparo a la libertad de conciencia.

La democracia cuyo espíritu dominaba sobre toda la costa europea del Mediterráneo, conquistada por aquella civilización de los trovadores, asumió formas políticas decididamente republicanas, en las ciudades libres que habían suprimido el feudalismo y que eran generalmente antipapistas: repú-

---

85 Así en los ocho versos finales del Canto XXVI del Purgatorio, atribuidos por el poeta a Arnaldo Daniel, trovador del siglo XII.

blicas municipales, sin duda, pero con representación exterior, que es decir, con tratados de paz, de guerra, de comercio, como verdaderas entidades nacionales. Así aliábanse con los monarcas poseídos de análogo espíritu liberal, como lo hicieron a mediados del siglo XII, contra los moros de España, Génova, Pisa, Marsella, Narbona y Montpellier, con Raymundo Berenguel III, conde de Barcelona.

Fue, asimismo, esa época famosa por sus grandes enamorados, a la vez que ilustres héroes, como el antiquísimo Marcabrú, el *Mambrú* de las coplas; o aquel Pedro Vidal, quien por el amor de su dama, Loba de Penautier, echóse a correr los montes disfrazado de lobo, hasta morir como tal entre los colmillos de engañada jauría; o aquel Guillermo de Tours que hízose enterrar vivo al lado de su amada difunta.

La fidelidad constituyóse, al mismo tiempo, en virtud específica del paladín, casto, por lo mismo, como ninguno. En la primitiva *Canción de Rolando*, para nada figura el amor. La primera divisa personal que la heráldica recuerda, fue este verso mandado grabar por San Luis rey de Francia en su anillo nupcial:

Hors cet annel pourroins trouver amour.

La cortesía floreció como el gracioso dogma de ese culto de la mujer. Las más dulces expresiones del amor, hasta hoy conservadas por nuestros idiomas, son invenciones de aquellos poetas. La boca de la mujer denomináronla por su sonrisa, según vemos en el Dante, buen trovador a su vez:

Quando leggemmo il disiato riso
esser bacciato da cotanto amante...

Ninguna otra literatura fue tan rica en creaciones métricas y en obras prototípicas, desde el endecasílabo serventesio hasta los poemas épicos cuyo tipo es el *Romancero*, y las primeras novelas cuyo modelo está en *Amadís de Gaula*.

La música enriquecióse con docenas de instrumentos nuevos, entre los cuales la viola, madre del violín, engendró el maravilloso ser viviente que es

250

este instrumento, convirtiendo, así, la voz del arte en palabra: vale decir, alcanzando uno de les resultados más bellos, al consistir el objeto de aquél en la espiritualización de la materia. La tradición grecorromana transformóse enteramente, con la introducción de las diafonías y la elevación de las tercias naturales a consonantes; y al empezar el siglo XIV, el *Ars Contrapuncti* de Felipe Vitri formuló en leyes vigentes hasta hoy, la técnica de aquella construcción de la melodía. Guido d'Arezzo, el inventor del soneto, inició el sistema de la tonalidad. Por último, la polifonía nació con los motetes de los trovadores...

Pero esta civilización suscitada y organizada por medio de la música, como aquella del helenismo cuya influencia restauraba, exige mayor detención en el estudio de sus detalles.

Los músicos de los templos paganos destruidos por el cristianismo, diéronse a vagar con su arte, propagándolo en el pueblo, tal como sucedió después con los artistas de Bizancio tomada por los turcos; siendo, respectivamente, unos y otros, los agentes de la trova y del Renacimiento. Por otra parte, en Provenza, la liturgia fue durante los primeros tiempos cristianos una amalgama grecolatina; de manera que aquellos músicos hallaron empleo en los cantos corales que usaban las dos lenguas alternativamente. La modalidad del canto eclesiástico, fue a su vez una ligera modificación de la música vocal pagana mezclada con melodías hebreas; de modo que el canto llano consistió en una aplicación de las reglas de la prosa numérica enseñada por los retóricos romanos y que constituyó el sistema fonético de la elocuencia latina. Nuestros canónigos salmodian algunos de sus oficios con el mismo tono que daba Cicerón a sus discursos; y el acompañamiento de las primeras trovas, fue un compás de recitado, como el de la guitarra en las milongas campestres.

Los maestros de música usaban precisamente, un instrumento llamado *monocordio* cuyos sones estaban designados con las letras del alfabeto, continuando, así, el sistema de la notación griega. El sonido más grave, o *proslambanómenos* de los antiguos, correspondía al *la* grave de nuestra llave de *fa* y hallábase designado por la A mayúscula. De aquí nació la primera escala moderna, atribuida a Odón: abad de Cluny, la ya citada famosa abadía de Borgoña; pues en los comienzos del siglo X, o sea cuando estaba acabando de formarse la lengua provenzal, aquel monje habría designado los sonidos con los nombres convencionales de *buc, re, scembs, caemar, neth, niche, assel.* El canto litúrgico enriquecióse por su parte, agregando a las dos voces tradicionales de la antigua armonización vocal u *organum*, que había sobrevivido intacta cinco siglos, el *triplum* y el *cuadruplum*, o sea una tercera y una cuarta partes.

Mas esa evolución religiosa de la música, enteramente natural entonces, al ser las iglesias los únicos teatros líricos, vamos al decir, no convirtió en mística la poesía trovadora. No solamente carecía ella de sentimiento religioso, sino que satirizaba con frecuencia la relajación del clero, llegando hasta celebrar los derechos del amor libre.

Y es que, pagana por sus orígenes grecolatinos, así como por las instituciones célticas del duelo judicial y del culto a la mujer, aquella civilización tuvo de agentes inmediatos a los árabes, exaltadísimos cuanto platónicos amadores, y autores directos del arte de trovar bajo sus formas características: el poeta errante, acompañado por su juglar, el amor, absolutamente desinteresado de sensualismo; hasta el instrumento clásico, o sea el rabel de tres cuerdas, y las justas en verso, fuentes de nuestras payadas. Todo fue, pues, pagano, en aquella civilización de los trovadores y los paladines.

Al mismo tiempo, la arquitectura, o sea el arte social por excelencia, transformó a su vez la construcción latina en aquellos edificios romanos que dieron a la Europa gótica su primer tipo verdaderamente nacional, pronto llevado a la perfección por las gallardas iglesias ojivales. Y esta fue la única arquitectura genuina que el Occidente cristiano tuvo y tendrá.

Todo ello procedía de la libertad espiritual inherente a la civilización griega, así renacida. El *Romancero* va a decirnos cómo la entendían los paladines:

> Ese buen rey don Alfonso
> el de la mano horadada,
> después que ganó Toledo
> en él puso su morada.
>
> ...
>
> Elegido ha un arzobispo,
> Don Bernardo se llamaba,

hombre de muy santa vida,
de letras y buena fama,
y de que lo hubo elegido
por nombre le intitulaba
Arzobispo de Toledo,
Primado de las Españas:
Todo cuanto el rey le diera
se lo confirmara el papa.
Desque ya tuvo el buen rey
esta tierra sosegada,
a la reina su mujer
en gobernación la daba.
Fuese a visitar su reino,
fue a Galicia y su comarca.
Después de partido el rey,
la reina doña Constanza
viendo su marido ausente
pensamientos la aquejaban
no de regalos de cuerpo,
mas de salvación del alma.
Estando así pensativa
el arzobispo llegara,
en llegando el arzobispo
desta manera le habla:
—Don Bernardo, ¿qué haremos,
que la conciencia me agrava
de ver mezquita de moros
la que fue iglesia santa,
donde la reina del cielo
solía ser bien honrada?
¿Qué modo, dice, ternemos
que torne a ser consagrada,
que el rey no quiebre la fe
que a los moros tiene dada?

Cuando esto oyó el arzobispo
de rodillas se hincaba:
alzó los ojos al cielo,
las manos puestas hablaba:
—Gracias doy a Jesucristo
y a su Madre Virgen santa,
que salís, reina, al camino
de lo que yo deseaba.
Quitémosela a los moros
antes hoy que no mañana,
no dejéis el bien eterno
por la temporal palabra.
Ya que el rey se ensañe tanto
que venga a tomar venganza,
perdamos, reina, los cuerpos,
pues que se ganan las almas.
Luego aquella misma noche
dentro en la mezquita entraba;
limpiando los falsos ritos
a Dios la redificaba,
diciendo misa este día
el arzobispo cantada.
Cuando los moros lo vieron
quejas al rey le enviaban;
mas el rey cuando lo supo
gravemente se ensañaba:
a la reina y al perlado
malamente amenazaba:
sin esperar más consejo
a Toledo caminaba.
Los moros que lo supieron
luego consejo tomaban;
sálenselo a recibir
hasta Olías y Cabañas,

llegados delante el rey
de rodillas se hincaban:
—Mercedes, buen rey, mercedes,
dicen, las manos cruzadas;
mas el rey que así los vido
uno a uno levantaba:
—Calledes, buenos amigos,
que este hecho me tocaba,
quien a vos ha hecho tuerto
a mí quebró la palabra;
mas yo haré tal castigo
que aina habréis la venganza.
Los moros cuando esto oyeron
en altas voces clamaban:
—Merced, buen señor, merced,
la vuestra merced nos valga:
Si tomáis venganza desto
a nos costará bien cara,
quien matare hoy a la reina
arrepentirse ha mañana.
La mezquita ya es iglesia,
no nos puede ser tornada,
perdonedes a la reina
y a los que no la quitaran,
que nosotros desde agora
os alzamos la palabra.
El buen rey cuando esto oyera
grandemente se holgara,
dándoles gracias por ello
perdido ha toda la saña.

El Cid, excomulgado por el papa, procederá de esta manera:

El papa cuando lo supo

al Cid ha descomulgado;
sabiéndolo el de Vivar,
ante el papa se ha postrado:
—Absolvedme, dijo, papa,
sino seráos mal contado.

El papa, padre piadoso,
respondió muy mesurado:
—Yo te absuelvo, don Ruy Díaz,
yo te absuelvo de buen grado,
con que seas en mi corte
muy cortés y mesurado.

Y esto, no una sola vez, sino de costumbre, a juzgar por estos reproches del monarca:

Cosa tenedes el Cid,
que farán fablar las piedras,
pues por cualquier niñería
faceis campaña la iglesia.

La cruzada contra los albigenses fue el episodio mortal que arrasó por segunda vez la renacida cultura griega. Y es que eso representaba, propiamente hablando, el conflicto de dos civilizaciones.

El cristianismo, al entenderse con los hombres del Norte, sus campeones naturales hasta hoy, había tomado una dirección que constituye una tendencia de raza; pues aquí está el origen del irreducible antagonismo entre la civilización helénica y la gótica. La primera busca su satisfacción espiritual por el camino de la belleza; la segunda, por el camino de la verdad. Ambas saben instintivamente, que sin ese estado de tranquilidad, tan necesario al espíritu como el agua a la sed (por esto es que instintivamente lo saben y lo buscan) no hay civilización posible. Ambas lo han demostrado en la historia, con la creación de civilizaciones cuyo éxito y cuya firmeza dependieron de ese estado; pues solamente la serenidad del alma torna amable el ejercicio de la vida. La civilización, como forma de la actividad humana, es una marcha hacia el bien, materializado en mejoras físicas y morales; mas la raza helénica, obedeciendo a sus inclinaciones naturales, creía que la educación conducente a ese objeto, consistía en la práctica y el descubrimiento de la belleza: al ser ésta una emoción noble, un estado superior de la vida, induce por simpatía a la verdad y al bien, prototipos de ese mismo estado. Y prefiere la belleza, porque los otros dos principios son inmateriales y mudables; es decir, menos eficaces sobre el espíritu. Cada época tiene su verdad y su bien, a veces contradictorios con los de otras épocas; al paso que, una vez alcanzada, la belleza es permanente. Ella constituye, además, un resultado personalísimo de cada artista, y con esto erige la libertad ilimitada del pensamiento y de la conducta, en condición esencial del éxito.

La raza gótica, más metafísica y disciplinada, prefiere, como ya lo enuncié el camino de la verdad cuya investigación exige un sistema de actividad colectiva; pero como la verdad es variable en las fórmulas que de ella va encontrando la investigación, dicha raza halló la seguridad necesaria a su espíritu en el dogma que le ofrecía un concepto definitivo de verdad, al ser una comunicación divina. Por esto es que los pueblos protestantes son también los más cristianos, al mismo tiempo que los más jerárquicos y morales.

Ambas tendencias concurren al mismo fin, desde que su objeto es dilucidar las leyes de la vida para aprovecharla mejor: una por el descubrimiento de la armonía que esencialmente la constituye; otra por el de las causas que la determinan. Aquélla, revelando la vida superior latente en nosotros: que es decir, proponiendo modelos más armoniosos y por lo tanto mejor acondicionados para subsistir; ésta, esclareciendo la ley del fenómeno vital cuya lógica trascendente nos abre el secreto del porvenir, al darnos la clave del pasado y del presente. Su propósito es, como se ve, un ideal, y éste consiste a su vez en aquel triple arquetipo de bien, belleza y verdad, que es la razón suprema de nuestra vida. Pues todas nuestras actividades, están determinadas por algunos de esos tres móviles. Los genios son los agentes de aquella razón en toda su integridad arquetípica; y por ello escapan a la ley de raza. Representan la vida integral de una humanidad futura en la cual habrán desaparecido las actuales causas de separación. En ellos coinciden la belleza y la libertad, móviles característicos de la raza helénica, con la verdad y la disciplina peculiares a la raza gótica. Así es como Wagner resulta un hermano de Esquilo.

Ahora bien, nosotros pertenecemos al helenismo; y entonces, la actividad que nos toca en el proceso de la civilización, ha de estar determinada por la belleza y por la libertad para alcanzar su mayor eficacia; puesto que ambas son nuestros móviles naturales. En la conformidad de los actos con la índole de cada cual, estriba el éxito de la vida. Cada hombre y cada raza nacen para algo que no pueden eludir sin anularse. Y así lo dicen las conocidas palabras de nuestro libertador: *Serás lo que debes ser, y si no, no serás nada.*

Entre las deidades helénicas, Hércules, además de ser el antecesor de los paladines, fue uno de los grandes liróforos del panteón. Y con esto, el numen más popular del helenismo. Más directamente que cualesquiera otros, los héroes y los trovadores de España fueron de su cepa; pues sabido es que las leyendas medioevales, con significativa simbólica alusión al carácter de la raza, considerábanlo creador del estrecho de Gibraltar y fundador de Ávila. La herencia nos viene, pues, continua, explicando esto, mejor que ningún otro análisis, la índole caballeresca y las trascendencias de nuestra historia.

Arruinada en Provenza durante el siglo XIII, aquella civilización de los trovadores y de los paladines, estos últimos siguieron subsistiendo en España, donde eran necesarios mientras durase la guerra con el moro; de suerte que al concluir ella tuvieron en el sincrónico descubrimiento de América, la inmediata y postrera razón de su actividad. Así vinieron, trayendo en su carácter de tales, los conceptos y tendencias de la civilización que les fue peculiar y que rediviva en el gaucho, mantuvo siempre vivaz el linaje hercúleo.

Y no se crea que esta afirmación comporta un mero ejercicio del ingenio. Nuestra vida actual, la vida de cada uno de nosotros, demuestra la existencia continua de un ser que se ha transmitido a través de una no interrumpida cadena de vidas semejantes. Nosotros somos por ahora este ser: el resumen formidable de las generaciones. La belleza prototípica que en nosotros llevamos, es la que esos innumerables antecesores percibieron; innumerables, porque solo en mil años son ya decenas de millones, según lo demuestra un cálculo sencillo. Y de tal modo, cuando el prototipo de belleza revive, el alma de la raza palpita en cada uno de nosotros. Así es cómo Martín Fierro procede verdaderamente de los paladines; cómo es un miembro de la casta hercúlea. Esta continuidad de la existencia que es la definición de la raza, resulta, así, un hecho real. Y es la belleza quien lo evidencia, al no constituir un concepto intelectual o moral, mudable con los tiempos, sino una emoción eterna, manifiesta en predilecciones constantes. Ella viene a ser, así, el vínculo fundamental de la raza.

El ideal de belleza, o sea la máxima expansión de vida espiritual (pues para esto, para que viva de una manera superior, espiritualizamos la materia por medio del arte), la libertad, propiamente dicho, constituyó la aspiración de esos antecesores innumerables; y mientras lo sustentamos, dámosles con ello vida, somos los vehículos de la inmortalidad de la raza constituida por ellos en nosotros. El ideal de belleza, o según queda dicho, la expansión máxima de la vida superior, así como la inmortalidad que es la perpetuación de esa vida, libertan al ser humano de la fatalidad material, o ley de fuerza, fundamento de todo despotismo. Belleza, vida y libertad, son, positivamente, la misma cosa.

Ello nos pone al mismo tiempo en estado de misericordia, para realizar la obra más útil al mejoramiento del espíritu: aquella justicia con los muertos que según la más misteriosa, y por lo tanto más simbólica leyenda cristiana, Jesús realizó sin dilación alguna, apenas libre de su envoltura corpórea, bajando a consolarlos en el seno de Abraham. Son ellos, efectivamente, los que padecen el horror del silencio, sin otra esperanza que nuestra remisa equidad, y lo padecen dentro de nosotros mismos, ennegreciéndonos el alma con su propia congoja inicua, hasta volvernos cobardes y ruines. La justicia que les hacemos es acto augusto con el cual ratificamos en el pasado la grandeza de la patria futura; pues esos muertos son como largos adobes que van reforzando el cimiento de la patria; y cuando procedemos así, no hacemos sino compensarles el trabajo que de tal modo siguen realizando en la sombra.

Así se cumple con la civilización y con la patria. Movilizando ideas y expresiones, no escribiendo sistemáticamente en gaucho. Estudiando la tradición de la raza, no para incrustarse en ella, sino para descubrir la ley del progreso que nos revelará el ejercicio eficaz de la vida, en estados paulatinamente superiores. Exaltando las virtudes peculiares, no por razón de orgullo egoísta, sino para hacer del mejor argentino de hoy el mejor hombre de mañana. Ejercitándose en la belleza y en la libertad que son para nuestra raza los móviles de la vida heroica, porque vemos en ella el estado permanente de una humanidad superior. Luchando sin descanso hasta la muerte, porque la vida quieta no es tal vida, sino hueco y sombra de agujero abierto sin causa, que luego toman por madriguera las víboras.

Formar el idioma, es cultivar aquel robusto tronco de la selva para civilizarlo, vale decir, para convertirlo en planta frutal; no divertirse en esculpir sus astillas. Cuanto más sabio y más bello sea ese organismo, mejor nos entenderán los hombres; y con ello habráse dilatado más nuestro espíritu. La belleza de la patria no debe ser como un saco de perlas; sino como el mar donde ellas nacen y que está abierto a todos los perleros. Detenerse en el propio vergel, por bello que sea, es abandonar el sitio a los otros de la columna en marcha. De ello nos da ejemplo el mismo cantor cuyas hazañas comentábamos. Penas, destierro, soledad, jamás cortaron en sus labios el manantial de la poesía. Y hasta cuando en la serena noche alzaba la vista al cielo, era para pedirle el rumbo de la jornada próxima, junto con aquella inspiración de sus versos, que destilaba, en gotas de poesías y de dolor, la viña de oro de las estrellas.

Libros a la carta

A la carta es un servicio especializado para

empresas,

librerías,

bibliotecas,

editoriales

y centros de enseñanza;

y permite confeccionar libros que, por su formato y concepción, sirven a los propósitos más específicos de estas instituciones.

Las empresas nos encargan ediciones personalizadas para marketing editorial o para regalos institucionales. Y los interesados solicitan, a título personal, ediciones antiguas, o no disponibles en el mercado; y las acompañan con notas y comentarios críticos.

Las ediciones tienen como apoyo un libro de estilo con todo tipo de referencias sobre los criterios de tratamiento tipográfico aplicados a nuestros libros que puede ser consultado en Linkgua-ediciones.com.

Linkgua edita por encargo diferentes versiones de una misma obra con distintos tratamientos ortotipográficos (actualizaciones de carácter divulgativo de un clásico, o versiones estrictamente fieles a la edición original de referencia).

Este servicio de ediciones a la carta le permitirá, si usted se dedica a la enseñanza, tener una forma de hacer pública su interpretación de un texto y, sobre una versión digitalizada «base», usted podrá introducir interpretaciones del texto fuente. Es un tópico que los profesores denuncien en clase los desmanes de una edición, o vayan comentando errores de interpretación de un texto y esta es una solución útil a esa necesidad del mundo académico.

Asimismo publicamos de manera sistemática, en un mismo catálogo, tesis doctorales y actas de congresos académicos, que son distribuidas a través de nuestra Web.

El servicio de «libros a la carta» funciona de dos formas.

1. Tenemos un fondo de libros digitalizados que usted puede personalizar en tiradas de al menos cinco ejemplares. Estas personalizaciones pueden ser de todo tipo: añadir notas de clase para uso de un grupo de estudiantes,

introducir logos corporativos para uso con fines de marketing empresarial, etc. etc.

2. Buscamos libros descatalogados de otras editoriales y los reeditamos en tiradas cortas a petición de un cliente.

www.ingramcontent.com/pod-product-compliance
Lightning Source LLC
Chambersburg PA
CBHW021138090426
42740CB00008B/835